Chiang Kaishek

CHIANG KAISHEK IST GROSS

VON

F. T. ISHIMARU

イシ マル フジ トウ

石丸藤太

1938

Deutsche Uebertragung von P. F. Tao

Mit 55 Abbildungen, 2 Faksimiles, 2 Karten, 3 Skizzen

INHALT

EINFÜHRUNG

Marschall Chiang Kaishek, Führer eines 470-Millionen-Volkes, Mittelpunkt des gegenwärtigen geschichtlichen Werdens in Ostasien, aus dem Buch eines Japaners kennenzulernen, ist vielleicht einer der objektivsten Wege überhaupt.

Herr Ishimaru, Offizier der japanischen Marine, ist durch seine bedeutenden Werke, wie „Japan must fight Britain", „Die Bedeutung der Insel Hainan", sowohl in Japan als auch im Auslande als politisch-militärischer Schriftsteller bekannt. Sein neuestes Buch, benannt „Chiang Kaishek ist groß", stellt eine Biographie des chinesischen Marschalls dar, worin er gleichzeitig die Entwicklung der chinesisch-japanischen Verhältnisse während des letzten Jahrzehnts ausführlich behandelt. Darin kann man vielleicht auch die Keime der jetzigen unglücklichen Auseinandersetzungen zwischen den beiden asiatischen Großmächten und ihre Zukunftsaussichten finden. Dem vorliegenden Buch ist gerade durch die vom Verfasser nach militärischen Gesichtspunkten ausgewählten, die Taktik und Strategie des chinesisch-japanischen Kampfes betreffenden wichtigen Dokumente*) ein historischer Wert beizumessen.

Ishimarus Buch erschien im Frühjahr 1937, kurz vor dem Beginn der chinesisch-japanischen Feindseligkeiten, und erreichte in kurzer Zeit eine Millionenauflage; ein Beweis, wie stark das japanische Volk an der Gestaltung der chinesisch-japanischen Beziehungen und ganz besonders an der Persönlichkeit Chiang Kaisheks interessiert ist.

Der Objektivität des Inhaltes und der Bedeutung des Verfassers wegen wurde das japanische Werk von drei großen chinesischen Verlagen in chinesischer Übersetzung herausgegeben, die ebenfalls Millionen von Lesern gefunden hat.

---

*) Vgl. Kapitel XVI.

Da heute die ganze Welt den folgenschweren Ereignissen im Fernen Osten größtes Interesse entgegenbringt und in Chiang Kaishek die Verkörperung des Schicksals eines 4000jährigen Reiches sieht, wird die deutsche Übertragung den europäischen Lesern sicherlich ein Schlüssel sein zur Betrachtung und Beurteilung der ostasiatischen Frage.

Dieser deutschen Ausgabe liegen die chinesischen Übersetzungen unter Hinzuziehung des japanischen Textes zugrunde. Um die Originalität des Werkes zu bewahren, wurden ebenfalls wie in den chinesischen Wiedergaben, auch diejenigen Teile wortgetreu wiedergegeben, die lediglich japanischen Interessen dienen und eigentlich einer sachlichen Berichtigung bedürfen.

Immer wieder gewinnt man die Ansicht, daß Ishimaru sein Vaterland, Japan, aufrichtig liebt, seinem Nachbarland, China, und dessen Führer Chiang Kaishek aber Verständnis und Hochschätzung entgegenbringt und aus ganzem Herzen eine gerechte Zusammenarbeit beider Nationen wünscht, die einer Rasse und einer Kultur sind und vielleicht trotz des augenblicklichen blutigen Kampfes doch einmal zusammenfinden werden. Dieses ist wohl auch, abgesehen von der japanischen Militärclique, der heißeste Wunsch sowohl der Chinesen und Japaner als auch der aller friedensliebenden Menschen der Welt.

Führt dieses Buch zu der Überzeugung, daß sicherlich unzählige Japaner und Europäer ebenso über Chiang Kaishek, der inzwischen auf der letzten Kuomintang-Plenarsitzung im März 1938, einstimmig zum Führer der Partei und des Reiches gewählt wurde, wodurch China ein autoritärer Staat geworden ist, denken wie Ishimaru, so ist wohl die Hoffnung des Verfassers und auch die des Übersetzers erfüllt.

Berlin, den 22. April 1938.

P. Fitao

VORWORT

Chiang Kaishek ist groß! —

Dies ist meine Schlußfolgerung aus den politischen Ereignissen der letzten Jahre im chinesischen Reiche.

In Japan gibt es von ihm bis jetzt keine wahrheitsgetreue Biographie. Wenn hin und wieder eine erscheint, entbehrt sie nicht nur der Objektivität, sondern ist auch nicht erschöpfend. Ich habe daher den Entschluß gefaßt, über ihn eine Biographie zu schreiben und zu diesem Zweck ununterbrochen Japan und China betreffende Literatur gesammelt.

Als plötzlich die chinesisch-japanischen Verhandlungen im Jahre 1936 begannen, riet mir der Leiter des „Frühlings- und Herbst-Verlages" („Shinshiu Shai"), Kamida, eindringlich, die Biographie Chiang Kaisheks schnell zu vollenden. Aber gerade, als ich beinahe zwei Drittel dieses Werkes fertiggestellt hatte, ereignete sich die Sian-Affäre.

Chiang Kaishek steht wirklich im Mittelpunkt des politischen Geschehens der Welt. Sein Ansehen ist in China ständig gestiegen und jetzt von ganz überragender Bedeutung.

Vor der Sian-Affäre klopfte mir ein hoher japanischer Beamter, während ich an dieser Biographie schrieb, auf die Schulter und sagte lachend: „Zu der jetzigen Zeit Chiang Kaishek zu huldigen — scheint das nicht so, als ob Sie von Nanking bestochen wären?"

So sehr wird Marschall Chiang Kaishek von den Japanern mißverstanden.

Zu der Behauptung, daß „Chiang Kaishek nichts Außergewöhnliches und seine Haltung Japan gegenüber nicht aufrichtig sei", brauche ich nicht unbedingt Stellung zu nehmen. Hat nicht aber der Verfasser des Aufsatzes: „Ist Japan Chinas Freund oder Feind?", Hsu Taolin, einmal gesagt:

„Das japanische ‚diplomatische Bulletin' maß Chiang Kaishek mit dem gleichen Maßstab wie Yuan Shihkai und Li Hungchang und scheint nicht zu bemerken, daß sich die Zeit und die Weltlage geändert haben. Die Kenntnisse der Japaner über die allgemeine Lage sind ungenügend; dies ist auch ein Bispiel dafür."

Ich finde, daß dieses bei der Beurteilung Chiang Kaisheks unbedingt in Betracht zu ziehen ist.

Weit besser wäre es, dem chinesischen Volk „Gib dir Mühe und strebe vorwärts!" einzuschärfen und gleichzeitig eine echte chinesisch-japanische Freundschaft heranzubilden, als von Anfang an ablehnend zu sagen, daß „Chiang Kaishek nichts Außergewöhnliches sei. Dieses sollte eigentlich der Wunsch des großen japanischen Reiches sein, der zugleich dem Frieden in Ostasien dienen würde.

Von solchen Gedanken ausgehend, halte ich es für sehr wichtig, den Führer des chinesischen Reiches, Chiang Kaishek, abgesehen von aller Befangenheit durch Mißverständnisse und temperamentvolle Äußerungen, wahrheitsgetreu zu schildern. Dabei muß ich aus tiefstem Gefühl sagen: „Chiang Kaishek ist groß!"

Bitte, betrachtet seinen Charakter und seine Handlungen in einer so schwierigen Lage — von fremden Nationen allseitig bedrängt —, und schließlich hat er doch die fast unmöglich scheinende Einigung Chinas Schritt für Schritt vollendet! Ist er nicht wirklich eine zu verehrende Persönlichkeit?

Die Sian-Affäre konnte seine Position in China nicht erschüttern. Er gilt nach wie vor als der Retter Chinas und ist das Ziel der Huldigungen des chinesischen Volkes.

Ist es für uns Japaner nicht zur Notwendigkeit geworden, jetzt das von ihm geführte China mit anderen Augen zu betrachten?

Um unseren Standpunkt gegenüber China zu ändern, müssen wir nicht nur von dem ersten Arbeiter Chinas als Menschen wissen, sondern auch, was sehr wichtig ist, alles untersuchen, was in den letzten Jahren zwischen dem von ihm geführten China und Japan vorgefallen ist. Dieses ist auch der Grund, warum ich in diesem Buche die seit dem Zwischenfall von Mukden (1931) bestehenden neuen chinesisch-japanischen Beziehungen, mit Chiang Kaishek als Mittelpunkt, genau darstelle. Daraus kann man dann vielleicht auch die Ursache ergründen, die die japanisch-chinesischen Verhandlungen im Jahre 1936 zum Scheitern brachten.

Noch während ich es schreibe, bin ich ständig bemüht, japanische und chinesische Literatur zu studieren. Hierzu hat mir Herr Laigufu, der mehr als zehn Jahre an der „Tokioter Asahi Shimbun" gearbeitet hat, wertvolles chinesisches Material zur Verfügung gestellt, wofür ich ihm an dieser Stelle meinen herzlichen Dank ausspreche.

So weit es meine Zeit erlaubte, habe ich auch versucht, die vorbehaltlosen Beurteilungen japanischer Staatsmänner und Privatpersonen über Chiang Kaishek in Erfahrung zu bringen. Es tut mir leid, hier nicht alle Namen verewigen zu können. Allen diesen Herren verdanke ich die Vollendung dieses Buches.

Da ich keine ausreichenden Kenntnisse besitze, habe ich nicht alle Geschehnisse berücksichtigen können, wofür ich den Leser um Entschuldigung bitte.

Am 25. Dezember 1936,
gerade als ich die Nachricht von der friedlichen Ankunft Chiang Kaisheks in Nanking empfangen habe.

Der Verfasser.

I. KAPITEL

TAG DER VEREHRUNG CHIANG KAISHEKS

1. Sian Affäre.

„Am 12. Dezember 1936, um 6 Uhr 30 Minuten, meuterten drei-tausend Soldaten Chang Hsueliangs in Sian, der Hauptstadt der Provinz Shensi. Chiang Kaishek wurde dort festgehalten.

Die auf Chiang Kaisheks telegraphische Aufforderung in Sian versammelten Staatsmänner der chinesischen Regierung, Shao Yuanchung, Chiang Tsopin, Chien Tachun, Chen Cheng, Shao Litsi, Chiang Tingwen und andere, wurden entweder getötet oder gefangen genommen."

Als am 13. Dezember morgens die Tokioter Zeitungen diese Ereignisse mit großen Überschriften in außergewöhnlicher Aufmachung veröffentlichten, waren alle Japaner wie elektrisiert und stark erschüttert.

In Japan gibt es viele das Scheitern der chinesisch-japanischen Verhandlungen kritisierende Stimmen, die man überall hören kann.

„Hat Japan wirklich eine Außenpolitik?"

„Hat Ministerpräsident Hirota richtig gehandelt?"

Das Mißlingen der japanischen Außenpolitik ist mit anderen Worten ein außergewöhnlicher Erfolg Chinas. Die plötzlich eintreffenden ernsten Nachrichten aus Sian, wo sich Chiang Kaishek zur Festigung seiner politischen und wirtschaftlichen Erfolge nach einem Rundflug*) in Nordchina aufhielt, bewegten die Japaner ganz außerordentlich.

Das japanische Außenministerium in Kasmigaseki war wegen des Wochenendes gänzlich leer. Die meisten Mitglieder der China-Abteilung im Ostasien-Departement und die der Presse-Abteilung waren — vielleicht als Belohnung für die Strapazen der chinesisch-japanischen Verhandlungen — schon am Sonnabend ab 12 Uhr nach dem Badeort Ido gefahren. Als um 12 Uhr nachts die ersten tele-

*) Vergl. Karte I.

phonischen Meldungen aus Tokio die Ereignisse von Sian brachten, sagte der sich im Badeort Nangaoka aufhaltende Leiter des Ostasien-Departements, Kuwashima, mit erstaunten Augen: „Ach, es geht los!"

Und der stets entschlossene Leiter der Presse-Abteilung, Amo, im Badeort Ido sagte ebenfalls: „Es geht wirklich los!"

Diese Sätze klingen wie eine Bestätigung eines vorausgeahnten schwerwiegenden Ereignisses.

Im Kriegsministerium in Miasafa traten der Leiter der Presse-Abteilung, Hata, der der Militär-Abteilung, Ishimoto, und dessen Gehilfe Okamoto trotz des Sonntags sehr früh zu einer Beratung zusammen. Das Thema war wohl kein anderes als: „Ist die Nanking-Regierung nach der Festnahme Chiang Kaisheks in Sian unser Feind oder unser Freund?"

Dieses Beratungsthema spricht für sich. Wie unsinnig war es doch! Aber das Marineministerium, geführt von Admiral Nagano, der auf der Flottenkonferenz im Jahre 1935 mit England und Amerika hartnäckig verhandelt hatte, erklärte:

„Das Kaiserreich darf im unruhigen China nicht im Trüben fischen. Es soll nach wie vor durch offene und ehrliche Handlungen China den Weg zeigen."

In Wirklichkeit konnte auch nur die japanische Marine die Hoffnung des japanischen Volkes zufriedenstellen. Der Marine-minister zeigte eine großzügige Haltung, die vom japanischen Volk mit Wohlwollen aufgenommen wurde. Ein kluges Wort zur rechten Zeit kann einen ungeheuren Einfluß ausüben.

Andererseits verurteilte die öffentliche Meinung Japans geschlossen Chang Hsueliang und sympathisierte mit Chiang Kaishek. Japan verachtet eine Meuterei seither wie Schlange und Skorpion. Dies trug vielleicht auch zu diesem Verhalten bei.

Trotz der am 17. Dezember veröffentlichten Nachricht der chinesischen Regierung, „Chiang Kaishek ist in Sicherheit; augenblicklich beschäftigt sich die Nationalregierung mit seiner Errettung", fürchteten viele Japaner, daß, da die Aktion von dem grausamen Chang Hsueliang geführt wurde, die Lage vielleicht trotzdem eine schlechte Wendung nehmen könnte.

Wenn schon Japan Chiang Kaishek gegenüber eine solche Gesinnung zeigt und ihm huldigt, wie viel mal größer muß dann die Huldigung des chinesischen Volkes und seine Sorge um ihn sein.

Am 31. Oktober, einen halben Monat vor seiner Festnahme in Sian, war sein Geburtstag. Ganz China feierte ihn und die von ihm geschaffene Einigung des Reiches. Diejenigen, die sich der damaligen

Feierlichkeiten erinnern, werden über die Nachricht von seiner Festnahme sicherlich bestürzt gewesen sein. Die Geburtstagsfeierlichkeiten waren ein deutlicher Beweis für die große Dankbarkeit des chinesischen Volkes. Deswegen muß man bei diesen Geburtstagsfeierlichkeiten beginnen, wenn man Chiang Kaishek beschreiben will.

2. Drei Neujahrsfeste

Das Neue China hat zwei Neujahrstage.

Wenn man dieses sagt, werden sich darüber vielleicht viele Menschen wundern; es ist aber eine Tatsache.

Der 1. Januar ist der erste Neujahrstag. Dieser ist an die Stelle des alten chinesischen Neujahrstages getreten.

Der zweite Neujahrstag, der 10. Oktober, ist der Gründungstag der Republik. Warum gilt dieser Tag auch als Neujahrstag? Dieser ist der größte Feiertag von alt und jung, Männern und Frauen des chinesischen Reiches. Er ist sozusagen der Geburtstag der chinesischen Republik.

Auf dem Lande feiern heute noch viele Bauern nach wie vor das alte chinesische Neujahr. Deswegen kann man nicht sagen, daß das neugeschaffene, nach dem europäischen Kalender festgelegte Neujahr im ganzen Reich Eingang gefunden hat. Von dem Gründungstag der Republik wissen jedoch alle, auch die Analphabeten. Ihn feiern die 400 Millionen Chinesen gemeinsam. Dieser Tag ist in der Tat „Der Tag der ganzen Nation".

Dieser Gründungstag wird auch „Das Doppelt-Zehn-Fest" genannt, weil er zweimal die Zahl „zehn" enthält. Er ist der zehnte Tag des zehnten Monats. Das erste „Doppelt-Zehn-Fest" wurde am 10. Oktober vor 25 Jahren gefeiert. Es war der Geburtstag des Neuen China. Am 10. Oktober 1936 war die fünfundzwanzigmalige Wiederkehr des „Doppel-Zehn-Festes". In diesem Jahre (1936), in dem die Nationalregierung die Einigung des ganzen Reiches zu Ende führte, erreichte das Fest seinen höchsten Glanzpunkt. Ferner erlebten viele Chinesen, besonders Chiang Kaishek selbst, in demselben Jahre außer dem ersten und zweiten Neujahrstage noch einen dritten, nämlich den Geburtstag Chiang Kaisheks. Dieses war der 31. Oktober, also drei Wochen später als das „Doppelt-Zehn-Fest". Das chinesische Volk aller Kreise überreichte Chiang Kaishek zu seinem 50. Geburtstage 70 Flugzeuge für die nationale Verteidigung. Gleichzeitig wurden im ganzen Reiche gewaltige Feierlichkeiten veranstaltet.

Eine einflußreiche chinesische Zeitung hat den „Tag der Flugzeugübergabe" sogar „Fest Chiang Kaisheks" genannt. An diesem Tage feierte alles Chiang Kaishek.

Als man erfahren hatte, daß Chiang Kaisheks Geburtstag auf den 31. Oktober fiele, beratschlagten seine Freunde, Mitarbeiter und sogar viele einfache Bürger, was sie ihm für ein Geburtstagsgeschenk machen könnten. Sie baten die Chiang Kaishek am nächsten Stehenden, ihn von ihren Absichten in Kenntnis zu setzen. Aber Chiang Kaisheks Antwort war überraschend. Er erwiderte: „Nein, das muß unterbleiben."

Chiang Kaishek meinte nämlich, daß die Feier eines Geburtstages eine Privatsache sei und er deswegen nichts von den Partei- und Volksgenossen annehmen könnte. So wurde wieder beraten, und man kam zu dem Ergebnis, daß man ihm etwas schenken müßte, was das Vaterland brauchen könnte; das würde vielleicht möglich sein. So entstand der Beschluß zu der Überreichung von Flugzeugen.

Dieser Plan wurde zunächst von sehr wenigen, ihm besonders nahestehenden Personen gefaßt. Dabei hatte man im Anfang vielleicht an ein oder zwei Flugzeuge gedacht. Diese Absicht verbreitete sich jedoch wie eine Welle von Nanking nach Shanghai, Canton, Peiping, Tientsin, Hankow, Anhwei, Chekiang, ja über das ganze Reich. Schließlich fand sie auch bei den Auslandschinesen in Europa, Amerika und auf den Malaischen Inseln starken Widerhall. Es wurde ein großartiges Unternehmen des ganzen Volkes, das schrittweise gedieh.

Die zur Überreichung gelangenden Flugzeuge zählten mehr als 70, und das außerdem gestiftete Bargeld betrug ungefähr 2 Millionen chinesische Dollar; ein herrliches, erfreuliches Ergebnis.

3. Überreichung der Flugzeuge zum Geburtstage

Am 21. Oktober 1936, um 9 Uhr, fand in Nanking auf dem Mingkugung-Flughafen, wo 68 neue Flugzeuge (die restlichen waren noch nicht ganz fertiggestellt) geordnet standen, eine zeremonielle Feier für die Flugzeugübergabe statt. Beamte, Kaufleute, Soldaten, Studenten, Arbeiter, Schüler und sonstige Personen aller Berufsschichten, in einer Zahl von mehr als 200 000 Menschen, wohnten dieser Feier bei. Eine solche überwältigende Feierstimmung hatte Nanking noch nicht erlebt. Nachdem der Leiter der Nationalregierung, Lin Sen, sowie Vertreter der Partei, des Staates und der Wehrmacht Platz genommen hatten, berichtete der Vorsitzende der Flugzeugübergabe-Kommission, Wu Tiecheng, Bürgermeister von Shanghai, über die Vorbereitungen für die Schenkung der Flugzeuge

Nationalhymne
(Parteilied der Kuomintang)

Übersetzung

Die „Drei Volksprinzipien"
Sind die Grundsätze unserer Partei.
Darauf bauen wir die Republik;
Damit fördern wir die Großgemeinschaft.
Ihr vielen Intellektuellen,
Seid Vorkämpfer des Volkes.
Wirket ununterbrochen, Tag und Nacht;
Folgt unermüdlich der Idee.
Seid fleißig, seid mutig,
Seid wahrhaft, seid treu.
Eines Herzens, einer Tugend;
Haltet durch bis zum guten Ende.

安危他日終須仗
甘苦來時要共嘗

英士集古句贈別 介石

孫文懷舊感錄

**Handschrift Dr. Sun Yatsens
an Marschall Chiang Kaishek**

Aufstieg und Untergang in der kommenden Zeit werden auf dir liegen

Freude und Kummer in der Zukunft wollen wir zusammen tragen

im ganzen Land und deren symbolische Bedeutung anläßlich der Geburtstagsfeier des Marschalls. Nach dieser Ansprache nahm der Kriegsminister, Ho Yingchin, in Vertretung Chiang Kaisheks (Marschall Chiang befand sich wegen der nordchinesischen Fragen in Loyang in der Provinz Honan) die Flugzeuge in Empfang, die er gleich darauf der chinesischen Regierug übergab. Danach sprach Lin Sen als Oberhaupt des Reiches die Dankesworte für dieses sinnvolle Geschenk. Anschließend sangen die vielen tausend Anwesenden, von Instrumenten begleitet, gemeinsam das „Lied zur Geburtstagsgratulation", das weithin nach allen Seiten erklang.

Das „Lied zur Geburtstagsgratulation" war vorher in allen Schulen geübt worden. Sein Leitgedanke ist die Bemühung des chinesischen Volkes um die Rettung der Nation durch Flugzeuge und die Ehrung Chiang Kaisheks als des höchsten „Wegweisers" Chinas. Eine Strophe dieses Liedes lautet:

> Militaristen verursachen Bürgerkriege,
> sie kämpfen mit Speer und Gewehr,
> die Lage des Reiches ist in Gefahr,
> das Leben des Volkes in Not. —
>
> Unser Chiang Kaishek, unser Chiang Kaishek,
> treuer Anhänger Dr. Sun Yatsens,
> führte die Revolution,
> beseitigte alle Hindernisse,
> einigte das Reich.
>
> Chiang Kaishek ist der rettende Stern
> unserer Volksgenossen,
> Chiang Kaishek ist der rettende Stern
> unserer Volksgenossen.
>
> Wir wünschen unserem Chiang Kaishek
> ein langes und ewiges Leben,
> wir wünschen unserem Chiang Kaishek
> ein langes und ewiges Leben!

Nach Beendigung des Gesanges flogen die Flugzeuge geschlossen empor; kaum war das geschehen, so bildeten sie schon zwei chinesische Schriftzeichen „Chung" und „Cheng", die eigentlichen Namen Chiang Kaisheks. Diese beiden Schriftzeichen verwandelten sich wieder in das chinesische Zeichen „Wu" (fünf), was den 50. Geburtstag Chiang Kaisheks versinnbildlichen sollte.

Die chinesischen Zeitungen beschrieben die Ausrufe der auf der Erde stehenden Zuschauer als „Freudenstimmen wie Donnerhall". Bis gegen 10 Uhr flogen die Flugzeuge bald höher bald tiefer und demonstrierten verschiedene Kunstflüge. Es war eine noch nie dagewesene überwältigende Sehenswürdigkeit.

Von dem Podium des Festplatzes hielt der Leiter der Veranstaltung, Bürgermeister Wu, folgende Rede:

„Heute ist der 50. Geburtstag Chiang Kaisheks. Das ganze Reich, die Vertreter aus allen Bezirken und mehrere hunderttausend Einwohner der Hauptstadt begehen diese gewaltige Feier der Flugzeugübergabe. Wir alle betrachten es als große Ehre, diesem Ereignis beiwohnen zu dürfen. Chiang Kaishek folgte Dr. Sun Yatsen durch mehrere Jahrzehnte hindurch, um die Revolution zu verwirklichen. Seine Errungenschaften für die Partei und den Staat sind der ganzen Welt bekannt, was nicht erst erwähnt zu werden braucht.

Betrachten wir nur seine Arbeit während der letzten zehn Jahre. Seit dem Beginn des Feldzuges nach dem Norden im Jahre 1926 lebte er nur der Beseitigung der Bürgerkriege, der Vernichtung der Kommunisten, der Vollendung der Einigung des Reiches, der Überwältigung der nationalen Krise —, also ständig in Schwierigkeiten und Kampf. Er hat vollbracht, was niemand in der Welt tun kann, und erduldet, was gewöhnliche Menschen nicht erdulden können. Er nahm Strapazen und Vorwürfe auf sich und ließ sich durch keinen Mißerfolg zurückschrecken. In einer bedrängten Lage, voll unzähliger innerer Sorgen und äußerer Gefahren, schuf er die Grundlagen für die Wiedergeburt des chinesischen Volkes. Heute, am Tage seines 50. Geburtstages, feiern ihn die Volksgenossen des ganzen Reiches durch die Ueberreichung von Flugzeugen, mit einem außergewöhnlichen Geschenk, um dadurch eine ganz besondere Huldigung zum Ausdruck zu bringen. Das ist ein erstmaliges glorreiches Ereignis.

Chiang Kaishek arbeitete unter der Führung des chinesischen Staatsoberhauptes mit aller Energie und Kraft für den Wiederaufbau des Volkes, für die Erneuerung unseres Geistes und für die Stärkung der festen und gesunden Basis unseres Vaterlandes. Er ist zweifellos unser Führer, dem unsere Volksgenossen von ganzem Herzen huldigen. Wir bringen unsere Verehrung aber am besten dadurch zum Ausdruck, daß wir uns in seine Lage versetzen und seiner schwierigen Arbeit Verständnis zollen, um sein Werk zu unterstützen. Deswegen überreichen wir Volksgenossen der ganzen Nation aus dem Landesinnern und von den Grenzgebieten, aus dem In- und Auslande ihm geschlossen Gold und Geld, um ihm zu helfen, sein Ziel, die nationale Verteidigung, zu erreichen. Wir wissen, daß Chiang Kaishek unser Land liebt und schützt, und daß er die unerschütterliche Säule Chinas ist. Wenn wir auf diese Weise seinen Geburtstag feiern, arbeiten wir gleichzeitig auch für unser Vaterland.

Unser Land durch Flugzeuge zu schützen, entspricht eigentlich der hinterlassenen Lehre Dr. Sun Yatsens. Er zeigte uns durch seinen Weitblick und Scharfsinn schon vor 10 Jahren den Weg zur Errettung des Landes durch die Entfaltung des Flugwesens. ‚In den zukünftigen Kriegen werden die Flugzeuge entscheiden', ist schon zum Prinzip der Wehrwissenschaftler geworden. Das Luftfahrtwesen hat sich in China sehr schnell entwickelt, es befindet sich jedoch immer noch im Anfangsstadium. Die gegenwärtige Übergabe von Flugzeugen bei der Geburtstagsgratulation ist der größte Rekord in der Geschichte der chinesischen Luftfahrt, worüber wir uns unendlich freuen können."

An diesem Tage hatten der Flughafen, die Bevölkerung Nankings und überhaupt das ganze Reich die Fahne — Blauer Himmel und Weiße Sonne — (die chinesische Nationalflagge) gehißt. Überall konnte man die Worte „Überreichung von Flugzeugen bei der Gratulation zum Geburtstage" lesen. Nach Beendigung der offiziellen Feierlichkeiten wurden spontane Kundgebungen veranstaltet, so daß die ganze Stadt von Menschenmengen überfüllt war.

Abends fanden Fackel- und Laternenumzüge statt. Ihre Flammen leuchteten bis tief in die Nacht hinein.

Die Zentralfilmstelle in Nanking brachte anläßlich dieser Feierlichkeiten im ganzen Reich einen Film vom Leben Chiang Kaisheks zur Aufführung. Die Zentralrundfunkstation in Nanking sandte die „National-Hymne", ferner die von Chiang Kaishek selbst verfaßten „Gedanken am 50. Geburtstag", das „Lied der nationalen Revolution", den „Marsch des 25jährigen Wiederaufbaus", einen Vortrag von Tai Chitao: „Die Grundlage der Erfolge Chiang Kaisheks", das „Lied der ‚Neuen Lebensbewegung' ", das „Lied der Volksheroen", das „Lied der in Treue Dienenden des Reiches", einen Vortrag von Dr. Wang Chengting „Der gewaltige nationale Aufbau Chinas in den letzten zehn Jahren" usw.

In den Unterhaltungsstunden sandte der Rundfunk mit der Geburtstagsfeier und der Flugzeugübergabe zusammenhängende Musikstücke wie: „Marsch des Sieges", „Freude des Friedens", „Heroen des Volkes", „Marsch der großen Kaiser Yu und Shun", „Die rote Freudenhalle", „Ein Entenpaar spielt im Wasser", „Der friedliche Himmel", „Zwei zusammenfliegende Schmetterlinge". Das Programm dieses Tages endete mit dem Lied „Des Volkes Helden" und dem Lied „Zum Andenken Dr. Sun Yatsens".

In den Kinos und Theatern von Shanghai und anderen großen Städten wurden allenthalben mit der Geburtstagsfeier und der Flugzeugübergabe im Einklang stehende Stücke vorgeführt. Die Parks und Vergnügungsstätten waren von Menschen überfüllt. Es waren, um ein Wort der chinesischen Zeitungen zu gebrauchen, überall „Menschen wie Berge und Meere".

Chiang Kaishek ist zu einer gewaltigen und großen Persönlichkeit Chinas geworden.

II. KAPITEL

DIE JUGENDZEIT

1. Veranlagung und Umgebung

Der Kreis Fenghwa liegt zwischen dem Yen-Fluß (auch Fenghwa-Fluß genannt) und dem Shahu-Berg, im östlichen Teil der Provinz Chekiang. Er besitzt im Südwesten hohe Ebenen und im Norden Flachland, das besonders günstig für Ackerbau ist. Ferner grenzt er an die Kreise Ninghai, Hsingchang, Cheng und Ningpo und liegt von dem Hsiangshan-Hafen 200 km entfernt. Diese Kreise sind dicht bevölkert. Außer dem Ackerbau und Handel ist die Heimindustrie dort sehr entwickelt. Alle Erzeugnisse dieser Gegend passieren Fenghwa, entweder auf dem Wege nach dem Hsiangshan-Hafen oder nach Ningpo und Shanghai. Aus dieser Schilderung wird man die Bedeutung Fenghwas — das gleichzeitig ein wichtiger Verkehrs-knotenpunkt ist, als Handelsstadt erkennen können. So ist auch der Zustrom an Menschen nach dieser Stadt sehr groß. Heute besitzt Fenghwa 300 000 Einwohner, deren Charakterzüge Fleiß, Strebsam-keit, Geduld, Einfachheit und Lerneifer sind.

Der erste Mann der heutigen chinesischen Republik und der tatsächliche, große Führer Chinas, Marschall Chiang Kaishek, wurde vor 50 Jahren, am 31. Oktober 1887, im Ort Hsikow, am Tsinhsi, im Kreise Fenghwa geboren.

Infolge der günstigen Lage, umgeben von Bergen, Flüssen und Flachland, begünstigt vom großen Verkehr und reichlicher Produk-tion, sind die Menschen von Fenghwa sehr realistisch und betrachten „Maß und Mitte" als ihre Lebensphilosophie. — Chiang Kaishek empfing ebenfalls die Eigenart der Bewohner dieses Landstriches.

Er hieß zuerst Chiang Chowtai, auch Chiang Juiyuan. Der letz-tere war sein Kindername und wurde ihm von seinem Großvater Chiang Yupiao gegeben. Später nannte ihn seine Mutter Chung-cheng; „Kaishek" ist sein Beiname. Sein Vater hieß Chiang Shuan;

die Mutter war eine geborene Wang, eine Kaufmannstochter aus Fenghwa.

Die Stadt Fenghwa ist in China als Erzeugungsort von Bambushandarbeiten bekannt. Ihre Produkte, wie Besen, Körbe, Vorhänge, Matten, sind sehr hübsch, kostbar und praktisch. Obwohl sie nicht gerade luxuriös aussehen, empfindet man bei ihnen doch eine natürliche Schönheit und verwendet sie sehr gern; dies ist auch der Grund, warum die Bambusarbeit von Fenghwa berühmt geworden ist. Im Vergleich zu dem Bambusspielzeug von Fukien und Kiangsu sind die Gegenstände von Fenghwa im Gebrauch weit nützlicher. Außerdem sind die reichen Erzeugnisse von Tee, Reis, Fisch und Salz erwähnenswert.

Fenghwa hatte sehr unter der Ausbeutung der korrupten Beamten der Tsing-Dynastie zu leiden. Außerdem wurde es von der Taiping-Revolution aufgewühlt und war nahezu in ein ödes Land verwandelt worden. Zur Zeit der Geburt Chiang Kaisheks war die Macht der Tsing-Dynastie jedoch schon sehr geschwächt, und die Bevölkerung bildete eine starke Geschlossenheit. Deshalb erlebten die Bewohner — von reichen Ernten gesegnet — bald wieder ein neues Aufblühen, und der ehemalige wohlhabende Zustand wurde allmählich wieder hergestellt. Der Schiffs- und Bootsverkehr entwickelte sich ebenfalls immer mehr.

Wenn Chiang Kaishek heute seinen Landsleuten begegnet, stellt er oft die Frage: „Da ich schon sehr lange von der Heimat fort bin, kenne ich ihre Lage nicht mehr genau. Hat sich unsere alte Heimat landschaftlich — im Vergleich zu früher — geändert?"

Wenn er sich seiner Heimat erinnert, überfällt ihn immer eine große Gemütsbewegung.

Fenghwa, das von Bergen und Meer umgeben ist, besitzt eine Anzahl bekannter Sehenswürdigkeiten, die die Gedanken Chiang Kaisheks noch immer stark fesseln. Auf einer Bergspitze steht aufrecht und gewaltig der Hsuedo-Tempel, der als Schutz für die Bevölkerung des Landes gilt. In der Umgebung des Tempels liegen viele wunderbare Berggipfel und große Sandsteinfelsen, die buddhistischen Lohanstatuen und Mönchen sehr ähneln. Im Frühling und Sommer blühen dort Bäume und Blumen, überall sind Quellen, malerische Wälder, Sehenswürdigkeiten und Altertümer. Die Luft ist klar und ruhig. Es ist in der Tat ein überirdisch schöner Ort. Am „Tausendmeter-Felsen" auf dem Tsinping-Berg liegt ein weitberühmter, gewaltiger Wasserfall, dessen silbernen Glanz kein noch so begnadeter Künstler wiedergeben könnte, — und wenn man früh und abends die Glocken im Tempel läuten hört, kann man tatsächlich sagen, daß hier das Paradies der Erde ist.

Auf einer hervorragenden Bergkuppe des Tsinping-Berges liegt auch der historische Fota-Pavillon. Alte, gen Himmel ragende Bäume erzeugen eine ruhige, angenehme Kühle. Am Fuße des Berges liegen Bambuswälder mit wuchtigen Blättern. Nicht ohne Grund verfertigt also die Bevölkerung Fenghwas so schöne Bambusgegenstände.

Das Erziehungswesen und die Kommunalpolitik Fenghwas sind sehr entwickelt. In den letzten Jahren entstanden hier viele Fabriken, was überall an den aufsteigenden Schloten und Rauchsäulen erkennbar ist. Fenghwa ist von der Produktionsrevolution erfaßt worden und entwickelt sich langsam zu einer Industriestadt. Landschaftlich und produktiv beurteilt, ist Fenghwa der beste Kreis in der Provinz Chekiang; deswegen hört man die Einsichtigen oft sagen: Das schöne Fenghwa!

Ist der kluge Weitblick Chiang Kaisheks nicht durch die Schönheit dieser Landschaft angeregt und geschärft worden? Wenn seine Energie und Entschlossenheit vielleicht durch die hohen Gipfel beeinflußt wurden, so werden sein Kampfgeist und seine Schlagfertigkeit wohl von dem großartigen Wasserfall des „Tausendmeter-Felsens" ihren symbolischen An- und Auftrieb gefunden haben. Früh und abends betrachtete er den Hsuedo-Tempel, der aus den höchsten Berggipfeln wuchtig emporwächst. Wer vermag zu ergründen, inwiefern dieser seelisch erhebende Anblick die Keime für seine Gemütsbildung, die politischen Fähigkeiten, die klare Einsicht und das rasche Erfassen des über dem 400 Millionenvolk stehenden Führers erzeugte.

Der Geburtsort Chiang Kaisheks, Hsikow, auch die Handelszentrale von Tsinhsio genannt, liegt am Oberlauf des Yen-Flusses. Seinen blühenden Handel verdankt er dem Umstand, daß ihn alle Erzeugnisse des inneren Landes passieren, wodurch er zum Sammelplatz vieler Kaufleute geworden ist. Die Zahl der großen Geschäfte und der breiten Straßen von Hsikow gilt als die höchste im Kreise Fenghwa.

Mehr als die Hälfte der Bevölkerung von Fenghwa betätigt sich als Kaufleute. Die verstreuten Bauernfamilien zählen nur 20 bis 30 Prozent. Die Kaufhäuser konzentrieren sich zum großen Teil in der Gegend von Hsikow. Großkaufleute treiben hier sogar ihren Handel nach anderen Provinzen. Hsikow besitzt allein 20 bis 30 Prozent der gesamten Geschäfte von Fenghwa. 40 bis 50 Prozent seiner Bevölkerung sind als Schiffer auf dem Yangtsestrom beschäftigt. Somit trifft man überall Schiffsbesitzer aus dem Kreise Fenghwa. Hsikow ist ebenfalls Schiffahrtszentrale. Ein großer Teil der Erzeugnisse des Landes wird von dort mit Schiffen nach den anderen Provinzen transportiert. Ununterbrochen hört man von früh bis spät die Stimmen der schwer Arbeitenden.

Als Chiang Kaishek noch Kind war, sah er in Begleitung von Familienmitgliedern diesem Leben oft zu und unterhielt sich fröhlich mit den Arbeitern.

Abends sind alle Lokale dieser kleinen Hafenstadt von den zurückgekehrten Schiffern überfüllt. Sie unterhalten sich laut lachend und unbekümmert um ihre nackten Füße und den Staub im Gesicht.

Der junge Chiang liebte diese Schiffer und gesellte sich gern zu ihnen. Obwohl er deswegen zu Hause oft getadelt und von den Nachbarn ausgelacht wurde, plauderte er nach wie vor mit ihnen und wurde bald ein Freund dieser ungezählten armen Arbeiter. Es war sicher kein Zufall, daß er die aristokratische Tsing-Dynastie stürzte und schließlich die heutige Republik formte.

Einerseits betrachtete Chiang Kaishek die klare, ruhige, vornehme Landschaft, und andererseits beobachtete er das einfache, ärmliche Leben der Schiffer. Solche gegensätzlichen Verhältnisse sind für jeden Menschen fruchtbar. Man kann auch sagen, daß diese Gegensätze sein eigenes Leben und seine Aufbauarbeit sehr beeindruckt haben und es ihm ermöglichten, jede Situation zu meistern und durch geschickte, langsame oder rasche, großzügige oder strenge Handlungen sich die heutige Position zu schaffen. Darum ist er Realist, Ideengestalter und gleichzeitig ein von der Lebensphilosophie durchdrungener Mensch.

2. Einfluß der Eltern

Alle Menschen werden nach dem Naturgesetz von Blut und Boden von der Umgebung und durch Veranlagung geformt. Chiang Kaishek ist ebenfalls keine Ausnahme. Er wurde während seiner Jugend von der Umgebung und von seinen Eltern sehr beeinflußt, wodurch sich sein heutiger Charakter gestaltete. Seine jetzige Entwicklung verdankt er wohl besonders seinen Eltern.

Sein Vater Chiang Shuan, war ein bescheidener und höflicher Gelehrter, der überall Sympathie genoß. Der Vater Chiang Shuans, also der Großvater Chiang Kaisheks, Chiang Yupiao, gab die traditionelle Landarbeit seiner Familie auf und trieb Handel. Da er zwischen dem Meer und dem Gebirge wohnte, handelte er mit den Erzeugnissen von beiden — also mit Tee und Salz. Die finanzielle

24

Hsikow

Geburtsort Chiang Kaisheks

Verkehrszentrale in Fenghwa

Lage der Familie verbesserte sich täglich. Er widmete sich mit Vorliebe sozialen und Wohlfahrts-Angelegenheiten und stiftete stets als erster oder als Mitbeteiligter für das Wohlergehen der Gemeinde.

Das Mitglied des Zentral-Exekutiv-Komitees der Kuomintang, der Chinesischen Nationalpartei, Shao Yuanchung, führt in dem Aufsatz „Die Familienerziehung und das Studium Chiang Kaisheks" unter anderem folgendes aus:

„Herr Chiang Yupiao galt als spendefreudiger Mensch. Gerieten Verwandte oder Freunde z. B. bei Hochzeiten oder Begräbnissen in Verlegenheit und baten ihn um Hilfe, so erhielten sie von ihm stets Unterstützungen. Um das Wohlergehen der Gemeinde war er tatkräftig besorgt und setzte sich stets für Straßen-, Bahnbauten und andere gemeinnützige Einrichtungen ein. Oft war er auch persönlich dabei, um die Arbeiten zu fördern.

Bei Wuling, das zwischen dem benachbarten Tsinhsi und den Städten Ningpo, Shaohsing und Taichow liegt, führte ein wichtiger Gebirgsweg für die Bewohner dieser Gegend vorbei, der aber sehr einsam und still war. Nirgends konnte man Tee oder etwas Eßbares bekommen. Mehrere Jahre lang bereitete Chiang Yupiao in einem Kloster an diesem Wege Keks, Kuchen und Tee für die Vorübergehenden. Man bezeigte ihm deswegen große Dankbarkeit.

Chiang Yupiao besaß große medizinische Kenntnisse und gab den Kranken häufig kostenlose Beratungen. Auch diskutierte er gern über die buddhistische Lehre, wobei er deren Geist der Humanität und Liebe rühmte, um so die Menschen im Guten zu beeinflussen. Obwohl er in seiner Familie große Strenge an den Tag legte, war er doch stets freundlich."

Für Chiang Kaishek war sein Großvater sicherlich ein sehr nachahmenswertes Vorbild. Im Jahre 1851, als Chiang Kaisheks Vater, Chiang Shuan, 10 Jahre alt war, brach die Taiping-Revolution aus. Die Provinz Chekiang diente den Aufständischen und den Regierungstruppen mehrmals als Kampfgebiet, wodurch sie große Verwüstungen erlitt. Der von Chang Yupiao lebenslang aufgebaute Salzhandel wurde ebenfalls in Mitleidenschaft gezogen, und das gesamte Vermögen seiner Familie ging dadurch verloren. Nach der Beendigung des Kampfes baute Chiang Shuan, dem Wunsch seines Vaters folgend, erneut den Salzhandel aus.

In wenigen Jahren wurden die Verluste der Familie wieder eingebracht. Dieser Erfolg beruhte vor allem auf der Strebsamkeit und dem Fleiß Chiang Shuans. Ihn schildert Shao Yuanchung an anderer Stelle wie folgt:

3

„Chiang Kaisheks Vater, Chiang Shuan, besaß einen starken Charakter, handelte stets gerecht und war anderen gegenüber ehrlich und freundlich; er war fleißig, sparsam und ordentlich. Sein Charakter war noch ausgeprägter als der seines Vaters.

Gern schlichtete er Streitfälle im Lande und trat stets für Gerechtigkeit ein. Er förderte mit ganzer Kraft das Wohlergehen der Gemeinde und die Entwicklung ihres Erziehungswesens. Durch seine Unterstützung wurde vielen Unbemittelten das Studium ermöglicht.

Oft sagte er zu den Geschwistern Chiang Kaisheks: ‚Ich erhielt in meiner Jugend das Vermögen unserer Vorfahren und habe leider nicht viel für den Staat getan; jedoch widmete ich mich gern dem Wohlergehen der Gemeinde und deren Erziehungsarbeit, um die Sitten und Gebräuche des Landes zu verbessern, damit alle in Frieden leben und eine große Harmonie unter ihnen herrschen könnte. Ihr sollt euch aber mehr dem Studium widmen, damit ihr später viel für den Staat leistet, um mein Fehlen zu ergänzen.'"

Diese eindringlichen väterlichen Erziehungsworte haben auf die Geschwister Chiang Kaisheks großen Einfluß ausgeübt.

Chiang Shuan war trotz vorgerückten Alters seinen Kindern gegenüber nach wie vor sehr streng, obwohl er sie immer mehr liebte und immer größere Hoffnungen auf sie setzte. Das intensive Studium und die strebsame Arbeit Chiang Kaisheks für den Staat in späterer Zeit stehen mit den Erziehungsmethoden seines Vaters in engem Zusammenhang. Für ihn waren der Geist der Großzügigkeit und Spendefreudigkeit seines Großvaters, die Energie und der Fleiß seines Vaters bei der Wiederherstellung des Familienwohlstandes alles sehr tiefe Eindrücke.

Chiang Kaishek war erst 9 Jahre alt, als sein Vater im Alter von 53 Jahren starb. Seitdem fiel alle Verantwortung auf die Schultern der Mutter. Es war für sie sicherlich außerordentlich schwer, das Haus mit den kleinen Kindern zu verwalten und vor allem das Werden der Kinder zu leiten.

Frau Chiang entstammt einer nicht reichen, aber wohlhabenden Kaufmannsfamilie aus Fenghwa. Sie war eine einfache, keinen Luxus liebende und stets die Verschwendung verachtende Frau.

Die durch den Tod ihres Mannes tief Getroffene wollte nach Beendigung der Trauerzeit ihrem toten Gatten folgen. Jedoch mußte sie an ihre Kinder denken. Dabei kam ihr der alte Spruch ins Gedächtnis: „Der Tod ist leichter als einen Weisen großzuziehen." Ferner überlegte sie, daß, wenn sie die heimgesuchte Familie wieder hoch brächte, sie dann ihre Pflicht gegenüber dem toten Gatten und den Kindern erfüllen würde. Außerdem betrachtete sie es als die Pflicht eines jeden Menschen, sich mit aller Kraft für die Ziele der Menschheit einzusetzen. So entschloß sie sich, sich ihren Kindern zu widmen und arbeitete fleißig in der Hoffnung, daß ihr Sohn einer großer Zukunft entgegenginge.

Sie war sehr geschickt in Handarbeiten, denen sie jede freie Zeit widmete. Obwohl ihr die Erziehung ihres Sohnes oblag, arbeitete sie auch außer dem Hause, um den Lebensunterhalt ohne jede fremde Hilfe zu ermöglichen. Mit der Zeit vergrößerte sie sogar noch das ihr hinterlassene Vermögen.

Ebenso wie ihr Gatte besaß auch sie große Kenntnisse in der buddhistischen Lehre. Zu jener Zeit, vor etwa 40 bis 50 Jahren, war es eine große Seltenheit, wenn jemand auf einem chinesischen Dorfe die buddhistische Lehre begriff und besonders als Frau unter den vielen Analphabeten die Schriftzeichen kannte. Sie erzog Chiang Kaishek stets nach den hinterlassenen Worten ihres Mannes und züchtigte ihn auch manchmal mit Schlägen, wenn er unartig war oder nicht auf sie hörte. Andererseits vergaß sie jedoch niemals die mütterliche Liebe zu ihm. Härte und Liebe, Großzügigkeit und Strenge sind zwar entgegengesetzte Erziehungsmethoden, jede aber zu ihrer Zeit angewendet, haben sie Chiang Kaishek bei seinem weiteren Fortkommen nur günstig beeinflußt. Der kluge, junge Chiang folgte den Lehren seiner Mutter und entwickelte sich, ihre Hoffnung erfüllend, in der von ihr erstrebten Richtung.

Chiang hatte aber auch schon früh eigene Ideen und einen festen Standpunkt. Oft verglich er seine Gedanken mit denen seiner Mutter und kam dabei häufig zu der Überzeugung, daß seine Empfindungen richtiger seien. In solchen Augenblicken erklärte die hocherfahrene Frau, nachdem sie die Worte ihres Sohnes gehört hatte, stets ganz genau, was richtig und was falsch wäre. Am Schluß faßte sie alles Gesagte nochmals zusammen, um es dem Kinde restlos verständlich zu machen. Chiang Kaishek sagt noch häufig, wenn er an seine Mutter denkt: „Meine Mutter war größer als alle anderen Menschen."

Ständig schärfte Frau Chiang ihrem Sohn die folgenden Worte ein: „Seit dem Tode deines Vaters kämpfte ich mit vielen Schwierigkeiten, um dir das Studium zu ermöglichen, — nicht aus dem Gedanken heraus, daß du ein hoher Beamter werden und viel Vermögen schaffen möchtest, sondern in der Hoffnung, daß du eines Tages für den Staat Wertvolles leisten und den ruhmreichen Namen deiner Vorfahren ehren würdest." Oft sagte sie auch: „Männer arbeiten für das Vaterland und brauchen sich nicht um den Tod zu kümmern. In nichts soll man von den anderen abhängig sein; deiner Mutter Hoffnung ist, durch eigene Arbeit und Selbsterkenntnis dem Staat zu dienen."

Nach dem Ausbruch der chinesischen Revolution im Jahre 1911 führte Chiang Kaishek eine revolutionäre Truppe. Als seine Verwandten und Freunde davon hörten, nannten sie diese Tatsache eine große Gefahr und wollten sich ihr entgegensetzen. Nur seine Mutter war gegenteiliger Ansicht und unterstützte ihn tatkräftig. Später, als die beiden Provinzen Kiangsu und Chekiang der revolutionären Armee zufielen, und die Siegesnachrichten nach Fenghwa gelangten, blieb Mutter Chiang fast unberührt und zeigte keine übermäßige Freude. Sie schrieb nur an Chiang Kaishek und ermahnte ihn mit den Worten: „Arbeite für das Vaterland und laß nie nach!"

Chiang Kaishek lud, als er sich in Shanghai aufhielt, seine Mutter manches Mal ein. Immer blieb sie nur einige Tage bei ihm und kehrte bald wieder nach der Heimat zurück und lebte dort ihr einfaches, ruhiges Leben.

Als Chiang Kaishek nach dem Mißlingen der zweiten Revolution Zuflucht im Auslande fand, schrieb er an seine gütige Mutter und unterrichtete sie von allem. Sie war stets bereit, ihren Sohn zu unterstützen trotz abratender Worte von allen Seiten. Ihr Mut, ihre Entschlossenheit, Güte und Humanität wurden überall gerühmt. Dr. Sun Yatsen erkannte das Verhalten Frau Chiangs ganz besonders an und schenkte ihr im Jahre 1916 folgende Spruchtafel: „Den Sohn nach richtiger Methode erzogen."

Während seiner freien Zeit besucht Chiang Kaishek oft das Grab seiner Mutter in seiner alten Heimat Fenghwa, um ihr nach der Landessitte Opfer darzubringen. Wie sehr er seiner Mutter in Dankbarkeit gedenkt, ist aus seinem Aufsatz „Gedanken am 50. Geburtstag", der in allen chinesischen Zeitungen und Zeitschriften veröffentlicht wurde, klar ersichtlich. Folgender Abschnitt daraus sei hier wiedergegeben.

„Ich erinnere mich heute der Erziehung meiner Lehrer, der Hilfe meiner Kameraden, des Heldenmuts und der Opfer meiner Amtsgenossen in der Regierung. Sie sind in mir so lebendig, als ob sie vor meinen Augen stünden; ich denke ihrer mit tiefer Rührung.

Unter diesen Bildern steht aber unauslöschlich die Erinnerung an meine Mutter, die sich trotz vieler Opfer um die Erhaltung ihrer Familie so viel der Erziehung ihres vaterlosen Sohnes widmete. Heute, wo die Bäume an ihrem Grabe groß und stark geworden sind, muß ich erkennen, wie wenig ich bisher zu Ende führte und wie oft ich versäumt habe, die Hoffnungen zu erfüllen, die sie in mich gesetzt hat.

Die Schwierigkeiten, die sich der Partei und dem Staat entgegenstellen, sind zahllos, das Elend unseres Volkes ist groß, der Weg des Wiederaufbaues, der vor uns liegt, sehr lang. Es beschämt mich, daß ich nicht alle meine Zeit genutzt habe, um meine Pflicht zu erfüllen.

Mein Geist ist voll solcher quälender Gedanken. Ich will jetzt aber vor allen Dingen von all den Mühseligkeiten und Schwierigkeiten sprechen, die meine Mutter bei der Erhaltung und Erziehung ihrer Familie ertragen und überwinden mußte; dann wird sich die Welt die Lage der Hilflosen und Armen besser vorstellen und mehr würdigen können. Ich hoffe, das wird in mancher Hinsicht uns allen als Ansporn zur Zurückhaltung und Selbstzucht dienen und uns an die große Aufgabe der Rettung von Nation und Volk mahnen.

Ich wurde in einem kleinen Dorf geboren, in dem mein Großvater und mein Vater einen kleinen Pachthof unterhielten. Durch Fleiß und Sparsamkeit erwarben sie einen bescheidenen Wohlstand. Mein Vater starb, als ich 9 Jahre alt war; seit dieser Zeit hatte meine Familie viele Schwierigkeiten und Trübsale zu erdulden.

Ich muß daran erinnern, daß die kaiserliche Regierung damals das höchste Maß von Korruption erreichte. Eine degenerierte obere Bourgeoisie und ein bestechlicher Beamtenstand ließen Ausnutzung und Mißhandlung des Volkes zur Gewohnheit werden.

Meine Familie, die ohne Anhang und Einfluß war, wurde mehrfach die Zielscheibe solcher Mißhandlungen und Kränkungen. Von Zeit zu Zeit wurden uns wucherische Steuern und Dienstleistungen aufgezwungen; einmal wurden wir sogar öffentlich vor Gericht beschimpft. Alle unsere Freunde und Verwandten blieben zu unserem Kummer und Leid hierbei nur uninteressierte Zuschauer.

Die elende Lage unserer Familie zu jener Zeit ist wirklich nicht zu beschreiben. Wir schulden es allein unserer Mutter, ihrer steten Freundlichkeit und ihrer Ausdauer, daß die Familie vom Untergang gerettet wurde. Kühn und mit eiserner Entschlossenheit ging sie daran, die Familie vom Untergang zurückzureißen und wußte mit der gleichen Entschlossenheit, ruhig, aber resolut, ihre Kinder in einer anständigen Art zu erziehen.

Ihre Aufgabe war weder leicht, noch beneidenswert; denn bei jeder Kleinigkeit mußte sie mit eigener Hand zupacken. Als Knaben liebte sie mich zärtlich, ihre Liebe war aber mehr als die sonst übliche einer Mutter; sie war eine strenge Zuchtmeisterin. Nie unterließ sie es, mich genau zur Rechenschaft zu ziehen, wenn ich einmal mutwillig war.

Wenn ich nach Hause kam, fragte sie mich jedesmal, wo ich gewesen sei und was ich getan hätte; kam ich von der Schule zurück, so wollte sie die Aufgaben wissen. Sie ließ mich Hausarbeiten verrichten, damit ich körperlich gestählt würde. Mit einem Wort: Sie hat all ihre Zeit und Kraft meinem Wohlergehen geopfert.

In meiner Jugend war ich sehr eigensinnig, voll jugendlicher Ungeduld und konnte keine harten Zurechtweisungen vertragen. Von den anderen Jungen wurde ich oft schlecht behandelt und nicht selten vertrieben sie mich von ihren Spielplätzen.

Als ich das Mannesalter erreicht hatte, entschied ich mich, ins Ausland zu gehen, um eine militärische Erziehung zu genießen. Darüber waren viele unserer Verwandten und Nachbarn sehr erstaunt; einige standen meiner Entschließung sogar feindlich gegenüber. Sie würden mich wirklich gehindert haben, meinen Wunsch durchzusetzen, wenn es dem entschlossenen Willen meiner Mutter und ihren entschiedenen Bemühungen nicht gelungen wäre, mich mit dem notwendigen Studiengeld zu versorgen.

Später, als mir die tragenden Grundsätze unserer nationalen Revolution bewußt wurden, beschloß ich, mich der Sache der Partei und der Nation hinzugeben — ein Schritt, der viele Schwierigkeiten und Gefahren nach sich zog. Danach brachen alle meine Verwandten, bis auf einen, die Beziehungen zu mir ab. Dieser einzige, der weiterhin an alles glaubte, was ich unternahm, und der bereit war, alles zu tun, um mich geistig und finanziell zu unterstützen, war meine Mutter.

Zur Zeit der Errichtung der Republik war ich 25 Jahre alt. Endlich war ich imstande, unser Heim für meine Mutter besser auszustatten und ihre wenigen Wünsche zu erfüllen. Unglücklicherweise brachte die republikanische Regierungsform aber nicht den Frieden.

Im ganzen Lande tobten die Kämpfe zwischen den streitenden Militaristen. Die Durchführung der Parteigrundsätze war unter diesen Umständen völlig unmöglich; zeitweise schien die Sache der nationalen Revolution hoffnungslos verloren. Und wieder war es meine Mutter, die mir in dieser kritischen Zeit mit klugem Rat beistand.

16 Jahre hindurch, — von der Zeit an, wo ich 9 Jahre alt, meinen Vater verlor, bis zu dem Tage, wo ich 25 Jahre alt wurde, hat meine Mutter keinen Tag gekannt, der von häuslichen Schwierigkeiten frei war. Obgleich sie auch über mein Flüchtlingsleben in der unruhigen

Zeit oft in Sorge war, verlor sie nie ihre Ruhe und ihr Selbstvertrauen, sie betrachtete die Wiederherstellung unseres Hauses als ihre einzige Pflicht.

Gelegentlich sagte sie zu mir: ,Unglück, Mißerfolge, Gefahren und Leiden der Menschen; — das alles sind tägliche Erscheinungen in der Welt. Wir müssen Selbstvertrauen und Selbstzucht üben, um daraus einen Ausweg zu finden. Je größer unsere häuslichen Schwierigkeiten sind, desto wichtiger wird es, die Tradition unserer Familie aufrechtzuerhalten; je schlimmer unser häusliches Unglück wird, um so härter werde unser Wille. Für eine arme Witwe und eine arme Waise, aber auch für jeden anderen, der es versucht, sich in dieser schrecklichen Welt zu behaupten, gibt es nichts Besseres als Selbstvertrauen und Selbstzucht.'

Beim ersten Fehlschlag in den Anfangstagen der Revolution kam mir meine Mutter wiederum zu Hilfe. Sie lehrte mich, daß man das Prinzip der Ehrfurcht vor den Eltern auch auf die Nation anwenden müsse. Sie erinnerte mich daran, wie wir früher zu Hause über die Schwierigkeiten hinweggekommen wären und forderte mich auf, dasselbe Prinzip in erweitertem Sinne — nämlich im Sinne der Nation — anzuwenden; dann würden Ungerechtigkeit und Unterdrückung für immer aus der menschlichen Geschichte verschwinden. Sie prägte mir ein, daß man, um ein gehorsamer Sohn zu sein, nicht nur genau die Grundsätze der Ehrfurcht vor den Eltern erfüllen müsse; sondern diese Grundsätze auch eine unerschrockene Hingabe an die Sache der Nation erforderten.

Solch gute Worte gab mir meine Mutter in der Absicht mit, mein Leben zu leiten. Obgleich es immer mein inbrünstiger Wunsch geblieben ist, all mein Handeln mit den Lehren meiner verstorbenen Mutter in Übereinstimmung zu bringen, ist es mir bis jetzt noch nicht gelungen, der mir auferlegten großen Pflicht nachzukommen. Immer, wenn ich an die Lage zurückdenke, in welcher wir zwei — meine verwitwete Mutter und ich, als vaterloser Sohn — im Schatten kalter Wirklichkeit lebten, kann ich nur beten, daß der Tag kommen möge, an dem ich fähig würde, die Wünsche meiner Mutter in einer würdigen Art zu erfüllen."

Chiang Kaishek ist im heutigen China wohl der Mann, der die größte Verantwortung für das Reich trägt. In Massenversammlungen spricht er gern über den Anstand, die Organisation und Verwaltung. Die Zahl der von ihm beeinflußten chinesischen Bürger ist auf mehrere Millionen gestiegen. Dies ist wohl das Resultat seiner elterlichen Erziehung. Die Hoffnung seiner Mutter, ihn zu einem

ordnungs- und disziplinliebenden Menschen zu erziehen, hat sich erfüllt.

Mutter Chiang kann im Grabe wohl zufrieden lächeln, daß ihr
Sohn als der erste Mann in der heutigen chinesischen Republik, die
unmöglich erscheinende Einigung Chinas vollendet hat.

3. Kindheitserlebnisse

Kinder sind häufig unartig; jedoch können sich unartige Kinder —
je nach den Erziehungsmethoden — weiter zum Guten oder zum
Schlechten entwickeln. Der junge Chiang war eines von den un-
artigen. Er wendete auch oft und gern eine List an, wenn er seinen
Zweck nicht anders erreichen konnte.

Eines Tages spielte er mit einer Anzahl von Kindern auf einem
freien Platze. Sie begannen das Schaukelspiel und bestimmten durch
Würfeln die Reihenfolge der Spieler. Als aber Chiang an die Reihe
kam, stürzten sich zwei große Kinder auf ihn und schrien: „Laßt uns
zuerst schaukeln!" Obwohl Chiang verhältnismäßig klein war, besaß
er großen Mut und sagte zu ihnen: „Das geht nicht, — das geht
nicht!" Die beiden kräftigen Kinder schoben ihn jedoch mit Gewalt
hinweg und schaukelten lachend selbst. Der junge Chiang wollte
ihnen entgegentreten, die übrigen hatten jedoch Angst, und niemand
wollte ihm beistehen. Er ging darauf eilig mit einem Freunde nach
Hause, holte zwei mit Wasser gefüllte Eimer und stellte je einen
heimlich unter die Enden der Schaukel. So wurden die beiden
schaukelnden Kinder beim Neigen der Schaukel unfreiwillig naß.
Der junge Chiang lachte darüber mit seinem Kameraden ganz un-
bändig. Um aber der Gewalt der beiden großen Kinder auszu-
weichen, liefen sie davon.

An einem anderen Tage, als seine Mutter Verwandte besuchte,
und erst spät in der Nacht zurückkommen wollte, blieb Chiang mit
seiner jüngeren Schwester allein daheim. Ein Nachbarskind, das
hiervon erfahren hatte, wollte Chiang erschrecken. Es versteckte
sich abends in einer Ecke an Chiangs Haus und stieß Schrecklaute
aus. „Huh — huh — huh . . ." Solche Töne wurden im Dorf gewöhnlich als Teufelsschreie bezeichnet, vor denen sich jeder
fürchtete. Dieses war auf den weit verbreiteten Aberglauben der
Bevölkerung zurückzuführen. Chiang Kaishek schenkte solchem Un-
sinn keinen Glauben und erkannte nach kurzem Überlegen, daß dieses
„Huh . ." von dem Nachbarkind herrührte. Er klärte seine Schwester
über das Märchen von den angeblichen Teufeln auf, um sie zu beruhigen. Sie ängstigte sich dabei aber noch mehr und fing an zu

Chiang Kaishek

18 Jahre alt

Das Haus der Familie Chiang

Inschrift über dem Haustor: Loyalität und Pietät sind die traditionellen Tugenden unserer Familie

weinen. Als das Kind des Nachbars die weinende Stimme vernahm, lachte es über den gelungenen Schabernack.

Schon hatte aber der junge Chiang einen Bambuskorb auf den Kopf gestülpt, ihn mit einem weißen Tuch überdeckt und wartete so hinter einem Baum, an einer Stelle, an der das Nachbarskind auf seinem Heimweg unbedingt vorbeikommen mußte. Das ahnungslose Kind wanderte, noch immer hocherfreut über das gelungene Erschrecken, nach Hause. Als es aber an dem Baum vorüberkam, erschien hinter diesem plötzlich Chiang, der in seiner weißen Bekleidung wie ein unheimliches Gespenst aussah. Von großem Schrecken erfaßt, lief das Kind schreiend und jammernd davon. Chiang folgte ihm; das Kind stürzte vor Furcht laut weinend auf den Boden. Als die Dorfbewohner, der weinenden Stimme folgend, ihm zu Hilfe eilten, war der junge Chiang schon längst wieder zu Hause. Er erzählte seiner Schwester seine gelungene List und beide lachten unaufhörlich.

Der ehrgeizige junge Chiang hat seine Gegner auf solche Weise oft besiegt.

Seine Mutter war über seine Ungezogenheiten häufig betrübt. Jedoch tadelte sie ihn, da sie eine besonders gute und kluge Mutter war, nicht immer direkt, sondern beeinflußte ihn oft auch durch lehrreiche Beispiele, um ihn zur Selbstbesinnung zu bringen. Innerlich dachte sie stets daran, daß, wenn er sich mit einer solchen Begabung dem Studium widmen würde, es vielleicht nicht ausgeschlossen wäre, aus ihm eine große Persönlichkeit zu machen. So versuchte sie, ihn ständig zum intensiven Lernen zu veranlassen. Und tatsächlich besann sich Chiang immer mehr auf sich selbst; er widmete sich bald mit großem Eifer seinen Studien und machte immer größere Fortschritte.

III. KAPITEL

DIE ZEIT IN DER FENGLU-SCHULE

1. Fenglu- und Wuling-Schule

Der Aufsichtrat für Volkserziehung in der Provinz Chekiang berichtete jedesmal, wenn er von einer Inspektionsreise zurückkam, daß das „Erziehungswesen im Kreise Fenghwa das beste der ganzen Provinz, und die beste Schule in diesem Kreise die Tsinhsi-Mittelschule sei".

Die Tsinhsi-Mittelschule befindet sich heute in einem ansehnlichen Gebäude mit vollständig modernen Einrichtungen und guten Lehrkräften, was in der ganzen Provinz bekannt ist. Die Zahl der Schüler beträgt jetzt wohl über tausend. Sie hat in den etwa 40 Jahren ihres Bestehens schon mehrere tausend befähigte Bürger erzogen.

Diese Schule hatte früher den Namen „Fenglu-Schule"; sie wurde auch von Chiang Kaishek besucht.

Zu seiner Zeit war die Fenglu-Schule nicht besonders groß; sie umfaßte höchstens ein Zehntel der heutigen Tsinhsi-Mittelschule. Selbstverständlich waren ihre Einrichtungen und Lehrkräfte auch weit bescheidener als heute. Sie war zur Zeit Chiang Kaisheks eine Mittelschule alten Systems, die jedoch einen Ruf besaß.

Die Kinder aus den Bauernfamilien gingen damals in der Regel mit 10 bis 15 Jahren noch nicht zur Schule. Dieses war meistens darauf zurückzuführen, daß die Eltern ihren Kindern den Schulbesuch nicht erlaubten, obwohl die Lehrer der Schule ihnen eindringlichst zuredeten. Manche sagten: „Die Kinder von Bauern und Schiffern brauchen nichts zu lernen"; andere meinten wieder: „Das Studium hat keine Eile!"

Dieser Widerstand machte die Bemühungen der Lehrer um die Auswertung des Studiums zunichte, und deswegen waren die zu unterrichtenden Kinder im Alter sehr verschieden; in der ersten Klasse meistens fünfzehnjährig, in der zweiten Klasse achtzehn- und auch sogar zwanzigjährig. Infolge dieser Altersunterschiede sowie des verschiedenen Gedächtnis- und Auffassungsvermögens konnte sehr schwer eine einheitliche Erziehung durchgeführt werden.

Chiang-Kaishek trat mit jungen Jahren in die Fenglu-Schule ein. Er galt als der Jüngste in seiner Klasse. Seine Mutter schickte ihn im Gegensatz zu vielen anderen Eltern in die Schule. Sie war der Ansicht, daß es nicht angebracht sei, kluge Kinder zu Hause zu behalten, und daß es besser wäre, wenn sie zeitig eine Erziehung in der Schule genössen.

Die Fenglu-Schule lag sehr weit vom Hause der Familie Chiang entfernt. Deswegen konnte der junge Chiang nicht täglich nach Hause kommen und mußte bei Verwandten in der Nähe der Schule wohnen. Chiang war von kleiner Gestalt. Er war sehr lerneifrig und wollte ein guter Schüler sein. Das Hauptlehrfach war zu jener Zeit das Lesen von Klassikern. Die Schüler übten das Vorlesen und das freie Aufsagen. Meistens begriffen sie jedoch nicht die Bedeutung des Gelesenen. Chiang wollte aber, anders als die anderen Schüler, jedes Wort und jeden Satz verstehen, und fragte über alles den Lehrer. Das war dem Lehrer, der nur das Lesen lehrte, bald lästig; aber der seit seiner Jugend von Wißbegierde erfüllte Chiang kümmerte sich nicht um die ablehnende Haltung des Lehrers und fragte so lange, bis er alles begriffen hatte, wogegen der Lehrer auch nichts tun konnte. Jedesmal, wenn Mutter Chiang in die Schule kam, ließ der Lehrer sie diese Lästigkeit ihres Sohnes fühlen. Wenn Chiang Kaishek die Unterrichtsstunden in der Schule beendet hatte, übte er täglich zu Hause das Schreiben von Schriftzeichen in verschiedener Ausführung, deswegen ist die Kalligraphie des heutigen Marschalls sehr kunstvoll.

Die Fenglu-Schule hat später eine starke Vergrößerung durch Neueinrichtungen erfahren. Sie wurde, nachdem Chiang Kaishek berühmt geworden war, von der Gemeindeverwaltung umgebaut und in „Tsinhsi-Mittelschule" umbenannt. Außerdem gründete Chiang Kaishek eine andere Schule, die „Wuling-Schule", in der Nähe seiner Heimat. Diese ist eine gemischte Schule, sie wird von Volks- und Mittelschülern besucht. Da sie am Fuß des Wuling-Berges liegt, erhielt sie den Namen „Wuling-Schule". Die Einrichtung dieser Schule war eine Idee Frau Chiangs, die in späteren Jahren von Chiang Kaishek als Andenken an seine Mutter verwirklicht wurde.

Das Reich der Tätigkeit der chinesischen Frauen lag seit altersher in ihren Gemächern; sie beschäftigten sich außer mit schneidern und kochen wenig mit dem Studium, und daher konnten Frauen selten

lesen und schreiben. Frau Chiang kannte aber nicht nur die Schriftzeichen und die Literatur, sondern auch die schwer verständlichen
buddhistischen Schriften. Sie hatte es stets als sehr schmerzlich und
schwer empfunden, die Kinder mehrere Kilometer weit in die Schule
zu schicken. Um die Kinder des Dorfes von diesen Schwierigkeiten
zu befreien, mußte unbedingt in der Nähe eine Schule errichtet
werden. Diese Gedanken sprach sie oft Chiang Kaishek gegenüber
aus, und die aus diesen Wünschen heraus geborene Schule ist die
„Wuling-Schule".

Sie ist ganz großartig und modern eingerichtet und hat über
100 Mittelschüler, etwa 280 Volksschüler und etwa 100 Kleinkinder,
die alle kostenlosen Unterricht erhalten. Außerdem bearbeiten sie den
„Wuling-Park" mit Ackerboden und Wäldern, wodurch gleichzeitig
eine praktische und theoretische Erziehung möglich ist. Ihr Jahres-
etat beträgt etwa 40 000 chinesische Dollar, die zu einem Teil von
der Kreisverwaltung, zum großen Teil aber von Chiang Kaishek selbst
aufgebracht werden. In der Wuling-Schule werden die Kinder ganz
im Sinne Chiangs erzogen, der beste Beweis dafür, daß Chiang
Kaishek nicht nur der soldatenführende General ist.

IV. KAPITEL

MILITÄRISCHE STUDIEN IN CHINA UND JAPAN

1. In der Paoting-Militärakademie

Zeit: 1906, im 33. Amtsjahre des Kaisers Kwang Hsu der Tsing-
Dynastie;
im 39. Amtsjahre des japanischen Kaisers Meiji;
zwölf Jahre nach dem Chinesisch-Japanischen Kriege und ein
Jahr nach Beendigung des Japanisch-Russischen Krieges.

Nach dem Mißerfolg im Chinesisch-Japanischen Krieg im Jahre
1895, kam die kaiserliche Regierung in China zu der Ansicht, daß
es notwendig wäre, die nationale Verteidigung umzuorganisieren.
Im Jahre 1906 wurde in Paoting in der Provinz Chili (Hopei), auf
Vorschlag des damaligen Kanzlers Yuan Shihkai eine Militärakademie
gegründet. In allen Provinzen Chinas wurde durch Prüfung eine Aus-
lese von jungen Leuten zusammengestellt, die zuerst bei dem Kriegs-
oder Marineministerium untergebracht wurden, von wo aus sie dann
die neue Akademie besuchten. Nach Beendigung ihres Studiums
wurden sie als Offiziere in die neue Armee eingestellt. Die kaiserliche
Regierung bemühte sich sehr um diese Schule und schuf in ihr mit
einem jährlichen Aufwand von mehreren hunderttausend chinesischen Dollars eine großangelegte Lehrstätte. Den Chinesen jener
Zeit fehlte es im allgemeinen an wissenschaftlichen und organisatori-
schen Fähigkeiten, und so hat diese Akademie trotz ausgezeichneter
europäischer, amerikanischer und japanischer Lehrkräfte leider wenig
Erfolge gezeitigt, was auch bald zu ihrem Ende führte.

Nach Absolvierung der Fenglu-Schule riet ein Onkel Chiang
Kaishek eindringlich, Kaufmann zu werden. Jedoch fühlte der junge
Chiang, daß er für diesen Beruf nicht geeignet wäre und wehrte sich
energisch dagegen. Nachdem er sich ein halbes Jahr zu Hause aufgehalten hatte, hörte er von der Errichtung der Akademie in Paoting,

und daß man in der Provinz Chekiang gerade dabei wäre, 40 Studenten dafür auzuwählen. Der junge Chiang dachte bei sich: „Soldat zu sein, war stets mein Wunsch!" und eilte hocherfreut zu seiner Mutter, um sich mit ihr zu beraten.

In China wurde seit altersher der Spruch überliefert: „Gute Eisen werden keine Nägel, — gute Menschen werden keine Soldaten." Sein Sinn geht dahin, daß die Soldaten die Bevölkerung ausbeutende und ihr schadende Elemente sind, und daß gewöhnlich niemand bereit sein wird, seinen eigenen Sohn Soldat werden zu lassen. Selbstverständlich ist diese Auffassung infolge der gänzlich veränderten Lage heute eine ganz andere geworden. Früher gab es in China nur Söldnerheere. Seit 1935 ist jedoch im ganzen Land die allgemeine Wehrpflicht eingeführt worden. Den Soldaten wird zum Bewußtsein gebracht, daß sie gegen die Eroberungsgelüste und Unterdrückung des Auslandes zu kämpfen hätten und gewillt sein müßten, sich für das Vaterland zu opfern.

Wenn sich Ausländer heute die chinesische Armee noch als Soldaten mit den sogenannten traditionellen Regenschirmen kämpfend vorstellen, so haben sie die tatsächlichen Verhältnisse nicht genau studiert. Zur Jugendzeit Chiang Kaisheks wurden die Soldaten aber wirklich allgemein verabscheut, und deswegen verachteten die Dorfbewohner den jungen Chiang, als er Soldat werden wollte. Chiang Kaisheks Mutter war jedoch der entgegengesetzen Ansicht. Sie glaubte daran, daß eine Nation unbedingt ein gutes Heer besitzen müsse.

Etwa 40 junge Burschen hatten sich bei der Provinzialregierung in Chekiang zur Aufnahmeprüfung eingefunden; es waren zum großen Teil Kaufleute und auch ein Teil Taugenichtse. Nur der junge Chiang fiel durch sein gesundes und intelligentes Aussehen auf. Auf die Frage eines Prüfungsbeamten antwortete Chiang Kaishek: „20 Jahre alt." Der Beamte sagte daraufhin: „Das ist zu jung, — noch unbrauchbar." Nach diesen Worten stand Chiang rasch auf und sagte erregt: „Wenn ein Mann das genügende Alter und einen ausgewachsenen Körper hat, wie ich, so ist er verpflichtet, dem Staat zu dienen. Ich habe schon lange den Wunsch, diese Akademie zu besuchen. Bitte, ziehen Sie mein Alter nicht in Betracht."

Die Prüfungsbeamten wurden von diesen Worten des jungen, emporstrebenden Mannes außerordentlich stark beeindruckt. Da Chiang Kaishek trotz seiner jungen Jahre sehr stattlich aussah, gestatteten ihm die Beamten nach einer Beratung die Prüfung, und Chiang wurde danach für die Akademie für reif erklärt.

Chiang Kaishek und seine Mutter

34 Jahre alt

Chiang Kaishek und seine Frau bei der Opferdarbringung am Grabe seiner Mutter

Grabinschrift nach eigener Handschrift Dr. Sun Yatsens

Zu jener Zeit war der Verkehr in China nicht so weit entwickelt wie heute. Von der Stadt Fenghwa nach Paoting, der neuen Akademiestadt, brauchte man etwa vier Wochen. Mit großer Hoffnung auf die Zukunft verließ Chiang Kaishek nach den belehrenden Worten seiner Mutter das elterliche Haus. Obwohl ihn die Trennung von der Mutter sehr betrübte, kämpfte er den Schmerz in sich nieder, da ihn der Wunsch, vorwärtszukommen, ganz beherrschte.

Unterwegs sah er mit großer Unzufriedenheit viele heruntergewirtschaftete Städte und den überall auftretenden gewaltigen Unterschied in der Lebensweise zwischen Ausländern und Chinesen. Ausländer mißhandelten und unterdrückten chinesische Arbeiter wie Sklaven und sahen sie nicht als gleichberechtigte Menschen an. Alles dieses rief in seinem Innern eine große Erregtheit hervor. Die kaiserliche Regierung übte nur noch eine despotische Herrschaft, beutete das Volk aus und kümmerte sich nicht darum, worunter das Volk litt und wie es von den Ausländern unterdrückt wurde.

„Es ist wahr, wenn ein Land schwach ist, wird es naturgemäß vom Ausland unterdrückt", sagte er sich.

Von solchen Gedanken erfüllt, kam der junge Chiang Kaishek zu der Überzeugung, daß, um diesen eingedrungenen Kapitalismus und Imperialismus zu beseitigen und das Volk zu befreien, unbedingt ein neues Reich geschaffen werden müßte; schon zu diesem Zeitpunkt erwachte in ihm der Revolutionsgedanke zur Schaffung einer chinesischen Republik.

Die Paoting-Militärakademie hatte eigentlich die Aufgabe, die chinesische Armee für die Verteidigung des Landes zu reformieren. In Wirklichkeit war es aber die Absicht des ehrgeizigen Kanzlers Yuan Shihkai, die ihm nahestehenden Personen für sich zu schulen, um seinen eigenen Machtbereich zu vergrößern. So verfolgte Yuan Shihkai die Entwicklung der Akademie mit großem Interesse. Der Lehrkörper bestand aus sehr guten ausländischen Militärpersonen und Fachleuten, aber die individuelle Behandlung der Studenten war ungenügend. So kam es, daß nur die auf Äußerlichkeiten bedachten Studenten Yuan Shihkai ihre Dankbarkeit fühlen ließen. Als Chiang Kaishek drei bis vier Monate in der Akademie war, durchblickte er bereits die ehrgeizigen Absichten Yuan Shihkais. Zunächst war er sehr aufgebracht darüber, dann besann er sich jedoch darauf, daß Yuan Shihkai zwar die Freiheit hatte, Studenten in seinem Sinne zu erziehen, ob Chiang selbst aber später von ihm auch ausgenützt werden könnte, stand ihm selbst frei. Er entschloß sich also, sich dem

Studium in unauffälliger Weise weiter zu widmen, und wenn er später einmal Macht besitzen würde, das zu tun, was das Volk wollte.

Unter der Leitung der erfahrenen Lehrer erhielt Chiang Kaishek eine sehr gute und gründliche militärische Erziehung. Daneben legte er besonderen Wert auf die Erlernung der japanischen Sprache. Der Rektor der Akademie versetzte ihn wegen seiner ausgezeichneten Fortschritte darin in die für das spätere Studium in Japan bestimmte Klasse. Nach einem einjährigen Studium in Paoting wurde er dann auch mit einigen anderen Kameraden von Yuan Shihkai nach Japan gesandt. Yuan Shihkais Ansicht war die, daß die in Japan Studierenden eines Tages als gute Offiziere zurückkommen und ihm selbst treu dienen würden. Er war von dieser Hoffnung stark erfüllt. Diese Absicht hatte der junge Chiang schon lange erkannt. Er erfüllte aber trotzdem sehr gründlich seine Pflicht, kümmerte sich nicht um private Berechnung und betrachtete Yuan Shihkai immer mehr als Feind.

Die Gewalt Yuan Shihkais und die Schwäche der kaiserlichen Regierung erreichten bald ihr Ende. Ohne eine grundsätzlich für das Volkswohl arbeitende Regierung wäre China unrettbar verloren gewesen. Chiang Kaishek wurde keineswegs von Yuan Shihkai betört. Im Gegenteil gewannen in ihm die revolutionären Gedanken immer mehr und mehr die Oberhand.

2. Studienaufenthalt in Japan

Im Frühjahr 1907 fuhr der junge Chiang, ohne sich in der Heimat von seiner Mutter verabschieden zu können, mit drei Kameraden zusammen nach Japan. Einer von ihnen stand mit Yuan Shihkai in enger Verbindung, der andere war ein enger Verwandter des Rektors der Paoting-Militärakademie. Nur Chiang Kaishek war ein Fremder, auch ein Beweis dafür, daß sein Studium in Paoting ausgezeichnet gewesen war.

Chiang Kaishek fuhr auf einem japanischen Dampfer, da China selbst so große Schiffe nicht besaß, die zwischen China und Japan verkehren konnten. Auch die ganze Besatzung des Schiffes bestand, abgesehen von einigen wenigen Chinesen, aus Japanern. Der junge Chiang staunte, daß das an der Ostecke des Festlandes liegende Japan mit seinem sehr kleinen Landbesitz in den letzten Jahren, nach Aufnahme der westlichen Errungenschaften auf dem Gebiete der Produktion, des Verkehrs und der Zivilisation, eine ungeheuer rasche Entwicklung erfahren hatte. Das den Ozean überquerende Schiff war ebenfalls ein Zeichen dafür. Warum, fragte er sich, konnte das von jeher einen großen Besitz aufweisende und kulturell hochentwickelte China nicht wenigstens die gleichen, wenn nicht noch bessere Erfolge erzielen wie das kleinere Japan?

Bei solchem Nachdenken kam er zu der weiteren Frage, woran das eigentlich läge. Bald wurde es seine Überzeugung, daß der Grund in der ohnmächtigen Regierung seines Landes zu suchen sei. So wurde sein Wille zu einer Reform des Reiches erneut gestärkt.

Nach der Ankunft in Tokio war Chiang Kaishek von den zahlreichen Sehenswürdigkeiten ganz überrascht. Er besichtigte die Neubauten der japanischen Hauptstadt, das weitentwickelte Verkehrsnetz, Parks und Vergnügungsstätten des Volkes, Fabriken mit hohen Schornsteinen und die kulturellen Einrichtungen, wie Schulen und Bibliotheken. Alles war vorhanden, was nötig war.

Nachdem Chiang Kaishek sein Studium an der japanischen Shikan-Offizierschule beendet hatte, wurde er mit 15 anderen Kameraden nach dem Kreise Nigada, der unter dem Oberbefehl des in Takada stationierten Regiments stand, als Probeoffizier abkommandiert. Das Regiment gehörte zu dem Armeekorps, dessen damaliger Oberkommandierende der später als „General mit dem schönen Bart" bekannte und jetzt schon verstorbene General G. Nagaoka war. Dieses war vor etwa 27 Jahren, ungefähr um 1909.

20 Jahre später, als Chiang Kaishek Leiter der chinesischen Regierung war und von allen Seiten der Welt beschrieben und charakterisiert wurde, veröffentlichte General Nagaoka in der „Tokioter Asahi Shimbun" im August 1930 folgende Gedanken über ihn:

„Zu den seinerzeit aus der Shikan-Offizierschule nach Takada abkommandierten 15 chinesischen Offizieren gehörte auch der gegenwärtige Leiter der chinesischen Regierung, Marschall Chiang Kaishek. Er stand unter dem Befehl des Artillerie-Regimentskommandeurs Oberst Dobimatsi.

Nicht lange danach brach in China, und zwar in Wuchang, die erste Revolution durch Li Yuanhung und Genossen aus. Es war im Oktober des 45. Amtsjahres des Kaisers Meiji. In Takada war gerade großer Schneefall. Chiang Kaishek und seine Kameraden erfuhren von der gefährlichen Lage in ihrem Heimatland und beschlossen kurzerhand, nach China zurückzukehren. Chiang Kaishek sagte beim Abschied: Kein Wein kann durch meine Kehle fließen, darum trinke ich ein Glas Wasser. Ein Glas Wasser gilt bei den japanischen Rittern als Abschiedstrunk von den ‚nie mehr Wiederkehrenden!'

Er leerte sein Glas mit einem Schluck und sagte: Laßt es euch gut gehen!

Heißes junges Blut durchströmte sein blühendes Gesicht. Niemand hat sich wohl träumen lassen, daß der damalige Soldat Chiang später eine so bedeutende Persönlichkeit werden würde. Auch heute antwortet Oberst Dobimatsi manchmal auf meine Fragen: Allerdings ahnte ich etwas ähnliches; daß aber Chiang Kaishek sich zu einer so bedeutenden geschichtlichen Person entwickeln würde, hätte ich nicht gedacht. Chiang hat während seiner Studienzeit in Japan niemals diese außergewöhnliche Begabung und seinen Mut gezeigt. Wie konnte aber der unauffällige Chiang ein so großer Mann werden?

Vor einigen Jahren (1927), als Chiang Kaishek sein Amt niedergelegt hatte, besuchte er abermals Japan. Schon am gleichen Abend nach seiner Ankunft in Tokio (am 23. Oktober 1927) läutete er mich vom Kaiser-Hotel an und fragte: Ist dort der verehrte General Nagaoka? Schon lange wollte ich Ihnen meine Aufwartung machen. Ich habe starke Hüftschmerzen und werde in ein Bad fahren; sobald es mir besser geht, komme ich Sie besuchen. Wie geht es Oberst Dobimatsi?

Einige Tage später kam er aus dem Bade zurück. Ich lud die Herren Dobimatsi und Chiang Kaishek zu mir zu einem Teegespräch zu Dreien. Chiang Kaishek trug damals einen Gesellschaftsanzug und sah wie ein junger Diplomat aus. Er war mir gegenüber ebenso höflich wie früher und nannte mich ‚verehrter Oberkommandierender General‘ und Herrn Dobimatsi ‚geehrter Oberst‘.

Er mußte eigentlich wissen, daß ich jetzt nicht mehr diesen Posten als Oberkommandierender innehatte; daß er mich aber stets ‚Oberkommandierender General‘ nannte, war vielleicht darauf zurückzuführen, daß er sich noch der Zeit des Abschieds mit dem ‚Glase Wasser‘ in Takada erinnerte. Ich wurde unwillkürlich auch in meine damaligen Verhältnisse versetzt und nannte ihn abwechselnd ‚Du‘ und ‚Sie‘. Als er fortging, schenkte er mir einen von ihm selbst geschriebenen Spruch mit den Worten: Dem Lehrer würdig, — darunter seine Unterschrift.

Ich habe viele chinesische Offiziere betreut, — bis heute war aber noch keiner so treu und anhänglich wie Chiang Kaishek.

Daß der damals in Japan studierende, scheinbar bedeutungslose Chiang Kaishek zu der heutigen Position emporsteigen konnte, ist wohl auch auf diese seine schöne Tugend der Dankbarkeit zurückzuführen. Das waren meine damaligen Gedanken.

Als Chiang Kaishek im Jahre 1927 nach Japan kam, durchlebte er eine Zeit der Enttäuschungen. Trotzdem war er von einem gewaltigen Verantwortungsgefühl und von unerschütterlichen Hoffnungen beseelt und wartete auf eine günstige Gelegenheit zum Wiederaufstieg.

Ich habe dem besonders anhänglichen und treuen Herrn Chiang stets unbegrenzte Verehrung gezollt."

3. Gedanken bei der Arbeit im Pferdestall

Ein Kamerad Chiang Kaisheks aus dem 19. Artillerieregiment in Takada, der damalige Gefreite der Feldartillerieabteilung Shimoda, hat am 9. Januar 1936 einem Berichterstatter der „Tokioter Nichi Nichi-Shimbun" aus der Ausbildungszeit Chiang Kaisheks in der japanischen Armee verschiedenes Interessante erzählt.

Im Frühjahr des 44. Regierungsjahres des Kaisers Meiji, als Shimoda im dritten Jahrgang des damaligen 19. Feldartillerieregiments des 13. Armeekorps in Takada stand, wurden fünf Militärstudenten aus dem Nachbarland China zum 19. Regiment abkommandiert, die der 5. Kompanie eingegliedert wurden, der auch Shimoda angehörte.

Einer davon war der heute das chinesische Volk führende und im Mittelpunkt der chinesisch-japanischen Politik stehende Chiang Kaishek, dessen spätere große Rolle damals niemand ahnte. Der zum Lehrer bestimmte Oberleutnant Naito und dessen Gehilfe, der Gefreite Shimoda, hielten den Unterricht eines chinesischen Soldaten für sehr einfach und zeigten eine gewisse Überheblichkeit. Sie hatten aber in Wirklichkeit nur ausgesucht fähige Chinesen vor sich, die oft schwierige Fragen über die Konstruktion von Geschützen und deren Zubehör stellten. Shimoda war davon sehr überrascht. Er borgte sich von Naito schnell ein Handbuch über 370 Arten von Zubehörteilen von Geschützen und las die ganze Nacht hindurch. Am nächsten Tage konnte er den chinesischen Schülern im einzelnen alles erklären, natürlich ausgenommen die Militärgeheimnisse.

Chiang Kaishek war stets zurückhaltend und ruhig. Er erregte kein Aufsehen bei den anderen. Nur einmal zeigte er, gerade als er mit japanischen Kameraden den Pferdestall reinigte, in auffälliger Weise große Betrübtheit.

An einem anderen Tage erhielt Chiang Kaishek ein Telegramm. Danach bat er sofort um seine Entlassung und verließ noch in derselben Nacht die Garnison. Später schrieb er noch zweimal an den Gefreiten Shimoda. Dann vergingen mehr als 20 Jahre, in denen von ihm keine Briefe mehr eintrafen. Als Chiang Kaishek in den letzten Jahren bekannt wurde, wurde in Shimoda die Erinnerung wach:

„Oft waren wir im Restaurant von Takada zusammen und haben dort die verschiedensten Mehlspeisen gegessen. Damals war ich der Vorgesetzte, pflegte jedoch auch kameradschaftlichen Verkehr mit ihm. Es ist erstaunlich, daß Chiang Kaishek heute auf der internationalen Bühne steht und Mittelpunkt der chinesisch-japanischen Probleme geworden ist."

So erinnert sich Shimoda an das Jugendleben der großen Persönlichkeit Chinas.

4. Geburt der „Chinesischen Genossen-Vereinigung"

„Wille und Ideen", diese zeichneten den jungen Chiang Kaishek besonders aus. Er kam mit Yuan Shihkais Unterstützung nach Japan. Nach gewöhnlichen Schlußfolgerungen und nach privaten Meinungen hätte er selbstverständlich Yuan Shihkai und der Peking-Regierung gegenüber Loyalität zeigen müssen.

Aber die Lage des damaligen Chinas erlaubte nicht, alle Privatfreundschaften aufrechtzuerhalten. Die Peking-Regierung hatte die Macht und das Vertrauen der breiten Masse bereits verloren. Unordnung und Auseinandersetzungen in der Regierung selbst führten bald zu inneren Unruhen und Explosionen. Deswegen hegten viele Chinesen den Wunsch, das Regierungssystem zu reformieren. Chiang Kaishek kam aus dem Süden und kannte während seiner Jugend natürlich nicht die schlechten Zustände der Peking-Regierung. Er strebte nur danach, in der Militärakademie studieren zu können. Während er sich in der Paoting-Militärakademie dem Studium widmete, wurde ihm die eigensüchtige Absicht Yuan Shihkais bald mehr und mehr bekannt. Auf diese Weise war es natürlich, daß sich in ihm eine Abneigung gegen Yuan Shihkai und die Peking-Regierung entwickelte.

Während seiner Tokioter Zeit wurde sein Entschluß „zum Sturz der Tsing-Dynastie" mehr und mehr gestärkt. Er verkehrte wenig mit den anderen Kommilitonen, pflegte jedoch eine enge Freundschaft mit den Kameraden der „Chinesischen Genossen-Vereinigung".

Zu der Zeit versammelten die revolutionären Kämpfer, Dr. Sun Yatsen, Wang Chingwei, Hu Hanmin, Chen Chimei, Chang Chi und andere in ihren Stützpunkten, Tokio und Yokohama, unter der Parole „für China, gegen die Mandschus", eine große Anzahl von

Chiang Kaishek
25 Jahre alt

Dr. Sun Yatsen

Genossen, um bei günstiger Gelegenheit hervortreten zu können. Damit wurde die politische Organisation „Chinesische Genossen-Vereinigung" geboren. Das „Nationalprinzip" Dr. Sun Yatsens diente ihr als revolutionäre Richtlinie. Unter den Mitgliedern war eine Reihe von revolutionären Gelehrten und Jugend zu finden. Sie fand auch bei vielen bekannten Japanern starken Widerhall. Unter vielen anderen standen Katoyama, Inukai, Dr. Terao und Miyazaki mit ihr in enger Verbindung. Diese „Chinesische Genossen-Vereinigung", die im Jahre 1912 in Kuomintang umbenannt wurde, war die aktive Organisation, die die 300jährige Tsing-Dynastie stürzte.

V. KAPITEL

ERSTE UND ZWEITE REVOLUTION

1. Ausbruch der ersten Revolution

Als Chiang Kaishek in der Shikan-Offizierschule in Tokio studierte, stand er, wie erwähnt, mit den Kameraden der „Genossen-Vereinigung" in enger Verbindung. Später machte er durch Chen Chimei und Chang Chi auch die Bekanntschaft Dr. Sun Yatsens, des Führers dieser Vereinigung. Im Jahre 1910, als Chiang Kaishek 24 Jahre alt war, trat er der Vereinigung bei; und von diesem Zeitpunkt ab datiert sein Entschluß, die mandschurische Regierung zu stürzen und das chinesische Volk von der Monarchie zu befreien.

Zu jener Zeit vergrößerte sich in China die allgemeine Unzufriedenheit mit dem kaiserlichen Regime. Im Jahre 1911 kamen in verschiedenen Teilen Chinas hintereinander antimandschurische Lokalrevolten vor. Die kaiserliche Regierung war nicht mehr imstande, den Wunsch des Volkes nach einem republikanischen System zu unterdrücken. Sie verkündete eine konstitutionelle Verfassung und versuchte dadurch eine Einigung mit der republikanischen Bewegung herbeizuführen, was ihr jedoch nicht gelang. Aufstände folgten auf Aufstände. Als die Stadt Wuchang in der Provinz Hupeh am 10. Oktober 1911 von den revolutionären Truppen Li Yuanhungs besetzt wurde, riefen die Revolutionäre die chinesische Republik ins Leben.

Nach dem Siege von Wuchang entstanden überall im Lande Unabhängigkeitsbewegungen, die zur weiteren Entwicklung der neuen chinesischen Republik in hohem Maße beitrugen.

Die Aktion von Wuchang wird in China „Wuchang-Revolution" oder „1911er Revolution" genannt. Im Westen wird sie als „1911er Demokratische Revolution" bezeichnet. Durch diesen revolutionären Kampf begann die mehr als 300jährige Tsing-Dynastie zu verfallen.

Sie fand vier Monate später, im Februar 1912, mit der Abdankung des Kaisers Pu Yi ihr endgültiges Ende. Li Yuanhung, dessen Truppen die Stadt Wuchang besetzt hatten, hatte eine moderne Erziehung in Frankreich genossen. Der damalige Kommandant von Wuchang war Chang Piao, mit einer Gefolgschaft von 16 000 Mann, von denen über drei Zehntel, wie Chiang Piao selbst zugab, von den neuen Ideen ganz durchdrungen waren. In Wirklichkeit betrug deren Zahl mehr als sieben Zehntel, die nur auf die Gelegenheit warteten, der Revolutionsarmee beizustehen. Das führte den Fall von Wuchang besonders rasch herbei.

Die Nachricht von der Besetzung Wuchangs gab den revolutionären Truppen, die an verschiedenen Fronten mit den Regierungstruppen in andauernden Kämpfen standen, einen neuen Impuls. Nicht lange danach fiel auch die Stadt Nanking in die Hände der revolutionären Armee. Hier wurde am 1. Januar 1912 die neue vorläufige Regierung gebildet, mit Dr. Sun Yatsen als Präsidenten, Li Yuanhung als Vizepräsidenten und Hwang Hsing als Oberkommandierenden der Armee.

2. Chiang Kaisheks Rückkehr aus Japan

Als der junge Offizier Chiang Kaishek vom Ausbruch der Revolution in China hörte, verabschiedete er sich von seinem Vorgesetzten in Tokio und eilte nach Shanghai zurück. Dort wurde er Kommandant des V. Regiments unter dem Oberbefehl von Chen Chimei und zugleich Leiter der Unterrichts-Abteilung in der Armee.

Die von Chiang Kaishek unterrichteten und ausgebildeten Truppen besetzten rasch die wichtigen Städte der Provinz Chekiang, zerstörten den Einfluß der nordchinesischen Mächte in Shanghai und setzten ihren Vormarsch auf Nanking fort. Die Generäle, die im Süden unter der unbeliebten kaiserlichen Regierung standen, waren nicht imstande, der revolutionären Armee Widerstand zu leisten. Den Revolutionären gelang es bald, den Sturz der Dynastie herbeizuführen.

Nach der Abdankung Pu Yis war zwar die kaiserliche Dynastie, nicht aber die Pekinger Gewalt, die der damalige einflußreiche Kanzler Yuan Shihkai an sich gerissen hatte, vernichtet. Er gründete in Peking eine zweite „Republikanische Regierung", und somit standen sich nun die Nanking- und Peking-Regierung gegenüber, von denen sich jede „Nationalregierung" für das ganze Land nannte. Eine weitere politische Komplikation entstand während dieser Periode durch die Einmischung ausländischer Mächte.

Yuan Shihkai, dem die Republikanische Regierung in Nanking ein Dorn im Auge war, und die er beseitigen wollte, schickte in der Nacht vor der sogenannten zweiten Revolution im Jahre 1913 heimlich einen Beauftragten nach Shanghai, um das einflußreiche Kuomintang-Mitglied Sung Chiaoyen zu ermorden. Dieser war ein enger Mitarbeiter und Freund Dr. Sun Yatsens und besaß große rednerische Fähigkeiten. Gerade als er im Begriff stand, nach Peking zu reisen, um Yang Shihkai umzustimmen, wurde er auf dem Bahnhof von Shanghai hinterrücks mit einer Pistole erschossen. Diese Ermordung rief in den südlichen Provinzen große Bestürzung hervor. Sofort wurde eine Strafexpedition gegen Yuan Shihkai eingesetzt. Im Juni desselben Jahres wurde Li Liechun zum „Befehlshaber der Armee gegen Yuan Shihkai in der Provinz Kiangsi" und Hwang Hsing zum „Befehlshaber der Armee gegen Yuan Shihkai in Nanking" ernannt; damit begann die zweite Revolution.

Sie endete jedoch mit einem Mißerfolg. Am 24. Juli 1913 schlug General Tuan Chihkwei, ein Unterführer Yuan Shihkais, die revolutionäre Armee in Shanghai und Kiangsi. Ein anderer General Yuan Shihkais, Chang Hsun, eroberte Nanking. Damit verlor die revolutionäre Armee ihre Macht. Schließlich ging auch die Armee Chiang Kaisheks und dessen Vorgesetzten, Chen Chimei, zugrunde. Chiang Kaishek zog sich daraufhin zurück. Über die Gründe des Mißerfolges der zweiten Revolution sagen die Historiker folgendes:

Erstens, die Truppen hatten sich von der ersten Revolution noch nicht erholt;

zweitens, der wichtigere Grund war der, daß Yuan Shihkai von ausländischen Mächten durch Riesenanleihen (eine davon war die Nishihara-Anleihe) unterstützt wurde. Und so war Yuan Shihkais Armee materiell und finanziell gut ausgestattet, während auf der Seite der Revolutionäre das Gegenteil der Fall war.

Durch den Sieg ermutigt, setzte der ehrgeizige und eigensüchtige Yuan Shihkai sich selbst auf den Thron und wurde damit der Beherrscher Chinas. Nachdem er diesen Verrat an der Republik begangen hatte, wurden überall im Lande Feldzüge gegen ihn geführt. Sein erstes Opfer war Chen Chimei, der auf seine Veranlassung ermordet wurde. Obwohl die Truppen der Nationalgesinnten im Vergleich zu denjenigen Yuan Shihkais nicht genügend Munition besaßen, konnten sie durch ihren starken moralischen Rückhalt mehrere Siege erringen. Die Herrschaft Yuan Shihkais fand ihr Ende, als er im Juni 1916 aus Verdruß über die gegen ihn gerichteten Bewegungen im ganzen Lande starb.

3. In Gefolgschaft Dr. Sun Yatsens in Canton

Nach dem Tode Yuan Shihkais wurde die chinesische Republik in Peking erneut proklamiert. Als aber deren Präsident Feng Kuochang in Jahre 1917 der republikanischen Verfassung zuwiderhandelte, rief Dr. Sun Yatsen im September desselben Jahres eine „Militärische Regierung in Canton" aus. Diese zog tüchtige Männer aus allen Teilen des Reiches heran, um die nationale Revolution mit aller Energie fortzusetzen. Auf Aufforderung Dr. Sun Yatsens, der Präsident der Canton-Regierung geworden war, traf Chiang Kaishek, aus Shanghai kommend, in Canton ein. Dr. Sun Yatsen, der den Mangel an tüchtigen Mitarbeitern häufig bedauert hatte, war über die Ankunft Chiang Kaisheks, dessen Fähigkeiten er gut kannte, hocherfreut.

Er wußte natürlich nicht, daß Chiang Kaishek auch eine große Summe Geldes mitgebracht hatte.

Nach einer Beratung zwischen Dr. Sun Yatsen und Chiang Kaishek über den Feldzug gegen den Norden, überraschte Chiang ihn mit seinem aus Shanghai mitgebrachtem Gelde von nahezu einer Million chinesische Dollar und sagte: „Oft habe ich an Sie gedacht. Diese Summe überreiche ich Ihnen für die nationale Sache."

Dr. Sun Yatsen war freudig überrascht, da er sich gerade in großen finanziellen Schwierigkeiten befand. Dieses Geld konnte er gut für seine Armee gebrauchen. Er schaffte dafür sogleich Munition und Proviant an. Und somit erhielt die Canton-Regierung einen neuen Antrieb.

Chiang Kaishek amtierte von da ab als Berater und Sekretär von Dr. Sun Yatsen und beteiligte sich an jeder wichtigen Beratung. Obwohl Chiang Kaishek schon oft in Tokio mit Dr. Sun Yatsen zusammen gewesen war, hatte er dort jedoch nie eine so gute Gelegenheit gehabt, ihn und seine vorzüglichen Eigenschaften genauer kennenzulernen.

Dr. Sun Yatsen war ein großzügiger Politiker. Chiang Kaishek besaß eine schnelle Entschlußkraft und eine gute Menschenkenntnis, Vorzüge, die sich denen Dr. Sun Yatsens würdig an die Seite stellten. Oft sagte Chiang zu anderen: „Außer Dr. Sun Yatsen gibt es in China keinen Zweiten, dem ich so ehrerbietig huldigen kann."

Daraus kann man ersehen, wie sehr er Dr. Sun Yatsen verehrte. Chiang Kaisheks gute Menschenkenntnis ließ ihn auch die eigensüchtigen Absichten des damals in einer wichtigen Stellung der Canton-Regierung stehenden Chen Chiungming erkennen. Um einem

52

Unheil bei dem Feldzug gegen den Norden vorzubeugen, beriet er über seine Empfindungen heimlich mit Dr. Sun Yatsen. Der stets gute, aber hierin etwas unvorsichtige Dr. Sun Yatsen sagte jedoch: „Mag Chen Chiungming nicht einen besonders guten Charakter haben, er ist aber ein tüchtiger Mensch."

Dr. Sun Yatsen war nebenher der Überzeugung, daß auch ein schlechter Mensch, bei guter Behandlung, wieder zum Guten beeinflußt werden könnte.

Das Ergebnis war jedoch hier das umgekehrte, denn im Jahre 1922 revoltierte Chen Chiungming. Er befahl seinem Gefolge, Ye Chu, Hung Chaolin und anderen, die Canton-Regierung zu stürzen und Dr. Sun Yatsen zu ermorden. Gleichzeitig erklärte er in Canton eine autonome Regierung.

Glücklicherweise gelangte Dr. Sun Yatsen rechtzeitig in Sicherheit. Dieses Ereignis berührte ihn aber besonders schmerzlich. Er bereute seine Unvorsichtigkeit und bewunderte die Klugheit Chiang Kaisheks.

VI. KAPITEL

DIE REVOLTE CHEN CHIUNGMINGS

1. Verschwörung vom 16. Juni

„Das Ereignis vom 16. Juni", so nennt man die Revolte Chen Chiungmings. Wie erwähnt, beabsichtigte Chen Chiungming am 16. Juni 1922 Dr. Sun Yatsen, den Vater der chinesischen Republik, zu ermorden und das Präsidentenpalais in Canton zu vernichten, um eine eigene Regierung zu begründen. Er hatte seinen Unterführern Ye Chu und Hung Chaolin den Befehl gegeben, das Palais Dr. Sun Yatsens unter Feuer zu nehmen. Doch wurde Dr. Sun Yatsen dank der Klugheit Chiang Kaisheks daraus gerettet. Den Truppen Chen Chiungmings wurde durch große erfolgreiche Gegenangriffe von seiten der Soldaten Dr. Sun Yatsens schwerer Schaden zugefügt, bis sie schließlich am 16. Dezember 1922 vollkommen zusammenbrachen.

Dieser Kampf Dr. Sun Yatsens und Chiang Kaisheks gegen Chen Chiungming war ein Kampf der „Drei Volksprinzipien" gegen den alten eigensüchtigen Militarismus. Zugleich war dies der erste Schritt, der Chiang Kaishek zur großen Persönlichkeit Chinas machte, da die Vernichtung der meuternden Truppen den Feldzug nach dem Norden wesentlich erleichterte; seitdem entwickelte sich Chiang immer mehr zu einer bedeutenden Persönlichkeit der Welt. Deswegen ist „das Ereignis vom 16. Juni" für Dr. Sun Yatsen und Chiang Kaishek eine unvergeßlich wichtige Begebenheit. Hier seien Ursache und Verlauf dieses Ereignisses geschildert:

Nach dem Tode Yuan Shihkais folgten nacheinander Feng Kuochang und Hsu Shihchang als Präsidenten der Regierung in Peking. Sie waren im Grunde jedoch nichts anderes als eigensüchtige Anführer der überlebten Peiyang-Militärclique.

Dr. Sun Yatsen, der Präsident der Canton-Regierung, wollte nach der Eroberung der Provinz Kwangsi sofort den Feldzug nach dem Norden gegen die Peking-Regierung fortsetzen; davon setzte er seinen gerade zu dieser Zeit in Kwangsi kämpfenden General Chen Chiungming in Kenntnis. Nachdem Dr. Sun Yatsen sein Hauptquartier in der Provinz Kwangsi aufgeschlagen hatte, um von dort aus nach den Provinzen Kiangsi, Hunan, Hopeh und Kiangsu vorzustoßen, befahl er Chen Chiungming, nach Canton zurückzukehren und beauftragte ihn, die dort zurückgebliebenen Truppen zu übernehmen und für den Proviantnachschub für den Feldzug zu sorgen. Das war im November 1921.

Der hinterlistige Chen Chiungming unterließ jedoch die Weiterbeförderung des Proviants, wodurch das Hauptquartier in größte Schwierigkeiten geriet. Dr. Sun Yatsen wurde gezwungen, seinen anfänglichen Plan aufzugeben. Er kehrte nach Canton zurück, um andere Wege für den Feldzug einzuschlagen.

Die Rückkehr Dr. Sun Yatsens rief bei dem gewissenlosen Chen Chiungming großes Mißtrauen hervor.

„Dr. Sun Yatsen ist wohl zurückgekommen, um meine Truppen zu vernichten!" dachte er.

Diese Furcht veranlaßte ihn, sein Amt am 4. November 1921 aufzugeben. Er begab sich gleich danach nach Hweichow, einer strategisch wichtigen Stadt der Provinz Kwangtung und verbündete sich mit Wu Peifu, dem Militärführer im Norden, um Dr. Sun Yatsen zu beseitigen.

Der weitherzige Dr. Sun Yatsen ernannte aber Chen Chiungming am 2. Mai 1922 zum „Kommissar für militärische Angelegenheiten in den Provinzen Kwangtung und Kwangsi". Hiermit wollte er das Mißtrauen Chen Chiungmings beseitigen. Chen Chiungmings Furcht ließ jedoch nicht nach, und er nahm das Amt nicht an. In dieser Weise entwickelte sich das sogenannte „Ereignis vom 16. Juni".

Früh um 3 Uhr an diesem Tage wurde das Präsidentenpalais von schwerer Artillerie, Maschinengewehren und Gewehrfeuer beschossen. Chen Chiungming mußte aber erfahren, daß Dr. Sun Yatsen schon vor 3 Uhr das Palais verlassen hatte.

2. Chiang Kaishek eilt zu Hilfe

Bei diesem Ereignis erwies sich Chiang Kaishek als ein ungewöhnlich befähigter Mensch. Als er drei Stunden vorher die Nachricht von der bevorstehenden Revolte Chen Chiungmings erhielt, verkleidete er Dr. Sun Yatsen als alten Bauern, verließ mit ihm und wenig Begleitung das Präsidentenpalais und begab sich nach dem Kreuzer „Yungfeng".

Unterwegs begegnete der so verkleidete Dr. Sun Yatsen unerkannt den meuternden Truppen. Später, als er eine Uniform angelegt hatte, traf er auf die Wachsoldaten Chen Chiungmings und begann sogar eine Unterhaltung mit ihnen. Es war 3 Uhr morgens, und sie glaubten, es wäre einer von den ihrigen. Dieses war der Erfolg der Hilfe Chiang Kaisheks.

Dr. Sun Yatsen und seine Begleiter entrannen so der Gefahr und trafen auf dem Kreuzer „Yungfeng" ein. Sogleich gab dieser Feuerbefehl an einige andere Kreuzer gegen die Truppen von Ye Chu und Hung Chaolin, die Unterführer Chen Chiungmings.

Inzwischen hatten die Soldaten Chen Chiungmings das Palais angezündet und mehrere Wachsoldaten getötet. Sogar die Bibliothek, darunter Dr. Sun Yatsens selbstverfaßte Werke, wurden restlos verbrannt. Diejenigen, die das Buch „Drei Volksprinzipien" Dr. Sun Yatsens gelesen haben, erinnern sich sicherlich an sein Vorwort, in dem er sagt, daß sein Werk vor der Vollendung einmal vernichtet worden wäre. Deswegen gilt Chen Chiungming als „größter Verräter der Kuomintang". Durch diese Tat wurde Chen Chiungming gleichsam als Kulturverbrecher gebrandmarkt, wovon er niemals wieder freigesprochen werden wird. Seine Truppen plünderten auch die Familien von Kaufleuten in der Stadt, wodurch die gesamte Bevölkerung Cantons großen Schaden erlitt. Das Feuer der Kreuzer Dr. Sun Yatsens blieb ohne den gewünschten Erfolg. Diese zwei Fronten standen sich mehr als 100 Tage lang gegenüber. Chiang Kaishek blieb Tag und Nacht an der Seite Dr. Sun Yatsens und leitete den Angriff gegen Chen Chiungming. Trotz der schwierigen Lage versuchte er, alle Sorgen von Dr. Sun Yatsen fernzuhalten. Er berichtete ihm nur angenehme Nachrichten, um ihn zu beruhigen.

Damals war Dr. Sun Yatsen 56 Jahre alt. Er war voll wohlüberlegter Ideen und besaß reiche revolutionäre Erfahrungen. Chiang Kaishek sagte einmal, daß es ihm ein unvergeßliches Glück war, mit Dr. Sun Yatsen auf dem Kreuzer Freud und Leid teilen zu dürfen.

Chen Chiungming benutzte überraschenderweise Minen, um den Kreuzer „Yungfeng" zum Sinken zu bringen. Sie explodierten glücklicherweise aber nicht. Als englische und amerikanische Kreuzer hiervon Kunde erhielten, legten ihre Kapitäne bei Chen Chiungming heftigen Protest ein, wodurch die weitere Verwendung von Minen unterblieb. Da Dr. Sun Yatsen einen zweiten Gebrauch von Minen fürchtete, fuhr er auf einem englischen Kreuzer nach Hongkong, von wo aus er sich dann am 13. August 1922 auf einem russischen Dampfer nach Shanghai einschiffte.

Gleich danach veröffentlichte Dr. Sun Yatsen das „Zweite Manifest zum Schutze der Verfassung" und eine „Denkschrift an die Genossen". In diesen beiden Schriften wurden die Vorgänge der Revolte Chen Chiungmings klar geschildert. Sie sind als sinnvolle revolutionäre Dokumente bekannt.

Zu dieser Zeit stand Dr. Sun Yatsen, wie erwähnt, im reifen Alter. Es war verständlich, daß er von seiner vierzigjährigen revolutionären Tätigkeit körperlich sehr geschwächt war. Außerdem hatte ihn die Revolte Chen Chiungmings sehr mitgenommen. Er bekam oft Herzkrämpfe und war schwer leberkrank. Später, im Winter 1924, erlitt er eine arge Verschlimmerung infolge einer neuen Revolte Cheng Chiungmings. Im November desselben Jahres fuhr er trotzdem nach Peking, um sich an einer Konferenz mit den militärischen Führern im Norden, unter anderen Chang Tsolin und Feng Yuhsiang, zu beteiligen.

3. Strafexpedition gegen Chen Chiungming

Als Chen Chiungming merkte, daß seine Aktion gegen Dr. Sun Yatsen vereitelt war, zog er sich im Januar 1923 vorübergehend zurück. Somit war Canton von den Meuterern befreit. Als Dr. Sun Yatsen im Winter 1924 nach Norden eilte, hielt Chen Chiungming seine Zeit für gekommen und organisierte einen neuen Aufstand. Er besetzte die strategisch wichtigen Punkte in der Nähe von Canton und Tungkiang und verbündete sich mit den militärischen Anführern der Provinz Yunnan, Yang Chimin, und der Provinz Kwangsi, Liu Chenghwan. Hiermit begann der erneute Angriff auf die Stadt Canton.

Zu jener Zeit war Chiang Kaishek Kommandant der Stadt Canton. Es wurden Gerüchte verbreitet, daß Chiang Kaishek das Opfer eines Kampfes geworden sei. Diese Nachricht kam auch zu Ohren Dr. Sun Yatsens, der sich in Peking befand. Als er davon hörte, sagte er seufzend: „Lieber verliere ich hunderttausend Mann, als einen Chiang Kaishek."

Die Truppen, die Chiang Kaishek in den Kampf gegen Chen Chiungming führte, waren alle in der Hwangpu-Militärakademie in Canton ausgebildete, gut disziplinierte Soldaten, denen Chen Chiungmings Truppen keinen wirksamen Widerstand leisten konnten. Im Januar 1925, als Chiang Kaishek im Kampf mit Chen Chiungming stand, trafen wiederholt Nachrichten von der Krankheit Dr. Sun Yatsens ein. Sein Gesundheitszustand wurde immer bedenklicher. Er erlag seinem Leiden am 12. März 1925 in Peking, ohne seine revolutionäre Arbeit vollendet zu sehen. Das Leben des großen Begründers der chinesischen Republik hatte allzufrüh ein Ende gefunden. Die folgenden Sätze waren der Nachlaß Dr. Sun Yatsens, der von der Kuomintang, der Regierung und dem chinesischen Volk als Parole gewählt wurde:

„Die Revolution ist noch nicht beendet. Alle Genossen müssen weiter dafür kämpfen!"

Der Tod Dr. Sun Yatsens rief in Chiang Kaishek eine große seelische Erschütterung hervor, die seine Tatkraft lähmte und einen schnellen Sieg über Chen Chiungming unterband. Hierzu kam, daß ein wichtiges Mitglied der Kuomintang, Liao Chungkai, in Canton ermordet wurde, was Chiang Kaishek in große Unruhe versetzte. Im Oktober des gleichen Jahres hielt er eine tiefergreifende Rede an seine Soldaten.

3000 seiner gut ausgerüsteten Schüler wurden dadurch so ermutigt, daß sie unaufhaltsam vorwärtsdrangen und in wenigen Tagen die als sehr schwer einnehmbar geltende Stadt Hweichow, das Hauptquartier Chen Chiungmings, besetzten. Die Worte Chiang Kaisheks waren außerordentlich tief ergreifend und anfeuernd gewesen. Man kann wohl sagen, daß er ein sehr guter Stratege im Reden ist. Als Dr. Sun Yatsen auf dem Krankenbett in Peking lag, sprach Chiang Kaishek einmal die folgenden Worte zu seinen Soldaten:

„Dr. Sun Yatsen ist das größte Vorbild der chinesischen Republik. Er ist jetzt schwer krank. Die Ursachen dieser Krankheit sind ständiger Verdruß; ihn hat die Unmenschlichkeit der Revolte Chen Chiungmings vollständig zermürbt. Er wird erst wieder gesund werden, wenn die Ursachen seiner Krankheit beseitigt worden sind. Wenn wir hoffen wollen, daß Dr. Sun Yatsen bald genesen wird, so müssen wir seinen Feind, Chen Chiungming, schleunigst vernichten. Dr. Sun Yatsen wird dann gesund werden."

Diese Worte haben seine Soldaten sehr ergriffen.

Chiang Kaishek hat ein feuriges Temperament. Er spricht sehr gut; oft ging er auch trotz großer Gefahr zu den Volksmassen und redete zu ihnen. Dieser Mut und seine Offenheit besitzen eine ungeheure Wirkungskraft. Häufig offenbarte er den Massen seine eigenen innersten Empfindungen. Er verehrte Dr. Sun Yatsen wirklich von Herzen, und nur deswegen konnte er solche Worte sprechen.

Auf diese Weise begeistert, haben die 3000 von Tapferkeit erfüllten Soldaten mehrere hunderttausend Anhänger Chen Chiungmings vertrieben und die Stadt Hweichow besetzt. Dieses war seit der Tang-Dynastie der erste rasche Erfolg in der chinesischen Geschichte. Die Nationalarmee errang hiermit den ersten großen und weittragenden Sieg, der die Einigung der gesamten Provinz Kwangtung schuf und zugleich auch eine feste Grundlage für die nationale Revolution in China bildete.

VII. KAPITEL.

VORMARSCH IN DEM FELDZUG GEGEN NORDEN

1. Auftakt des Feldzuges

Während des Weltkrieges, im Jahre 1917, wurde in China eine „Regierung zum Schutz der Verfassung" mit Dr. Sun Yatsen an der Spitze gebildet, die am 31. August in Canton proklamiert wurde. Dr. Sun Yatsen wurde zum „Feldmarschall" und „Leiter dieser Regierung" gewählt.

Dieser Schritt war eine Aktion gegen die monarchistische Bewegung Chang Hsuns und gegen die Verletzung der Verfassung der chinesischen Republik durch ihren derzeitigen Präsidenten, Feng Kuochang. Ferner war er von dem Weltkrieg sehr beeinflußt, der das Nationalbewußtsein der Chinesen erheblich aufgerüttelt hatte.

Im Jahre 1918 standen sich die Truppen Dr. Sun Yatsens und die Truppen Chao Kuns, eines Unterführers Feng Kuochangs, in Changsha in der Provinz Hunan gegenüber. Damals bemühte sich Hsu Shihchang, ein Vertreter des Nordens, und Tsin Chunhsuan, ein Vertreter des Südens, eine Einigung zwischen den beiden Parteien herzustellen. Da die andauernden Bürgerkriege das Volk allmählich in großes Elend stürzen würden, trat am 20. Februar 1919 in Shanghai eine „Konferenz des Friedens zwischen dem Süden und dem Norden" zusammen. Nach dieser stellte Dr. Sun Yatsen die Offensive gegen den Norden ein und trat im August desselben Jahres von seinem Amt als „Leiter für militärische und politische Angelegenheiten" zurück. Damit fand gleichzeitig die Auflösung der von ihm gebildeten Regierung statt. Jedoch begann ein Jahr später, 1920, ein neuer Kampf zwischen Tuan Chijui (Anfu-Gruppe) und Wu Peifu sowie Chao Kun (Chili-Gruppe). Der unmittelbare Anlaß dieses Kampfes war, daß Chao Kun von der Reichspräsidentenschaft träumte und im Februar 1918 von jedem Abgeordneten des Parlaments für 500 oder 1000 chinesische Dollar seine

Stimme kaufte, um gewählt zu werden. Dieses Vorgehen wurde in China als „Bestechung Chao Kuns" bezeichnet und bleibt ein unauslöschbarer Fleck in der chinesischen Geschichte.

„Chao Kuns Bestechung" erregte nicht nur im Süden, sondern auch bei Tuan Chijui in Nordchina und bei Chang Tsolin in der Mandschurei heftige Bestürzung. Damals verfügte Wu Peifu im Norden über eine große militärische Übermacht. Er hatte Chao Kun zum Präsidenten wählen lassen, um auf diese Weise die Gewalt der Regierung in Peking an sich zu reißen.

Diese Vorgänge wurden von Dr. Sun Yatsen scharf verurteilt. Er bildete am 5. Mai 1921 in Canton erneut eine Regierung, die er der Regierung in Peking gegenüberstellte. Die Kuomintang erhielt dadurch einen neuen geistigen Antrieb und begann eine rege Tätigkeit. Zu dieser Zeit sandte auch Chang Tsolin, der Beherrscher der drei Ostprovinzen, der Mandschurei, Soldaten gegen Chao Kun aus. Danach vereinbarten Dr. Sun Yatsen, Tuan Chijui und Chang Tsolin ein sogenanntes Dreieck-Bündnis gegen die Gruppe Chao Kun und seinen Mittäter Wu Peifu.

Zwischen 1918 und 1922 entwickelten sich hintereinander der Anhwei-Chili-Kampf, der Mukden-Chili-Kampf und der Nordfeldzug, die endlose Bürgerkriege verursachten.

2. Manifest des ersten Feldzuges gegen Norden

Der Großfeldzug der Kuomintang gegen den Norden nahm mit dem „Manifest des Nordfeldzuges", das von dem „Feldmarschall der chinesischen Regierung" in Canton, Dr. Sun Yatsen, am 18. September 1921 veröffentlicht wurde, seinen Anfang. Dieses war der erste Feldzug gegen den Norden, zu dessen Oberkommandierenden Tan Yenkai ernannt wurde.

Hier sei ein Abschnitt des Manifestes wiedergegeben, der die Ursache der inneren Unruhen in China, die Aufgabe des Nordfeldzuges, den Gedanken des Aufbaues der chinesischen Nation und ferner die Ideen Dr. Sun Yatsens klar ausdrückt:

„Das Ziel der Nationalrevolution ist, ein unabhängiges Reich zu gründen, das die Nation schützt und das Wohl des Volkes wahrt. Die Erhebung von 1911 hat die Monarchie und die mandschurische Herrscherklasse beseitigt. Dadurch bot sich die Gelegenheit, das Ziel der Nationalrevolution zu verwirklichen. Wenn unsere Partei damals geschlossen nach dem Wohle des Volkes und des Reiches gestrebt und alle konterrevolutionären Kräfte beseitigt hätte, so wäre schon in den vergangenen dreizehn Jahren ein festes politisches System geschaffen worden. Ferner hätte auch das Erziehungswesen und der wirtschaftliche Aufbau des Volkes weitere Fortschritte machen können. Wenn damit auch das Ziel der Revolution nicht ganz erreicht worden wäre, so wäre doch ein klarer Weg dafür vorgezeichnet worden, auf dem die Entwicklung ihren Fortgang hätte nehmen können.

Die Konterrevolution ging auf monarchistische Bestrebungen zurück. Ihre Anführer berücksichtigten im Lande nicht das Wohlergehen der Bevölkerung, und nach außen hin opferte sie oft die Souveränität und das Interesse der Nation, um dadurch die eigene Erhaltung der Position zu versuchen. Betrachtet man die Dynastiegründung von Yuan Shihkai, die monarchistische Bewegung Chang Hsuns, die Verletzung der Verfassung durch Feng Kuochang und Hsu Shihchang, die Bestechung der Präsidentenwahl durch Chao Kun und Wu Peifu, so kommt man zu der Schlußfolgerung, daß solche Missetaten in den letzten dreizehn Jahren ununterbrochen aufeinander gefolgt sind. Obwohl diese treibenden unsauberen Elemente immer wieder durch neue ersetzt wurden, waren auch diese in ihren eigensüchtigen Gedanken immer die gleichen wie ihre Vorgänger. Solche konterrevolutionären Gestalten spannten ihr Netz immer von Peking aus und spritzten ihr Gift von dort nach den anderen Provinzen. Manchmal wurden auch sogenannte revolutionäre Anhänger, die jedoch nicht das richtige Verständnis für eine Revolution, für das Wohl des Volkes und der Nation besaßen, von diesen aufgesaugt. Sie verfielen gleich dem Verderben, und auf diese Weise ist die heutige zersetzende Verwirrung entstanden, die sehr tief zu bedauern ist. Das Bestehen der konterrevolutionären Kräfte stützte sich besonders auf die ausländischen imperialistischen Mächte. Dies wurde im Jahre 1913 bewiesen, als Yuan Shihkai die Kuomintang zu vernichten und selbst Kaiser zu werden versuchte. Ihm wurde eine Anleihe bei fünf großen ausländischen Banken von über 250 Millionen chinesische Dollar gewährt, die er für Kriegsunkosten verwendete. Auf ihn folgten Feng Kuochang und Hsu Shihchang sowie andere. Jedesmal, wenn einer von ihnen einen Bürgerkrieg im Lande hervorrief, nahm er eine Anleihe im Ausland auf. Als kürzlich Chao Kun und Wu Peifu gegen die Mukden-Truppen ins Feld zogen, fand das seit längerer Zeit ungelöste Goldfrankenproblem einen für den ausländischen Partner günstigen Abschluß.

Und so wird man ohne Zweifel sagen können, daß die inneren Kämpfe der letzten Jahre direkt von den Militaristen, indirekt jedoch von den imperialistischen Mächten hervorgerufen wurden. Jetzt führen die uns gleichgesinnten Truppen aus Chekiang den Kampf gegen Chao Kun und Wu Peifu; in Mukden wurde ein ähnlicher Schritt beschlossen. Die Regierung Dr. Sun Yatsens hat im Sinne der ganzen Nation einen Feldzug gegen die Verräter Chao Kun und Wu Peifu beschlossen. Hiermit erklärt sie dem ganzen Volke und den ihr gleichgesinnten Truppen in allem Ernst das Ziel des Kampfes, das nicht nur die Vernichtung von Chao und Wu bezweckt, sondern vielmehr das fernere Bestehen von konterrevolutionären Kräften unmöglich machen soll. Mit anderen Worten, ist das Ziel dieses Kampfes nicht nur die Beseitigung der Militaristen, sondern eine Aktion gegen ihre Hintermänner, die fremden Imperialisten. Nur auf diese Weise kann die üble Wurzel der konterrevolutionären Elemente für immer ausgerottet werden, und nur dann kann China von seinem ‚kolonialen‘ Zustand befreit werden und ein selbständiges Reich gestalten. Das letzte Ziel der Kuomintang liegt in den ‚Drei Volksprinzipien‘. Die Pflicht der Partei ist die Verwirklichung dieser Ideen ... Sie verlangt ferner eine Revision der auf Nichtgleichberechtigung beruhenden Verträge und die Annullierung aller in diesen stehenden Vorrechte der Ausländer."

3. Chaotischer Kampf der Militaristen

Der erste Feldzug der Kuomintang gegen den Norden konnte aus inneren und äußeren Gründen nicht in der beabsichtigten Weise durchgeführt werden. Erst im Juni des Jahres 1923 trat Tan Yenkai sein Amt als „Kommandierender für die Provinz Hunan gegen den Norden" an. Damit begann der Einmarsch in Hunan, dessen Gouverneur Chao Hengti war.

Jetzt aber meuterte, wie schon geschildert, plötzlich Chen Chungming, der den Nordfeldzug verhindern wollte. Seine Truppen marschierten gegen Hweichow und vereitelten den Plan des Nordfeldzuges. Tan Yenkai führte daraufhin seine Armee in einer Stärke von 30—40 000 Mann rasch nach Canton zurück, um dort Chen Chungming zu vernichten, der inzwischen eine ernste Gefahr geworden war. In Tungkiang, wo Chiang Kaishek auf den Befehl Tan Yenkais seinen Angriff konzentrierte, wurde Chen Chiungming vernichtend geschlagen. So war Canton, die Basis der Kuomintang-Regierung, wieder in Sicherheit.

Inzwischen entwickelte sich eine neue Kriegsgefahr im Norden, nachdem die Peking-Regierung, mit ihrem Ministerpräsidenten Tuan

Chiang Kaishek

38 Jahre alt

Ho Yingchin

Kriegsminister

Chijui, im September 1925 durch die Absetzung der Vertreter der Chili-Gruppe, Wu Chinglien, Chang Chitan und anderen einen tiefen Haß in Wu Peifu, dem Führer der Chili-Gruppe, gesät hatte. Wu wartete danach ständig auf einen günstigen Moment, um sich zu revanchieren. In der Mandschurei verfolgten zu jener Zeit Chang Tsolin und seine Genossen ebenfalls mit wachsamen Augen die politische Entwicklung, um bei einer passenden Gelegenheit ihre Macht auf Zentral-China auszudehnen und dadurch den führenden Platz des Reiches zu erringen.

Am 21. Oktober 1925 trat Wu Peifu ganz plötzlich in Hankow in Erscheinung. Er nannte sich „Oberkommandierender der antirevolutionären Armee" und propagierte die Parole „die Verfassung wird wiederhergestellt". Durch diese Aktion begann die Regierung Tuan Chijuis zu wanken. Die Anhänger dieser Regierung, wie Cheng Shihchi, Wang Chitang, Yang Yite und Lu Yunghsiang, zogen ihre Truppen zusammen und hofften, durch die sogenannte „Volksarmee" eine Unterstützung zu erhalten. Führer dieser Armee waren Feng Yuhsiang und Lu Chunglin. Eine aus den fünf Provinzen Kiangsu, Chekiang, Fukien, Anhwei und Kiangsu, mit Shanghai als Mittelpunkt, gebildete „Alliierten-Armee" rüstete sich auch in stärkstem Maße, um den eigenen Machtbereich zu bewachen und beobachtete sorgfältig Peking. Diese Armee wurde unter anderen von Sun Chuanfang, Chow Yinyen, Ma Lienchia und Fang Penyen geführt.

Die Zahl derartiger militärischer Machthaber zu jener Zeit betrug mehr als fünfzig. Dieses Bild muß man sich vor Augen halten, wenn man die Motive verstehen will, die Chiang Kaishek zu seinem großen historischen Feldzug nach dem Norden veranlaßten.

Auf die Gebietsteilungen durch die militaristischen Machthaber ist es auch zurückzuführen, daß die Republik mehr als zwanzig Jahre hindurch keine Einigung erzielen konnte, deren Verwirklichung erst im Jahre 1936 möglich wurde. Die planmäßige Methode der Militaristen war stets, die Bevölkerung zu unterdrücken und auszubeuten. Da sie keine modernen, der Zeit angepaßten Kenntnisse besaßen, handelten sie stets ohne Rücksicht auf die internationale Stellung des Landes nur im eigenen Interesse, und deswegen bat auch jede der von ihnen geführten Regierungen sofort um Anleihen vom Auslande, sobald sie von demselben anerkannt wurde. In Wirklichkeit flossen aber alle Anleihen in die eigene Tasche der jeweiligen Machthaber, um die eigenen Truppen zu verstärken, auch wenn sie angeblich nach außen hin eine andere Verwendung gefunden haben sollten. Diese Art von Anleihen bereitete der Wirtschaft Chinas den Untergang, was den Militaristen aber ganz gleichgültig war.

Die von Dr. Sun Yatsen geführten Kuomintang-Mitglieder, die alle von dem vaterländischen Gedanken durchdrungen waren, sahen die Ursache des Durcheinanders im Reiche vor allem in der Einmischung der Fremden und in der Macht der Militaristen, weshalb sie auch mit der Aufräumung dieser Art militärischer Machthaber begannen. Heute sind diese, die alle aus eigensüchtigen Gründen gegeneinander auftraten, mit ganz wenigen Ausnahmen von der Allgemeinheit fast vollständig vergessen, — ihr wohlverdientes, gerechtes Schicksal.

4. Hwangpu-Militärakademie

Chiang Kaishek, der „Oberkommandierende der Nationalarmee", begann mit aller Intensität, den Nordfeldzug durchzuführen. Seine Truppen bestanden größtenteils aus mit den revolutionären Ideen vertrauten Soldaten und gut ausgebildeten Offizieren der Hwangpu-Militärakademie.

Die Hwangpu-Militärakademie war die erste Militärschule Chinas, die von Dr. Sun Yatsen gegründet wurde. Sie befand sich in Canton, und zwar in dem Stadtteil Hwangpu. Zu ihrem Rektor wurde Chiang Kaishek ernannt.

Die Tapferkeit, die militärische Ausbildung und der patriotische Geist der aus dieser Schule kommenden Soldaten war eine erstmalige Erscheinung in der Geschichte des chinesischen Militärwesens. Die erste Schulungsstufe dauerte sechs Monate. Darauf folgte im Anfang ein Jahr praktische Betätigung, die später auf zwei Jahre verlängert wurde. Bei dem ersten Nordfeldzug beteiligten sich schon 3000 von den hier ausgebildeten Soldaten, die mehrere außerordentliche Erfolge erzielten.

Die Gründung dieser Akademie stand mit Sowjet-Rußland in Beziehung. Im Jahre 1924, also sieben Jahre nach der Gründung der bolschewistischen Regierung in Rußland im November 1917, fand die Errichtung dieser Akademie statt.

Der Erfolg der kommunistischen Revolution in Rußland machte auf China, insbesondere auf die militärischen Führer und Mitglieder der Kuomintang im Süden einen starken Eindruck. Dr. Sun Yatsen beschäftigte sich mit dem Gedanken, warum wohl Rußland seine Revolution erfolgreich durchgeführt, und warum die Revolution in China wiederholt Niederlagen erlitten hätte. Er kam zu dem Ergebnis, daß eine gut organisierte Armee und die Ausbreitung des revolutionären Geistes wichtige Bedingungen für einen Erfolg seien.

Als um das Jahr 1922-23 der russische Vertreter, Karakhan, in Canton eintraf, begann zwischen ihm und Dr. Sun Yatsen ein reger Gedankenaustausch. Rußland sandte bald danach noch einen zweiten Vertreter, Borodin, nach China. Karakhan und Borodin orientierten Dr. Sun Yatsen über die Entwicklung des Erfolges der russischen Revolution und gaben ihm viele Ratschläge.

Dr. Sun Yatsen erkannte bald die Notwendigkeit der Umorganisierung der Partei, deren Durchführung im Januar 1924 stattfand, wobei auch die Kommunisten Aufnahme in die Kuomintang fanden.

Diese Politik bedeutete, daß die Kuomintang bereit war, die kommunistischen Anhänger in ihrer Eigenschaft als Volksgenossen zur Mitarbeit aufzunehmen. Ihnen war aber die Anerkennung der „Drei Volksprinzipien" zur Bedingung für die Aufnahme gemacht worden. Das Programm der Kuomintang wurde ebenfalls einer Revision unterzogen. Die Organisation der Partei wurde vereinheitlicht, jedoch wurden ihre Grundsätze nach wie vor streng eingehalten.

Ein Teil der Kuomintang-Mitglieder, die besonders traditionstreu waren, und die auch eine gewisse Macht besaßen, wehrten sich energisch gegen die Aufnahme der Kommunisten und später auch gegen die Politik einer Zusammenarbeit mit Rußland. Dr. Sun Yatsen unterdrückte jedoch alle Widerstände und führte das neue politische Programm durch.

Im Frühjahr 1923, als Dr. Sun Yatsen nach der Niederwerfung Chen Chiungmings wieder nach Canton zurückgekehrt war, folgte er dem Rate seiner russischen Berater, eine Militärschule in Canton zu gründen. Anläßlich dessen wurde Chiang Kaishek zum Studium der militärischen Erziehung Rußlands nach Moskau geschickt und nach seiner Rückkehr von Dr. Sun Yatsen mit der Einrichtung der Akademie beauftragt. Sie erhielt den Namen „Hwangpu-Militärakademie".

Die Eröffnung dieser Akademie erfolgte im Juni 1924. Als Dozenten wirkten Liao Chungkai, Wang Chingwei, Hu Hanmin und die russischen Berater Borodin und General Galen sowie andere mehr. Viele leitende und fähige Militärpersonen Chinas haben hier ihre Ausbildung erhalten. Nach der Gründung der Nationalregierung in Nanking im Jahre 1928 wurde die Akademie ebenfalls nach Nanking verlegt und in „Zentral-Militärakademie" umbenannt. Noch bis in die heutigen Tage lebt in ihr der sogenannte „Hwangpu-Geist". Die Akademie hat vornehmlich die Aufgabe, die Soldaten zu militärischen Anhängern der „Drei Volksprinzipien" zu erziehen, die ohne

Furcht vor dem Tode dafür kämpfen und sich bereitwilligst dafür opfern sollen. Dort werden außer den allgemeinen militärischen Fächern die Revolutionsgeschichte der Welt, chinesische Revolutionsgeschichte, Geschichte der politischen Parteien in China, die „Drei Volksprinzipien", die Geschichte der imperialistischen Eroberungen in China, Politik und Wirtschaftsführung gelehrt. Der Unterricht trägt einen ausgesprochen politischen Charakter. Sein wichtigstes Ziel ist, die Hörer darin zu fördern, sich für die antiimperialistische Bewegung und die Idee der Beseitigung der militärischen Mächte im Lande einzusetzen. Die Studenten haben größtenteils Mittelschulbildung und müssen für die Aufnahme in die Akademie eine Prüfung ablegen. Später, nach dem Abschlußexamen, werden sie je nach ihrer Befähigung als Unteroffizier, Leutnant, Oberleutnant oder Hauptmann zu den einzelnen Truppenteilen abkommandiert.

Durch die Niederwerfung der aus mehreren tausend Soldaten bestehenden Truppen Chen Chiungmings sind 3000 Studenten von Hwangpu berühmt geworden. Einen noch größeren Erfolg errangen die Hwangpu-Studenten bei der Vollendung des Nordfeldzuges. Erst seit der Beendigung des Nordfeldzuges kann die Nationalregierung in Nanking als für das ganze Reich geltend angesprochen werden.

Die Begriffe: Chen Chiungming — Hwangpu-Militärakademie — Nordfeldzug — Nationalregierung — bringen die Stufen des Erfolges Chiang Kaisheks deutlich zum Ausdruck. Spricht man von Chiang Kaishek, so wird stets auch der Name Hwangpu genannt werden. Spricht man von Hwangpu, so ist es unmöglich, sich dabei nicht an Chiang Kaishek zu erinnern. Chiang Kaishek und Hwangpu-Militärakademie sind untrennbare Namen geworden.

5. Die Entfaltung der Kuomintang

Um den Nordfeldzug Chiang Kaisheks zu schildern, ist es unerläßlich, die Fortentwicklung der Kuomintang während des Feldzuges zu erwähnen. Da die Soldaten des Feldzuges größtenteils Mitglieder der Kuomintang und zugleich Anhänger Dr. Sun Yatsens waren, kämpften sie geradezu selbstlos für die Unabhängigkeit und die Freiheit ihres Vaterlandes.

Die Kuomintang erfuhr im Januar 1924 auf den Vorschlag der russischen Berater Karakhan und Borodin eine gründliche Umorganisation. Im Januar 1926 gab es in Kwangtung und anderen Provinzen acht Provinz-Sektionen der Kuomintang, in der Provinz Suiyuan und

weiteren Gebieten drei besondere Kuomintang-Stellen, in den Groß-
städten Canton, Hankow und Peking drei Kuomintang-Sektionen, in
den vier Armeekorps je eine Spezial-Ortsgruppe der Partei. Die Zahl
dieser großen Organisationen der Kuomintang betrug also achtzehn,
sie befand sich jedoch ständig in rascher Vermehrung und erstreckte
sich schließlich über zwanzig Provinzen, acht Großstädte und acht
Armeekorps.

Die Zahl der Kuomintang-Ortsgruppen, die bis 1926 in ganz China
nur 179 betrug, stieg von Januar bis zum September desselben Jahres
auf 434, also ein Zuwachs von 255. Überall, wie in den Arbeiter- und
Bauernverbänden, in den Schulen und Universitäten, wurden neue
Sektionen der Kuomintang gegründet. Die Statistik von 1926 zeigt
im ganzen Reich eine Anzahl von 7504 Sektionen. Die Zahl alter
Kuomintang-Mitglieder betrug danach 175 000, die der neuen Kuomintang-Mitglieder 368 000, insgesamt also 543 000. Jetzt, zehn Jahre
später, hat die Mitgliederzahl schon 3 Millionen erreicht. Eine
solche gewaltige Bewegung einer Gesinnung und eines Willens wird
wohl imstande sein, jede Schwierigkeit aus dem Wege zu räumen.

Daß der Nordfeldzug so rasch und erfolgreich durchgeführt wurde,
lag vor allem daran, daß die Soldaten Chiang Kaisheks ganz vom
Geiste der Kuomintang durchdrungen waren.

6. Chiang Kaisheks Marsch nach dem Norden

Auf dem zweiten Parteikongreß der Kuomintang, am 1. Januar
1926, wurde folgendes beschlossen:
1. Niederhaltung des Imperialismus;
2. Beseitigung der militärischen Machthaber und der korrupten
   Beamten.
Für die Durchführung dieser beiden Punkte wurden folgende
Methoden gewählt:
  a) Organisation einer Nationalarmee;
  b) Bildung einer starken Regierung;
  c) Schutz der neuen Industrie des Landes;
  d) Förderung von Arbeiter- und Kaufmannsorganisationen.
Diese Richtlinien, die den hinterlassenen Lehren Dr. Sun Yatsens
entsprechen, bilden auch die Grundsätze der Kuomintang. Chiang
Kaishek führte, dem Beschluß der Kuomintang gemäß, seine Sendung
gegen die Militaristen aus. Am 9. Juli 1926 trat er sein Amt als „Oberkommandierender der nationalen revolutionären Armee" an, und
schon am gleichen Tage begann der Marsch nach dem Norden unter

dem stürmischen Jubel der Canton-Bevölkerung. Das unter dem Kommandanten Ye Ting stehende Regiment des IV. Armeekorps der Armee Chiang Kaisheks schlug gleich in den ersten Kampftagen die von Tang Fushan geführten Truppen Sun Chuangfangs zurück. Danach folgte am 13. Juli die Einnahme der Stadt Changsha in der Provinz Hunan durch General Tang Shengchi. Am 26. Juli zog Chiang Kaishek selbst von Canton nach Hunan und traf am 12. August in Changsha ein.

Vor dem Ausmarsch veröffentlichte Chiang Kaishek neben dem „Amtsantritts-Telegramm" an die Kuomintang und die Presse des Landes und einem „Manifest an das In- und Ausland" eine „Ode zum Ausmarsch" für seine Kameraden. Die „Ode zum Ausmarsch", die bei den jungen Kämpfern tiefe Rührung hervorrief, hatte folgenden Wortlaut:

„Liebe Kameraden, hört zu! Das Volk ist in Not wie bei Wasser und Feuer. Militaristen richten Unheil an. Die imperialistischen Staaten mischen sich in unsere inneren Angelegenheiten ein. Unsere Armee wird das Reich und das Volk retten. Sie kämpft der hinterlassenen Lehre Dr. Sun Yatsens folgend für unsere Gleichberechtigung und unsere Freiheit, für die Verwirklichung der Ideen der Kuomintang und das Wohlergehen der Allgemeinheit. Nur vorwärts, im Geiste der Revolution, im Geiste der Kuomintang!

Kameraden, seid ein Herz und eine Seele! Vergeßt nicht die Schmach und scheut keine Strapazen! Fürchtet nicht den Tod! Führt kein niederträchtiges Leben! Der Tod eines Helden ist glorreicher als ein schmachvolles Leben.

Liebe Kameraden, schützt die Nation! Liebe Kameraden, schützt das Volk! Haltet Disziplin und gehorcht dem Befehl! Nur Disziplin und unbedingter Gehorsam führen zum Sieg. Das eigene Leben ist unbedeutend. Der Befehl ist wichtig!

Liebe Kameraden, vereinigt euch, kämpft vom Anfang bis zum Ende! Liebet euch gegenseitig und scheut keinen Feind! Seid ein Herz! Haltet zusammen, wie auf einem Schiff im Sturm! Wenn wir den Feind nicht töten, wird der Feind uns nicht in Ruhe lassen. Für den Feind und uns gibt es kein Nebeneinanderstehen. Die Pflicht läßt uns nicht zögern. Wenn wir nicht opfern, wird das Reich zugrundegehen. Wenn unser Blut nicht fließt, wird das Volk im Lande verderben. Wenn das Reich zugrundegeht, können keine Familien mehr bestehen. Gerät das Volk in Elend, wie können wir dann noch leben?

Liebe Kameraden, seid treu und pflichtbewußt! Die ‚Drei Volksprinzipien' sind der Geist der Revolution. Liebe Kameraden! Wir kämpfen geschlossen gegen den Feind. Ein Mißerfolg der Revolution wäre eine Schmach für jeden Soldaten. Liebe Kameraden, seid wie Brüder, lebet und sterbet zusammen! Aufstieg und Niedergang werden durch euch entschieden. Zuwiderhandlungen gegen das Gesetz kann das Militärgericht nicht dulden."

Die gegen den Norden ausziehenden Truppen, die tatsächlich ein Herz und eine Seele waren, kämpften wie ein flammendes Feuer und brachen alle Widerstände. Nach dem Einmarsch in die Provinz Hunan drangen sie in die Provinz Hupeh vor. Die damals unter Chiang Kaishek stehenden acht nationalen Armeekorps wurden von Ho Yingchin, Tan Yenkai, Chu Peite, Li Chishen, Li Fulin, Cheng Chian, Li Chungyen und Tang Shengchi geführt.

Am 5. August 1926 wurde auf einer Militärkonferenz der Beschluß zu einem Großangriff gefaßt. Im gleichen Monat wurden alle wichtigen Städte von Hunan besetzt und danach die ganze Provinz von den Truppen Chao Hengtis, des Gouverneurs von Hunan, gesäubert. Am 27. August leitete Chiang Kaishek persönlich den Angriff gegen Hupeh und dessen militaristischen Führer Wu Peifu. Es fand eine historisch bedeutsame Schlacht statt. Die Nationalarmee, von den Ideen Dr. Sun Yatsens durchdrungen, kämpfte zielbewußt für das Vaterland. Die an sich tapferen Truppen Wu Peifus erlitten schließlich doch eine schwere Niederlage, die vor allen Dingen auf die moralische Überlegenheit der Armee Chiang Kaisheks zurückzuführen war. In den vier Tagen zwischen dem 27. und 31. August spielte sich ein ununterbrochener Kampf ab, der Tag und Nacht anhielt. Wu Peifus Truppen wurden endlich vernichtend geschlagen, und damit war der einst so mächtige militärische Machthaber Wu Peifu für immer besiegt.

Nicht nur die chinesische Bevölkerung, sondern auch viele chinesische und ausländische militärische Fachleute hatten die rasche militärische Niederlage Wu Peifus nicht erwartet, da dessen Truppen denen Chiang Kaisheks an Stärke weit überlegen waren. Daraus ist ersichtlich, wie mutig und zielbewußt die von Chiang Kaishek geführte Armee für das neue China gekämpft hat.

Wie war nun die weitere Entwicklung? Hier seien die wichtigsten Kämpfe angeführt:

1. Die mittlere Front

Am 7. September 1926: Chiang Kaisheks Truppen drangen in Hankow und Hanyang in der Provinz Hupeh ein. Wu Peifu flüchtete.

Am 20. September 1926: Etwa 30 000 Mann der Nationalarmee konzentrierten sich um Nanchang und bereiteten einen Angriff auf die Städte Nanchang und Kiukiang in der Provinz Kiangsi vor.

Am 10. Oktober 1926: Fall von Wuchang; Flucht Liu Yuchuns, des Anhängers von Wu Peifu.

Am 7. November 1926: Vollständige Besetzung Nanchangs. Zurückwerfung der Truppen von Sun Chuanfang in Kiukiang. Kiukiang wurde besetzt.

2. Ost-Front

An der Fukien-Front leitete Chow Yenyen, ein Verbündeter von Sun Chuanfang, Widerstand.

Am 10. Oktober 1926 besetzte die Nationalarmee unter dem Befehl Ho Yingchins die Städte Yungan, Tapu, Pingho, Yaoping und andere.

Am 18. Dezember 1926: Die ganze Provinz Fukien in den Händen der Nationalarmee. Ho Yingchin zog in Fuchow, die Hauptstadt der Provinz Fukien, ein und bildete eine Provinzialregierung. Chow Yenyen flüchtete.

3. Kiangsu- und Chekiang-Front

Am 30. Januar 1927: Die Nationalarmee marschierte unter dem Befehl von Pei Chunghsi von Fukien nach der Provinz Chekiang, besetzte die Stadt Tunglu.

Anfang Februar 1927: Völlige Besetzung der Provinz Chekiang.

Am 22. Februar 1927: Ho Yingchin zog in Hangchow ein. Der Rest der Truppen Sun Chuanfangs flüchtete weiter nördlich.

Am 22. März 1927: Die Nationalarmee besetzte unter dem Kommando Pei Chunghsis Shanghai. An der Shanghai-Front befanden sich der Rest der Truppen Sun Chuanfangs, die Mukden-Truppen von Chang Tsolin und die Shantung-Truppen von Chang Chungchang, die gemeinsam den Vormarsch der Nationalarmee verhindern wollten. Jedoch waren alle von Eigensucht und Ehrgeiz getrieben und bildeten untereinander große Gegensätze, die den Vormarsch der Nationalarmee sehr erleichterten. Gleichzeitig entfalteten die Truppen der Nationalarmee eine rege politische Tätigkeit und leiteten überall unter den Arbeitern Streiks in die Wege. Auch die Truppen der Marine stellten sich der Nationalarmee zur Verfügung und hißten die Fahne — Blauer Himmel und Weiße Sonne —.

Am 23. März 1927: Angriff der Truppen Ho Yingchins auf Chenkiang und Vorbereitung des Marsches auf Nanking. Die Städte Changsu und Wusi wurden besetzt. Die Polizeitruppen in Nanking

Chiang Kaishek

41 Jahre alt, nach der Vollendung des Nordfeldzuges

Feng Yuhsiang
Vizepräsident des Militärrates

standen mit den Vertretern der Nationalarmee in enger Verbindung und öffneten ihnen die Stadttore.

Am 24. März 1927: Die Nationalarmee unter dem Kommando von Lu Tiping, Cheng Chian, Ho Yingchin, Ho Yaochu usw. marschierte in Nanking ein. Ein unbekannter Truppenteil beschoß die ausländischen Konsulate, wodurch ein internationales Problem entstand. Dieses war die sogenannte „Nanking-Affäre".

4. Nordfront

Am 5. Dezember 1926: Die Truppen Feng Yuhsiangs, der am 27. Mai 1926 nach seiner Studienreise in Sowjetrußland mit seinen Unterführern Lu Chunglin, Liu Chi, Li Mingchung und mehreren anderen in die Kuomintang aufgenommen und danach zum „Oberkommandierenden der Vereinigten Volksarmee" ernannt worden war, marschierten nach der Eroberung der Stadt Sian in der Provinz Shensi in Tungkwan ein und erreichten dadurch die Grenze der Provinz Honan. Somit erstreckte sich die Macht Feng Yuhsiangs über eine weite Strecke längs der Lunghai-Bahn. Nachdem er den Rest der Truppen Wu Peifus vertrieben hatte, begann eine günstige Entwicklung der nationalen Revolution in Nordchina.

VIII. KAPITEL.

DIE WUHAN*)- UND NANKING-REGIERUNG

1. Gegenüberstellung der Nanking- und Wuhan-Gruppe

Wie erwähnt, hegte Dr. Sun Yatsen den Wunsch, mit Sowjet-Rußland zusammenzuarbeiten, vor allem aber, nach russischem Vorbilde eine Reform im Lande durchzuführen. Der tiefere Sinn dieser Absicht Dr. Sun Yatsens war, mit russischer Unterstützung auf der Basis der „Drei Volksprinzipien" die Revolution in China zu verwirklichen. Er hatte nicht im geringsten an eine kommunistische Umwälzung wie in Rußland gedacht und deshalb stets von den Grundlagen der „Drei Volksprinzipien" aus nach einer chinesisch-russischen Zusammenarbeit gestrebt. Die von ihm geführte Kuomintang folgte streng seinen Ideen und arbeitete ausschließlich für die Verwirklichung der „Drei Volksprinzipien". Andererseits strebte aber die sowjetrussische Regierung ein wirklich kommunistisches China an. Die Folge war, daß sich schließlich in der Kuomintang eine prokommunistische Gruppe bildete, die jedoch infolge der Unterdrückung durch Dr. Sun Yatsen keinen weiteren Einfluß ausüben konnte. Nach dem Tode Dr. Suns im Jahre 1925 spaltete sich jedoch die plötzlich führerlos gewordene Kuomintang in die sogenannte Links- und Rechtsgruppe, die sich gegenseitig befehdeten. Die Agenten der Komintern, Borodin und andere, verbündeten sich nun mit der Linksgruppe, um die Rechtsgruppe zu unterdrücken. Die Macht der Canton-Regierung schien gänzlich in die Hände der Linksgruppe überzugehen.

Wie konnte die Linksgruppe so leicht die Oberhand gewinnen? Dies hing wahrscheinlich mit den Grundsätzen der Kuomintang zusammen. Das im Jahre 1924 aufgestellte Programm der Kuomintang

---

*) Wuhan bezeichnet die Städte Wuchang und Hankow in der Provinz Hupeh. Die sogenannte Linksgruppe der Kuomintang wird auch Wuhan-Gruppe genannt.

hatte Dr. Sun Yatsen nach Ratschlägen Borodins ausgearbeitet, und es neigte in gewisser Hinsicht nach links. Die damals an der Ausarbeitung des Programms beteiligten Personen waren fast ausschließlich kommunistische Anhänger oder pro-kommunistische Mitglieder der Kuomintang. Dr. Sun Yatsen war dagegen durchaus kein kommunistischer Anhänger und die Kuomintang war auch durchaus keine Partei des Kommunismus. Da aber die Kuomintang die kommunistischen Anhänger zur Erreichung des eigenen Zieles herangezogen hatte, mußte sie naturgemäß den Kommunisten gegenüber eine verständnisvolle Haltung zeigen. Dies war ein wichtiger Faktor für die Machterweiterung der Linksgruppe.

Chiang Kaishek stand dieser Linksneigung der Kuomintang von Anfang an sehr feindlich gegenüber. Er wurde jedoch von Dr. Sun zum Studium der militärischen und wirtschaftlichen Gebiete nach Sowjet-Rußland geschickt, und er war auch derjenige, der nach seiner Rückkehr Dr. Sun Yatsen eine Zusammenarbeit mit Sowjet-Rußland vorschlug. Als Rektor der Hwangpu-Militärakademie erhielt er große Hilfe von seiten der sowjetrussischen Regierung. Die Erziehungsgrundsätze dieser Akademie erhielten ebenfalls viele russische revolutionäre Ideen. So war Chiang Kaishek nicht in der Lage, die Linksneigung innerhalb der Kuomintang zu beseitigen, obwohl er im Innern tiefste Antipathie gegen die kommunistisch Gesinnten hegte; andererseits brauchte er zur Durchführung des von ihm heißersehnten Nordfeldzuges den unbedingten Beistand Rußlands. Aus diesem Grunde wollte er die Zusammenarbeit mit den kommunistischen Anhängern nicht verhindern, obwohl ihm dieser Zustand äußerst unerwünscht war.

Da Chiang Kaishek große militärische Macht besaß, verursachte seine wohlbekannte Abneigung gegen den Kommunismus bei den Anhängern der Linksgruppe ein Gefühl der Unzufriedenheit und Unsicherheit, und deswegen planten sie ein Bündnis mit den kommunistischen Anhängern, um die Rechtsgruppe, mit Chiang Kaishek als Führer, zu beseitigen.

Zwischen der Linksgruppe der Kuomintang und der kommunistischen Partei wurde vereinbart, in erster Linie Chiang Kaishek die Macht zu entreißen. Mitte Dezember 1926 siedelten mehrere wichtige Mitglieder der Regierung von Canton nach Wuchang über. Die Vorbereitungen zur Machtergreifung der Linksgruppe und der kommunistischen Partei schritten so ständig vorwärts. Gleichzeitig wurde der Kampf gegen den Imperialismus geführt, was am 5. Januar 1927 die Rücknahme der englischen Konzession in Hankow zur Folge hatte.

Die ehrgeizige Linksgruppe und die kommunistische Partei riefen noch in der ersten Hälfte des Jahres 1927 in Hankow die sogenannte Wuhan-Regierung ins Leben. Wang Chingwei, Eugen Chen und andere mehr bildeten den Mittelpunkt derselben mit Borodin als Berater und den Truppen Tang Shengchis als Rückhalt. Als wichtigstes Ziel galt ihnen die Beseitigung Chiang Kaisheks. Auf der im März 1927 in Hankow stattfindenden Dritten Plenarsitzung des Zentral-Exekutiv-Komitees der Kuomintang wurden Chiang Kaishek alle Ämter abgesprochen. Die einsichtsvollen Mitglieder der Rechtsgruppe, die der Unterdrückung ausgesetzt waren, verließen danach einer nach dem anderen die Wuhan-Regierung und gesellten sich zu Chiang Kaishek.

Chiang Kaishek, der sich gerade auf dem Nordfeldzug befand, war über die hinterlistigen, gegen ihn gerichteten Pläne der Wuhan-Regierung stark erregt und entschloß sich, einen Bruch mit ihr herbeizuführen und eine neue Regierung zu gründen.

Die von ihm geführte Nationalarmee besetzte im Februar 1927 die Hauptstadt der Provinz Chekiang, Hangchow. Sun Chuanfang, der militärische Machthaber dieser Provinz, flüchtete danach nach Norden und bat Chang Chungchang, den Gouverneur der Provinz Shantung, um Hilfe. Aber auch die von diesem nach Süden gesandten Truppen konnten Chiang Kaisheks Armee keinen Widerstand entgegensetzen. So folgte am 21. März die Besetzung Shanghais und am 24. desselben Monats die Nankings. Als die sogenannten Chili- und Shantung-Truppen Chang Chungchangs infolge der hoffnungslosen Lage den Rückzug antraten, ergriffen die Beamten in Nanking die Flucht. Danach entstand in der Stadt ein großes Chaos. Während der Besetzung Nankings durch Chiang Kaishek ereignete sich die sogenannte „Nanking-Affäre".

2. Die Nanking-Affäre

Die in Nanking sich aufhaltenden Japaner hatten, um jeder Gefahr bei der Besetzung dieser Stadt zu entgehen, Zuflucht auf dem japanischen Konsulat gesucht. Sie waren wohl von der Disziplin der Nationalarmee überzeugt, fürchteten sich jedoch vor einer Ausplünderung durch zurückgeschlagene Soldaten. Es herrschte aber während des Abzuges der geschlagenen Truppen überall Ruhe, worüber die Japaner sehr erfreut waren.

Als aber die Nationalarmee in die Stadt einzog, marschierte eine ihrer Abteilungen zum japanischen Konsulat und stieß dort unfreundliche Worte aus. Danach verhinderte sie den Einlaß von japanischen Marinesoldaten in die Stadt. Die Lage wurde dadurch sehr gespannt. Am 24. desselben Monats drangen eine große Anzahl chinesischer Soldaten in das japanische Konsulat ein. Von morgens 7 Uhr bis mittags 1 Uhr wüteten sie darin und vernichteten alle Gegenstände. Auch wurden die Japaner, die dort Unterkunft gefunden hatten, teilweise verletzt.

Fast das gleiche Schicksal mußten die Europäer und Amerikaner erleiden. Das englische und das amerikanische Konsulat wurden ebenfalls ausgeplündert. Außerdem wurden ein amerikanischer Pastor von der Kinling-Universität und ein französischer Professor von der Chentan-Universität getötet. Daraufhin nahmen die am Yangtse stationierten ausländischen Kriegsschiffe ihre Staatsangehörigen auf. Englische und amerikanische Kreuzer schossen sogar auf Nanking. Dies ist ein kurzer Überblick über die „Nanking-Affäre".

In Wirklichkeit war diese Affäre ein ausgedachter Plan der chinesischen Kommunisten, die Chiang Kaishek auf diese geschickte Weise stürzen wollten. Chiang Kaishek wurde auch tatsächlich ein Opfer dieses Betruges.

Die Ursache dieser Ereignisse war folgende:

Wie erwähnt, hegten die Linksgruppe der Kuomintang und die kommunistische Partei große Antipathie gegen die Rechtsgruppe der Kuomintang und gegen Chiang Kaishek selbst. Diese Antipathie nahm immer größeren Umfang an, als Chiang Kaishek eine ausgesprochen antikommunistische Haltung einzunehmen begann. Die Gegensätze vergrößerten sich noch besonders, nachdem Chiang Kaishek immer größere Siege errang, da es sich hier um den Kampf zwischen zwei politischen Parteien handelte, und Chiang Kaishek, wie vorauszusehen war, die russischen Berater und die chinesische kommunistische Bewegung nun bald noch strenger niederhalten würde. Aus diesen beiden Gründen versuchte die Linksgruppe, den Erfolg der Rechtsgruppe mit allen Mitteln zu verhindern.

Jeder weiß, daß die Provinzen Kiangsu und Chekiang die Schatzgebiete am Yangtse sind. Wer diese in der Hand hat, hat auch die Gewalt über Mittelchina. Wirtschaftlich und geographisch gesehen, sind diese Provinzen weit bedeutender als das Gebiet von Wuchang und Hankow, der Machtbereich der Linksgruppe. Nachdem Chiang Kaishek Nanking erobert hatte, hätte er leicht diese beiden Provinzen, Kiangsu und Chekiang, unter seine Gewalt bringen können, wodurch die Linksgruppe politisch und wirtschaftlich an Bedeutung ebenfalls stark verloren hätte. Deswegen hielt es die Linksgruppe für notwendig, Chiang Kaishek so schnell wie möglich zu Fall zu bringen.

Kurz entschlossen verbündete sich die Wuhan-Gruppe insgeheim mit den mit dem Kommunismus in geheimer Verbindung stehenden Personen in der Armee Chiang Kaisheks und arbeitete gegen ihn. Ihre erste gemeinsame Handlung war die Organisation einer Verwirrung in den von Chiang Kaishek besetzten Gebieten durch die Arbeiter.

Die Arbeiter und Bauern in Kiangsu und Chekiang waren jedoch nicht so gut organisiert wie in Wuchang und Hankow. Außerdem hatte Chiang Kaishek, als er ein Chaos im Lager Sun Chuangfangs organisierte, die Erfahrung gemacht, daß dieses an dem harten Druck von Sun scheiterte. Und deswegen hatte er schon in Nanchang in der Provinz Kiangsi zu Beginn seines Feldzuges nach Shanghai und Nanking folgenden, die Arbeiterbewegungen unterdrückenden Befehl ausgegeben:

„Wenn jemand während der Zeit der militärischen Aktionen eine Arbeiterbewegung ins Leben ruft, um Verwirrung zu stiften, ist er als Konterrevolutionär zu betrachten und schwer zu bestrafen."

Diesem Befehl zufolge konnte die Wuhan-Gruppe das Ziel, durch Arbeiterbewegungen innere Unruhen hervorzurufen, nicht erreichen. Sie wählte infolgedessen eine andere Methode.

Die zweite Methode, die die Wuhan-Gruppe anwendete, sollte Chiang Kaisheks Truppen mit den ausländischen Mächten in Kampfverwicklungen bringen, wodurch Chiang Kaisheks Position erschüttert werden mußte.

Schnell war ein Anlaß dafür gefunden. In der Armee von Chiang Kaishek befanden sich mehrere mit der kommunistischen Partei in geheimer Verbindung stehende Personen. Außerdem war eine Reihe von kommunistisch gesinnten Soldaten dabei. Es war also ein verhältnismäßig leicht erreichbares Ziel, mit diesen Elementen Hand in Hand zu arbeiten, um Konflikte mit den Ausländern während der Besetzung Nankings durch Ausplünderung hervorzurufen. Dies war der Plan der Wuhan-Gruppe.

Chiang Kaishek hatte gegen solche Ereignisse vielleicht schon Vorsichtsmaßnahmen getroffen. Es war jedoch nicht ausgeschlossen, daß die Bevölkerung während der Zeit des Kampfes aufgebracht werden konnte. Und tatsächlich hatten die kommunistischen Elemente Teile der Nationalarmee aufgewiegelt. Kurz, die „Nanking-Affäre" war ein von der kommunistischen Partei ausgearbeiteter Plan und kein spontanes Ereignis.

Dafür liefert auch folgende Tatsache einen deutlichen Beweis. —

Am Tage der Plünderung wirkten viele organisierte, in Zivil gekleidete Personen als Anführer mit. Die Beute wurde mit bereitstehenden Autos und Fuhrwerken hinwegtransportiert. Ferner wurden alle Ausländer in Nanking, auch diejenigen aus den Außenbezirken, in der kurzen Zeit von drei bis vier Stunden völlig ausgebeutet. Alles dies beweist eine gutorganisierte Aktion.

Die chinesische Regierung in Nanking hat später offiziell erklärt, daß dieses Ereignis auf die Wühlarbeit der kommunistischen Partei zurückzuführen war. Auch betonte die chinesische Seite bei der Beilegung der „Nanking-Affäre" in den ausgetauschten Noten zwischen China und Japan folgendes:

„Die Untersuchung des Ereignisses hat ergeben, daß seine Entstehung auf die Unterminierungsarbeit der kommunistischen Partei vor der Wahl Nankings als Hauptstadt der chinesischen Republik zurückzuführen ist."

3. Gewalttaten der kommunistischen Gruppe

Die kommunistische Gruppe in Wuchang und Hankow, die einerseits Chiang Kaishek während der Besetzung Nankings durch einen Konflikt mit den ausländischen Mächten zu stürzen versuchte, führte andererseits auch ständig Gewalttaten unter der Bevölkerung durch.

Daneben hetzte die Wuhan-Regierung unter der Führung von Borodin die Arbeiter- und Bauernorganisationen auf, um mit Gewalt eine Revolution zu entzünden.

Die Großgrundbesitzer und sonstige hervorragende Persönlichkeiten wurden von ihr als konterrevolutionär gebrandmarkt und ihnen zahllose Untaten zugefügt. Die Arbeiterverbände wurden zur Erlangung besserer Arbeitsbedingungen zu Demonstrationen aufgerufen.

Diese Art von Zersetzungsarbeiten erreichte in der Provinz Hunan ihren Höhepunkt. Dort erschienen überall die von den Kommunisten gebildeten sogenannten Kontrolltruppen, die gegen jeden in rücksichtsloser Weise vorgingen, der seine Unzufriedenheit mit der Wuhan-Regierung äußerte. Hierdurch machte sich die Wuhan-Regierung weit und breit verhaßt.

Die von den Kommunisten mißhandelten Personen waren jedoch zum größten Teil Familienmitglieder der die Wuhan-Gruppe in Wirklichkeit unterstützenden Militärpersonen. Die kommunistische Gruppe kannte ihnen gegenüber aber trotzdem keine Rücksicht. So wurde bald die erste Stimme in dem Armeekreis von Hunan laut, die die Bestrafung der kommunistischen Gruppe forderte.

Schließlich drückte am 21. Mai 1927 der Kommandant von Changsha in der Provinz Hunan, Hsu Kehsiang, einen Bauernaufstand und eine kommunistische Verschwörung mit Gewalt nieder und vertrieb die kommunistischen Elemente. Am 29. Juni desselben Jahres lösten die Truppen von Li Pinhsian in Hankow, der Residenz der Wuhan-Regierung, die Arbeiterorganisationen auf, beschlagnahmten Gewehre und Munition der Kontrolltruppen und führten eine großangelegte Säuberungsaktion innerhalb der Provinz durch. Die Antipathie dieser Militärkreise war für die kommunistischen Elemente in der Wuhan-Regierung ein fast tödlicher Schlag, nach welchem sie auch bald ihr endgültiges Schicksal ereilte.

Die Anhänger der kommunistischen Gruppe hatten die immer näherrückende Gefahr erkannt. Als erster verschwand der Minister für Bauernangelegenheiten, Tan Pinshan, und im Juni 1927 traten der Leiter der Politischen Abteilung, Teng Yenta, und der Arbeitsminister, Shu Chaocheng, hintereinander aus der Regierung aus.

So verließen die kommunistischen Elemente allmählich die Wuhan-Regierung, die danach ausschließlich von der Linksgruppe der Kuomintang geführt wurde.

Angesichts dieser neuen Lage veröffentlichten die Kommunisten am 13. Juli 1927 ein Manifest, in dem sie der Kuomintang vorwarfen, den „Drei Volksprinzipien" und der sich daraus ergebenden Politik — Verbindung mit Rußland, Aufnahme der Kommunisten, Unterstützung der Arbeiter- und Bauernverbände — zuwidergehandelt zu haben, und daß sie dadurch zum Wegbereiter der Militaristen geworden wäre. Hierzu nahm die Wuhan-Gruppe am 27. desselben Monats Stellung. Sie gab außerdem an ihre Mitglieder die Erklärung ab, daß die Sowjetregierung den Kommunisten im Wuhan-Gebiet den Befehl gegeben hätte, die Kuomintang zu unterwühlen, und daß, um diesen Plan zu vereiteln, strengste Maßnahmen durchgeführt werden müßten. Noch am gleichen Tage wurde ein Beschluß von dem Zentral-Exekutiv-Komitee der Kuomintang unterzeichnet, der der kommunistischen Partei den Abbruch der Beziehungen mit ihr ankündigte. Die Zusammenarbeit zwischen der Kuomintang und der Kommunistenclique fand damit ihr Ende.

4. Zusammenarbeit zwischen Nanking und Wuhan

Chiang Kaishek entschloß sich zufolge der kommunistischen Wühlarbeit bei der „Nanking-Affäre", die Kommunisten in den unter seinem Einfluß stehenden Gebieten auszurotten. Am 12. April 1927 führte er zuerst eine Säuberungsaktion in Shanghai durch. Dadurch fiel Shanghai vollständig in seinen Machtbereich.

Am 18. April desselben Jahres zeigte Chiang Kaishek der Wuhan-Regierung deutlich seine entgegengesetzte Haltung. Die Regierung in Nanking erklärte nämlich offiziell, daß sie mit großer Loyalität die „Drei Volksprinzipien" zu verwirklichen suche und die Gegner dieser Lehre als Verräter brandmarke, über die sie eine Strafe verhängen würde. Sie führte daraufhin eine Säuberungsaktion in der Partei durch und unterdrückte die kommunistischen Elemente mit allen ihr zu Gebote stehenden Mitteln.

Die Gegensätze zwischen Nanking und Wuhan vergrößerten sich so immer mehr und führten beinahe zu blutigen Auseinandersetzungen. Als Chiang Kaishek auf seinem Nordfeldzug, von Nanking weit entfernt, in die Provinz Shantung eindrang, bedrohte die Wuhan-Gruppe, die Abwesenheit Chiang Kaisheks ausnutzend, die Provinzen Kiangsu, Chekiang und Kiangsi und versuchte, die Regierung in Nanking zu stürzen. Chiang Kaishek fürchtete eine innere Spaltung der revolutionären Kräfte und kehrte mit seiner Armee schnellstens nach Nanking zurück. Wie erwähnt, hatte die Wuhan-Gruppe der kommunistischen Clique die Macht aus der Hand genommen. Besonders ging Tang Shengchi, der die kommunistische Gruppe lange heimlich unterstützt und plötzlich seine Haltung geändert hatte, mit allen Mitteln gegen sie vor. Bald hatte die Wuhan-Regierung die kommunistischen Einflüsse vollständig beseitigt.

Während Tang Shengchi einerseits die Kommunistengruppe befehdete, bemühte er sich andererseits, die Säuberung der Partei als Grundlage betrachtend, um die Einigung zwischen Nanking und Wuhan.

Für eine solche Zusammenarbeit gab es viele Schwierigkeiten zu überwinden. Die erste Bedingung, die die Wuhan-Gruppe stellte, war der Rücktritt Chiang Kaisheks. Zu dieser Zeit entstand auch in Nanking unter einem Teil der Regierungsmitglieder eine Stimmung gegen Chiang Kaishek. Der kluge Chiang trat demzufolge am 14. August 1927 von seinem Amt als „Oberkommandierender der nationalen revolutionären Armee" zurück und unternahm eine Reise nach Japan. Am 3. September desselben Jahres kam die Einigung zwischen Nanking und Wuhan zustande. Damit wurde die neue Nationalregierung in Nanking geboren.

5. Erklärung Chiang Kaisheks zu seinem Rücktritt

Seit dem Beginn der Bemühungen um die Einigung zwischen Nanking und Wuhan war die Lage für Chiang Kaishek immer ungünstiger geworden. Sollte er die absolute Zurückweisung der Forderungen der Wuhan-Gruppe oder den eigenen Rücktritt wählen, um die Einigung herbeizuführen? Für eines von beiden mußte sich Chiang Kaishek entscheiden. Am 12. August 1927 kam er überraschend nach Shanghai, wo er mit seinen einflußreichen Anhängern zusammentraf. Auf einer Beratung wurde es für günstig erachtet, wegen seiner zukünftigen Stellung bei der Durchführung der nationalen Revolution jetzt den Rücktritt zu wählen. Am 13. August 1927 veröffentlichte Chiang Kaishek eine längere Erklärung und zog sich schon am 14. desselben Monats in seine Heimat, Fenghwa, zurück. Im folgenden seien die Leitgedanken des Erklärungsschreibens wiedergegeben:

„Von der Regierung der Kuomintang erhielt ich die Aufgabe, den Feldzug gegen den Norden zu führen. In einem Jahre hat die Nationalarmee die Provinzen Shantung und Chili (Hopeh) erobert, womit unser Ziel jedoch nicht völlig erreicht worden ist. Betrachte ich aber die nähere Umgebung, so finde ich Gegensätze in der Partei und das Volk in Elend und Not. Auf den gleichen Gebieten bestehen Gegensätze, unter den gleichen Ideen herrscht der Zwiespalt. Das Volk kann nicht befreit und die Sendung der Kuomintang nicht erfüllt werden. Die Ursache dieses üblen Zustandes führe ich auf die Hetzarbeit der kommunistischen Elemente zurück. Die Genossen in Wuhan untersuchen leider nicht die wahren Gründe, sondern werfen mir alle Schuld vor. Ich bin zur Zeit nicht in der Lage, Klarheit zu schaffen. Lob oder Tadel können mich nicht beeinflussen.

Ich bin ein einfacher Mensch. Seitdem ich die Erziehung Dr. Sun Yatsens genossen habe, habe ich mir zwei Ziele als Lebensaufgabe gesteckt. Erstens halte ich die Partei höher als alles andere. Innerhalb der Partei darf der einzelne Genosse keine eigene Meinung und keine eigenen Interessen haben. Zweitens betrachte ich den Schutz der Partei als die heilige Pflicht eines jeden Genossen. Alle Kräfte, die durch List und Intrigen die Basis unserer Partei zu unterwühlen und die Ideen Dr. Sun Yatsens zu vernichten suchen, was ihnen einen inhaltlosen Namen schaffen könnte, müssen mit ganzer Kraft bekämpft werden. Von dem ersten Punkt aus gesehen, soll man mit den Interessen der Partei leben und sterben. Ich selbst kann alles für die Sache der Partei opfern; wenn mein Rücktritt der Partei Vorteil bringt, zögere ich auch nicht einen einzigen Tag, zurückzutreten. Da ich mich der Sache der Revolution verschworen habe, so muß ich unter dem Befehl der Partei vorwärts streben. Wenn mein Rücktritt allen Auseinandersetzungen ein Ende machen kann, so ziehe ich mich gern ins Privatleben zurück, wonach ich mich stets gesehnt habe. Vom zweiten Punkt aus betrachtet, müssen alle Parteigenossen, ohne Rücksicht auf ihre persönliche Ansichten, die Kommunisten, die stets gegen den Staat und unsere Partei arbeiteten, beseitigen helfen und damit ihre heilige Pflicht erfüllen. Da dies mein Ziel ist, dem ich mich verschworen habe, fordere ich von allen Genossen die vollständige Ausrottung der unsere Partei unter-minierenden kommunistischen Elemente.

Aus diesem Grunde will ich alle hinterhältigen Schläge seit dem Beginn des Nordfeldzuges vergessen und alle durch die kommu-nistische Hetze hervorgerufenen Vorwürfe Wuhans an die Seite schieben. Nur stelle ich nach wie vor zwei Bedingungen: 1. Aus-weisung des russischen Beraters Borodin; 2. Ausrottung der kom-munistischen Idee. Borodin ist bereits nach Rußland verjagt, und in Hunan, Kiangsi und im Wuhan-Gebiet ist die Säuberung von Kom-munisten mehr und mehr durchgeführt worden. Das heißt, daß meine Haltung für die Existenz der Partei notwendig gewesen war.

Wenn die Vorwürfe von unseren Parteigenossen stammen, und wenn sie mich als Hindernis für die Einigung zwischen Nanking und Wuhan betrachten, so werde ich alles der Partei opfern; auch den Tod werde ich nicht scheuen. Ich zögere nicht im geringsten, mich zurückzuziehen und nehme alle Anschuldigungen gern auf mich. Mein Wunsch ist nur die Einigung und Geschlossenheit unserer Partei und unsere große Sendung, die Vollendung des Nordfeldzuges und den Aufbau des Reiches zu einem siegreichen Ende zu führen, damit die eigensüchtigen Militaristen und die Kommunisten unsere Zwiespältig-keit nicht zu ihrem Vorteil ausnutzen. Hiermit spreche ich feierlich meine drei letzten Wünsche aus.

1. Die Genossen in Nanking und Wuhan sollen alle Mißverständ-nisse beseitigen und alles Mißtrauen aufgeben. Die Wuhan-Genossen sollen sich sofort nach Nanking begeben, um sich an der Ausarbeitung des Rettungsplanes der Nationalregierung zu beteiligen.

2. Vereinigung aller militärischen Abteilungen in Hunan, Hupeh, Kiangsi usw., um geschlossen mit den an der Tsinpu-Eisen-bahnlinie kämpfenden Truppen die Pflicht der nationalen Revolution zu erfüllen.

3. Beseitigung der kommunistischen Einflüsse in den Gebieten von Hupeh, Kiangsi, Hunan usw.

Wenn diese drei Punkte restlos verwirklicht sein werden, dann braucht die Einigung des Reiches keinerlei Störungen mehr zu fürchten. Die Geschlossenheit der Armee wird die Militaristen beseitigen, und die Einigung des Reiches wird den Imperialismus niederkämpfen; wonach soll China noch weiter verlangen?"

6. Reise nach Japan

Über den Aufenthalt Chiang Kaisheks in Japan nach seinem Rücktritt, findet man folgende Beschreibung in der Zeitschrift „Hochi Shimbun":

„Ende September 1927 fuhr Chiang Kaishek auf einem Schiff über Unsen und Kobe nach Japan und traf am 13. Oktober in Begleitung seines Freundes Chang Chun und eines Adjutanten in Tokio ein. Er besuchte Katoyama, einen älteren erfahrenen Japaner, in Sibusawa und bat um Vermittlung eines ruhigen Wohnortes. Katoyama, der Chiang Kaishek zum ersten Male sah, erkannte in ihm eine große Persönlichkeit. Er setzte sich sogleich mit einem benachbarten Grundbesitzer, Kawano, in Verbindung, der Chiang Kaishek in der zweiten Etage seines Hauses drei Zimmer als Wohnung überließ. Chiang Kaishek bewohnte ein größeres Zimmer, während Chang Chun und der Adjutant die beiden kleineren bezogen. Im Laufe des kurzen Aufenthalts von 10 Tagen genoß Chiang Kaishek durch seine charaktervolle Haltung große Verehrung bei Katoyama und allen Mitgliedern der Familie Kawano. In Wirklichkeit hat Chiang Kaishek, der inzwischen nach Hakone, Niko und anderen Orten gereist war, nur drei Nächte bei der Familie Kawano gewohnt.

China und Japan müssen unbedingt zusammenarbeiten. Dieser Gedanke erfüllte Chiang Kaishek und war der Inhalt der Gespräche an diesen drei Abenden, an denen Katoyama und Kawano von ihm zum Abendessen eingeladen waren. Diese wenigen Abende führten eine chinesisch-japanische Freundschaft ohne Mißverständnisse herbei, sie waren zugleich ein schönes und friedliches Bild, letzteres allerdings nur von kurzer Dauer. Denn zur gleichen Zeit bedrohten, wie man erfuhr, die Mukden-Truppen, geführt von Chang Tsolin, die chinesische Nationalregierung. Die Stimmen in China wurden immer lauter, daß nur Chiang Kaishek die Situation meistern könnte. Auf die Bitte von Wang Chingwei und anderen kehrte Chiang Kaishek kurz entschlossen nach China zurück. In aufeinanderfolgenden

Siegen errang er in kurzer Zeit einen großen Erfolg über Chang Tsolin. Katoyama und die Familie Kawano waren darüber hocherfreut. In seinem Wohnzimmer bei der Familie Kawano hatte er vor seiner Rückreise nach China den selbstgeschriebenen Spruch ,Freundliche Verbundenheit wie in einer Familie' als Andenken zurückgelassen. Dies war vor zehn Jahren.

Katoyama sagte: ,Chiang Kaishek bemüht sich jedenfalls um die Zusammenarbeit mit Japan. Er zeigt darin feste Entschlossenheit und will ferner auf jeden Fall die Kommunisten vernichten. In kurzer Zeit sind wir Freunde fürs Leben geworden. Damals genoß Chiang Kaishek schon den Ruf des ersten Mannes Chinas. Sein Verhalten war aber stets sehr menschenfreundlich. Innerlich dachte ich: so sind nur große Persönlichkeiten.'

Kawano sagte: ,Oft hat er Katoyama und mich zum Essen eingeladen. Sein Auftreten war stets diszipliniert und höflich. Meine Leute sagen noch oft, daß nur große Männer so sind. Die gegenwärtigen Ereignisse (Sian-Affäre) beunruhigen uns sehr stark. Wir sorgen uns sehr um seine Sicherheit.'"

IX. KAPITEL

ERFÜLLUNG EINES LANGGEHEGTEN WUNSCHES

1. Hochzeit Chiang Kaisheks am 1. Dezember 1927

An diesem Tage war die Halle des „Majestic-Hotels" in Shanghai festlich geschmückt und glänzte in strahlendem Licht. Ringsherum standen Hochzeitsgeschenke, die die Augen der Beschauer entzückten.

Um 4 Uhr nachmittags versammelten sich dort Tausende von Damen und Herren aus allen Kreisen, um der Hochzeitszeremonie beizuwohnen. Der Bräutigam war der den Nordfeldzug leitende und das chinesische Reich einigende junge General Chiang Kaishek. Die Braut war die Schwägerin von Dr. Sun Yatsen — des Vaters der chinesischen Republik —, Fräulein Sung Meiling. Trauzeugen waren: Tsai Yuanpei und Yu Jichang, ferner Tan Yenkai, Fräulein Ho Hsiangning, Wang Chengting und andere. Nach den Hochzeitsbestimmungen der Nationalregierung fand die Feier weihevoll statt.

Ein vom Orchester begleitetes und von allen Anwesenden gesungenes Hochzeitslied brachte dem Ehepaar die Gratulation dar. Danach begaben sich alle zu einer gemeinsamen Teetafel; dann zogen die glücklichen Neuvermählten in ihre neue Wohnung in Shanghai ein.

Für Chiang Kaishek war dieser Tag die Erfüllung seines „fünf Jahre langen Traumes". Mit großer Energie kann man alles erreichen; wenn man sich einer Sache mit allen Kräften widmet, so kann man „Metall und Steine durchbohren". So war es auch bei Chiang Kaishek. Er kannte Fräulein Sung seit fünf Jahren. Aus der Bekanntschaft wurde eine Freundschaft, aus der Freundschaft wurde Liebe, bis sie sich schließlich gegenseitig die Treue versprachen.

Chiang Kaishek war 40 Jahre alt, ein in vielen harten Kämpfen gestählter, mutiger General. Fräulein Sung, die 25 Jahre alt war, hatte an einer amerikanischen Universität in South Carolina ihr

Studium beendet und war ein modernes, in der Staatswissenschaft gewandtes Mädchen. Diese beiden Menschen waren das Ziel der Gratulationen des chinesischen Reiches.

2. „Unser heutiger Tag"

Wie erwähnt, war der eine der erste Mann Chinas, die andere, die soeben aus Amerika zurückgekehrte Vertreterin der modernen Frauenwelt. Nicht ohne Grund wurden diese beiden von der chinesischen Presse als „passendes Paar" bezeichnet. Es war in der Tat eine nach menschlicher Voraussicht „harmonische Ehe". Welche Hochachtung Chiang Kaishek seiner Frau zollte, erkennt man sehr deutlich aus seinem selbstverfaßten Aufsatz „Unser heutiger Tag", worin er seine Gedanken zum Ausdruck brachte. Dieser Aufsatz wurde am Hochzeitstage in den chinesischen Zeitungen veröffentlicht:

„Heute ist der ruhmreichste Tag meines Lebens, an dem ich mit Fräulein Sung, die meine höchste Wertschätzung genießt, in das gemeinsame Leben eintrete. Selbstverständlich ist es auch der Tag der größten Freude meines Lebens. Seitdem ich mich der Sache der nationalen Revolution widme, ist bei mir oft, auch während der intensivsten Arbeit, der Gedanke an eine Zurückziehung aus dem öffentlichen Leben entstanden. Einst wurde ich gefragt, wann ich mich mit meiner ganzen Kraft für die Revolution würde einsetzen können. Auch haben viele meiner lieben Kameraden mehrmals beraten, womit man mich bewegen könnte, mich gänzlich der revolutionären Pflicht und Arbeit hinzugeben. Diese Fragen konnten damals nicht leicht beantwortet werden, zumal ich meine Gedanken auch nicht aussprechen wollte. Erst heute habe ich die vollkommene Antwort gefunden. Ich bin überzeugt, daß sich von heute ab, nachdem ich mit Fräulein Sung die Ehe geschlossen habe, meine revolutionären Arbeiten zu einem viel gewaltigeren Umfang fortentwickeln werden. Am heutigen Tag beginne ich von ganzem Herzen mich der Revolution zu widmen und meine revolutionären Pflichten voll und ganz zu erfüllen. Oft studierte ich die Lebensphilosophie und die sozialen Probleme. Ich kam dabei zu dem Ergebnis, daß man viel mehr leisten kann, wenn man in einer harmonischen Ehe lebt. Ein Staat kann nicht gedeihen, wenn es in ihm keine friedlichen und glücklichen Familien gibt. Niemand kann eine Revolution erfolgreich durchführen, der die Reform des sozialen Lebens nicht in Betracht zieht. Die Familien sind die Grundlagen des sozialen Lebens. Um das soziale Leben in China zu verbessern, muß man zuerst die

Chiang Kaishek und seine Frau
1937

Frau Chiang Kaishek

Familien reformieren. In diesem Punkt war ich mit Fräulein Sung vollkommen einig, wenn ich mit ihr über das revolutionäre Problem in China diskutierte.

Es ist unser beider großer Wunsch, daß diese Heirat einen günstigen Einfluß auf das Gesellschaftsleben Chinas ausüben möchte. In diesem Sinne sind wir nicht nur glücklich über unseren heutigen Tag, sondern hoffen auch sehr, daß wir zur Fortentwicklung des chinesischen Lebens beitragen können. Ich selbst werde mit diesen Gedanken meine revolutionäre Arbeit fortsetzen, bis die nationale Revolution vollendet ist. Darum ist unsere Heirat die Basis unserer revolutionären Arbeit.

Schon als ich Fräulein Sung zum ersten Male sah, kam mir der Gedanke, mit ihr das Leben gemeinsam gestalten zu wollen. Auch Fräulein Sung schwor, daß sie für immer allein bleiben würde, wenn sie nicht mich als Gatten gewänne. Unser Zusammentreffen ist wirklich ein ungewöhnliches Ereignis. Über den heutigen Tag freuen wir beide uns aufrichtig und betrachten ihn als den wertvollsten Tag unseres Lebens. Aus diesem Grunde dürfen wir denn auch wagen, mit aller Hochachtung und Dankbarkeit die Glückwünsche unserer Freunde und Verwandten entgegenzunehmen."

(Veröffentlicht in der chinesischen Zeitung „Shen Pao"
am 1. Dezember 1927.)

Oft sind die modernen chinesischen Mädchen, die nach ihrem Studium vom Ausland zurückkommen, nach der neuesten Mode gekleidet, tragen kurz geschnittenes und gewelltes Haar, in der Absicht, daß sie so als „modern" bezeichnet werden können. Fräulein Sung war jedoch ganz anders. Bei ihrer Rückkehr nach China hatte sie kein kurz geschnittenes Haar und trug keine europäische Kleidung. Sie lebte ganz und gar nach den chinesischen Sitten und Gebräuchen und hielt an der Tradition fest.

Jeder, der einmal bei Chiang Kaishek zum Essen eingeladen war, weiß, daß es bei ihm — außer zu besonderen Feierlichkeiten — keinen Wein oder andere alkoholische Getränke gibt. Dies ist sicher auf den Einfluß seiner Frau zurückzuführen. Fräulein Sungs Ruhm steigt täglich an; sie ist wirklich sehr zu bewundern.

Eine tugendhafte Frau wird einmal auch eine tugendhafte Mutter werden. Chiang Kaishek kann glücklich sein, solch eine Frau zu besitzen, die ihm bei dem nationalen Aufbau stets zur Seite steht.

3. Fräulein Sung Meiling, die Frau Chiang Kaisheks

Frau Chiang Kaishek erweckte nach ihrer Hochzeit bei vielen zuerst den Eindruck, daß sie ein äußerst modernes Mädchen sei. Von einer anderen Seite betrachtet, ist sie ein stolzes Mädchen aus einer sehr vornehmen und reichen Familie. Heute verehren sie jedoch die chinesischen Männer und Frauen als „mutig und vorwärtsstrebend".

Sie hat ein sehr lebendiges Wesen und hält es nicht für die einzige Pflicht der Frau, sich nur um den Haushalt zu kümmern. Deswegen folgt sie oft ihrem Gatten überallhin.

Bei Paraden steht sie häufig neben Chiang Kaishek. Diejenigen, die nur solche Bilder gesehen haben, werden möglicherweise sagen: „Was für eine ehrgeizige Frau!" Jedoch sind solche Beurteilungen ganz oberflächlich. Sie wird gerade von den Soldaten sehr verehrt. Diese Verehrung rührt daher, daß sie ihren Haushalt einer Hilfe überläßt und selbst stets hinter der vordersten Front den Lazarettdienst bei den verletzten und kranken Soldaten leitet.

Sie ist keine Frau, die gern über Ideen und Probleme nur redet, nein, auch ihr Handeln ist immer äußerst mutig. An Tapferkeit übertrifft sie sicher viele Männer. Wenn ihr humanes Herz nicht unwesentlich von der Lehre des Christentums beeinflußt worden ist, so kann ihr mutiges Handeln vielleicht auf den abenteuerlichen amerikanischen Geist für „unbegrenzte Möglichkeiten" zurückgeführt werden. Die gesamte Entfaltung aller ihrer tugendhaften Eigenschaften verdankt sie aber sicher der Erziehung in ihrer Familie.

Aus ihrer Familie sind außer ihr noch drei große Persönlichkeiten hervorgegangen. Sung Tsewen, ein bekannter Finanzmann, Sung Chingling, die Frau Dr. Sun Yatsens, Sung Ailing, die Frau Dr. H. H. Kungs, des Finanzministers Chinas (des jetzigen Ministerpräsidenten). Das langjährige Universitätsleben in Amerika hat Fräulein Sung zu einer modernen Frau gemacht. Diese moderne Einstellung ist aber keine oberflächliche. Sie lernte aus der Bibel den Kampf gegen das Böse und die Lehre der Wahrheit kennen, und sie handelte stets in diesem Sinne. Während die Frauen von Präsidenten und Ministern anderer Länder sich ihrem Salonleben, Festen oder sonstigen Feierlichkeiten hingeben, reist sie an der Front hin und her und beobachtet die Versorgung der verletzten Soldaten oder leitet die Vor- und Zubereitung des Essens auf den verschiedenen Bahnstationen. Zu allen diesen Leistungen kann man wohl sagen, daß sie vielleicht eine einmalige Erscheinung der chinesischen Frauenwelt ist.

Ihre in amerikanischen Zeitschriften veröffentlichten Artikel „Mit meinem Mann an der Front", und „Mein Mann und ich in den Kämpfen", enthalten folgende Schilderungen:

Im Jahre 1930-31 äußerte Frau Chiang Kaishek ihrem Mann gegenüber den Wunsch, sich auch an dem Frontleben zu beteiligen und erhielt seine Zustimmung. Seitdem war sie mehrmals in den Gefahren der Front; sie verlor niemals den Mut. Entweder ermutigte oder beruhigte sie ihren Mann oder beteiligte sich an wichtigen Beratungen. Sie organisierte Hilfsmannschaften und teilte alle Anstrengungen ihres Mannes. Heute in Nanchang —, morgen fliegt sie schon nach Hankow und lebt also stets im Zeichen des Kampfes.

Die Unbequemlichkeiten des Essens und Wohnens an der Front kann sich jeder wohl leicht vorstellen. Sie erduldet alles, um für die Nation heilige Arbeit zu leisten. Eine vornehme Dame, wenn sie in Shanghai vielleicht im Auto die großen Kinos besucht, ändert sie sich vollständig, wenn sie sich an dem Frontleben beteiligt. Das sind Dinge, die ihr kaum eine andere Frau nachmachen kann.

Einmal wurde sie mit ihrem Mann tief in der Nacht überraschend von den Kommunisten in der Provinz Kiangsi umzingelt. Sie war an der Front die Sekretärin ihres Mannes und bewahrte alle wichtigen Dokumente auf. Chiang Kaishek ließ sie zuerst die wichtigsten Schriften verbrennen. Inzwischen hatten sich die Schüsse immer mehr und mehr konzentriert. Mehrere Kugeln trafen in ihr Quartier. Ihre Lage war höchst gefährlich. In diesem Augenblick der höchsten Gefahr nahmen Chiang Kaishek und seine Frau jeder eine Pistole in die Hand, um dem Eindringen des Feindes zu begegnen. Wenn es ihnen gelingen würde, wollten sie die Eindringlinge erschießen, im anderen Falle aber wollten sie die Pistolen gegenseitig auf sich abfeuern, um gemeinsam zu sterben. Sie faßten solch einen ernsten und mutigen Entschluß und trugen keine Bedenken. Glücklicherweise schlugen die eigenen Truppen die vordringenden Gegner zurück. Die gefahrvollen Nachtstunden verschwanden wie die Sterne am nächsten Morgen.

Diese Geschichte steht in den „Fronterlebnissen" von Frau Chiang Kaishek. Derartige Gefahren hat sie sicher nicht nur einmal erlebt, und gerade solche Gefahren und Erfahrungen machten sie immer mutiger. Heute ist sie daran gewöhnt und folgt ihrem Gatten oft an die Front. Obwohl sie keine Uniform trägt, gilt sie doch unbestritten als tapferer weiblicher Soldat.

Ihre unerschütterliche Energie und ihr strebsamer Geist gleichen denen Chiang Kaisheks. Dies ist selbstverständlich auch einer der Gründe, warum Chiang Kaishek sie besonders hochschätzt und liebt. Oft spricht man heute in der Welt von einer „vollkommenen Ehe". Die Ehe Chiang Kaisheks und seiner Frau ist wohl die vollkommenste auf der Welt. Chiang Kaishek lernte von seiner Frau die Weltanschauung der neuen Zeit, während seine Frau von ihm in der Weise beeinflußt wurde, daß sie die Verschwendung verachtet und sich mit den härtesten Arbeiten beschäftigt. Durch gegenseitige Beeinflussung und Ergänzung entwickelt sich ihre Ehe zu immer größerer Vollkommenheit.

Chiang Kaisheks heutiges Denken ist ein ganz anderes als das vor 10 Jahren. In der Zeit von 1924 bis 1925 sprach er, wenn er irgendwo eine Rede hielt, meistens über Einzelheiten. Im Jahre 1936 spricht er aber nur noch vom Standpunkt des Ganzen, von der Basis und den Grundlagen aus. Das ist ein wesentlicher Fortschritt Chiang Kaisheks.

Frau Chiang Kaishek wurde im Anfang als ehrgeizig beurteilt. Heute erkennen jedoch sowohl die Chinesen, als auch die Ausländer in ihr eine äußerst tüchtige und weitblickende Vertreterin der neuen Frauenwelt. In gegenseitiger Beeindruckung bilden Chiang Kaishek und seine Frau ein harmonisches Ehepaar; und dieses glückliche Paar ist jetzt dabei, das neue China mit ganzer Energie und Kraft aufzubauen.

X. KAPITEL

VOLLENDUNG DES NORDFELDZUGES*)

1. Neugliederung der Nationalarmee

Als die Armee Chiang Kaisheks in dem Nordfeldzug alle Widerstände sehr schnell überwand und nach kurzer Zeit vor Tsinan, der Hauptstadt der Provinz Shantung stand, hatte es den Anschein, daß dieselbe auch ohne besondere Mühe besetzt werden könnte. Jedoch brachen, wie erwähnt, unerwartete Streitigkeiten zwischen Wuhan und Nanking aus, woraufhin Chiang Kaishek nach Nanking zurückeilte und nicht lange danach zurücktrat. Damit erfuhr der Nordfeldzug einen vorübergehenden Stillstand.

Die Führer der Militaristen in Nordchina, Chang Tsolin und andere, nützten den freiwilligen Rückzug der Nationalarmee aus und begannen neue Angriffe. Dabei fielen ihnen ihre verlorengegangenen Gebiete wieder in die Hände. Im August 1927 eroberten sie Pukow, die Hafenstadt Nankings. So entstand eine völlig neue Lage; die Truppen Chang Tsolins standen jetzt der Nationalarmee an den Ufern des Yangtse gegenüber. Andererseits spitzten sich auch die Beziehungen zwischen Chang Tsolin und Yen Hsishan, dem Gouverneur der Provinz Shansi, immer mehr zu. Nachdem sich Chang Tsolin in Peking „Feldmarschall" nannte und damit seine eigensüchtige Absicht, Beherrscher Chinas zu werden, deutlich zum Ausdruck kam, begannen Ende desselben Jahres zwischen ihnen blutige Kämpfe. Chang Tsolins Truppen errangen am 10. Oktober 1927 in der Schlacht bei Wangtu einen großen Sieg. Nach ihrer Niederlage zogen sich die Soldaten Yen Hsishans nach dem Innern der Provinz Shansi zurück.

Hieraus erwuchsen der Nationalarmee sehr ungünstige Verhältnisse. Immer mehr trat der Zustand eines dauernden Krieges zwischen dem Süden und Norden zum Vorschein. Und deswegen sah sich die Nationalregierung in Nanking gezwungen, zuallererst den

*) Vergl. Karte I.

Nordfeldzug zu beendigen. Telegramme aus Nanking und Shanghai riefen den damals in Japan weilenden Chiang Kaishek inständig nach China zurück.

Die zu der Zeit großen Einfluß besitzenden Armeeführer der Nationalarmee waren Feng Yuhsiang, Yen Hsishan, Tang Shengchi, Pei Chunghsi, Li Chungyen, Chen Mingshu, Li Chishen und andere. An Größe der militärischen und politischen Kraft war Chiang Kaishek ihnen aber weit überlegen. So lange Chiang Kaishek in Zurückgezogenheit lebte, konnte darum der Feldzug gegen den Norden nicht erfolgreich durchgeführt werden. Nach einem Beschluß der Nationalregierung und der Kuomintang wurden auf der am 10. Dezember 1927 stattfindenden Plenarsitzung des Zentral-Exekutiv-Komitees der Kuomintang Chiang Kaishek seine Ämter wieder übertragen.

Chiang Kaishek hielt jetzt die Zeit für reif, kehrte im Dezember 1927 von Japan nach China zurück und entschloß sich auch, seine Ämter wieder zu übernehmen. Der Plan für den Nordfeldzug wurde neu aufgestellt. Er ernannte Ho Yingchin (den jetzigen Kriegsminister) zum Oberkommandierenden an der Front. Die Armee wurde reorganisiert.

Am 9. Januar 1928 übernahm Chiang Kaishek in Nanking wieder sein Amt als „Oberkommandierender der nationalen revolutionären Armee", womit der Nordfeldzug von neuem begann. Der erste Sieg der nationalen Armee war die Zurückeroberung der Hafenstadt Pukow. Am 16. Januar 1928 besetzte die Armee Chiang Kaisheks die militärisch wichtige Stadt Hsuchow in der Provinz Shantung. Ihr Vormarsch war fast unaufhaltsam.

Feng Yuhsiang und Yen Hsishan zogen es infolge dieser Entwicklung vor, sich Chiang Kaishek anzuschließen. Mitte Februar 1928 traten diese drei Führer in Kaifeng, der Hauptstadt der Provinz Honan, zu einer Beratung zusammen. Sie beschlossen den gemeinsamen Feldzug gegen Chang Tsolin und stellten den Plan für einen dreiseitigen Angriff auf.

Den Truppen von Feng Yuhsiang im Nordwesten, die sich im Frühjahr 1926 nach einer Niederlage gegenüber den Mukden-Soldaten von Chang Tsolin nach der Provinz Kansu hatten zurückziehen müssen, war es inzwischen gelungen, von der Provinz Kansu aus in die Provinz Shensi vorzudringen, wobei den Mukden-Truppen eine große Niederlage beigebracht worden war. Es war Feng Yuhsiang schließlich sogar gelungen, die Provinz Honan zu erreichen.

Dem Beschluß der Dreier-Konferenz zwischen Chiang Kaishek, Yen Hsishan und Feng Yuhsiang zufolge gab die Nationalarmee folgende Neueinteilung der gesamten Wehrmacht mit Chiang Kaishek als „Oberstem Befehlshaber" bekannt:

A. Oberbefehlshaber der 1. nationalen Armee: Chiang Kaishek,
B. Oberbefehlshaber der 2. nationalen Armee: Feng Yuhsiang,
C. Oberbefehlshaber der 3. nationalen Armee: Yen Hsishan.

Im März 1928 teilte Chiang Kaishek die 1. Armee in einer Stärke von 150 000 Mann wie folgt:

a) Befehlshaber des 1. Armeekorps: Liu Chi (Angriff auf Tsinan, der Tsinpu-Bahn entlang);
b) Befehlshaber des 2. Armeekorps: Chen Tiaoyuan (Angriff auf Tsingtao, der Küste entlang);
c) Befehlshaber des 3. Armeekorps: Ho Yoachu (Angriff auf Tsinan, der Lunghai-Bahn entlang);
d) Befehlshaber des Ersatz-Armeekorps: Fang Chenwu.

Feng Yuhsiang konzentrierte die 2. Armee von 150 000 Mann, mit einer Kerntruppe von 90 000 Soldaten, in Chengchow in der Provinz Honan, der Tientsin-Hankow-Bahn entlang, um die Basis der Gegner von vorn anzugreifen. Yen Hsishan führte die 3. Armee aus der Provinz Shansi über ihre gebirgigen Grenzen hinaus und begann die Offensive, in der Absicht, einerseits der Peking-Suiyuan-Bahn entlang Peking zu erreichen und andererseits der Peking-Hankow-Bahn entlang ein Zusammentreffen mit den Truppen von Feng Yuhsiang zu ermöglichen.

Danach begann der Großangriff der drei Armeen auf die Truppen Chang Tsolins von allen Seiten. In Chang Tsolins Machtbereich entwickelten sich folgende heftige Kämpfe: Anfang April drängte die Armee Chiang Kaisheks die Mukden-Truppen Chang Tsolins zurück und marschierte in die Provinz Shantung ein. Am 16. April besetzten die Truppen Feng Yuhsiangs, von der Seite herkommend, die Stadt Tsining bei Tsinan, der Hauptstadt der Provinz Shantung.

2. Tsinan-Affäre

Mit dem Fall von Tsining war das Schicksal von Tsinan besiegelt. Die Besetzung Tsinans war nur noch eine Frage der Zeit.

Tsinan als Schlachtfeld, wo etwa 2000 Japaner wohnten, würde das japanische Interesse sehr getroffen haben. Auch in Tsingtao lebten mehr als 10 000 Japaner, die große Handelsinteressen besaßen. An der Kiaotsi-Eisenbahnlinie entlang hielt sich ebenfalls eine große Anzahl japanischer Staatsangehöriger auf. Deswegen verfolgte Japan das Schicksal der Stadt Tsinan mit großer Aufmerksamkeit.

Tanaka, der derzeitige Ministerpräsident, entschloß sich, zum zweiten Male japanische Truppen nach Shantung zu entsenden, um die dort ansässigen Japaner zu schützen. Am 19. April 1928 erhielt das 6. Armeekorps den Abmarschbefehl. Unter dem Kommando Fukudas wurden am 25. April in Moji 5000 Soldaten eingeschifft, deren Landung am 26. April in Tsingtao erfolgte. Ein Bataillon traf unter dem Kommando Saitos in Tsinan ein und wurde dort stationiert.

Folgendes sind die Erklärungen der japanischen Regierung zu der Truppenentsendung nach der Provinz Shantung und der Protest der chinesischen Regierung gegen dieses widerrechtliche Unternehmen:

Erklärung der japanischen Regierung zu der zweiten Truppenentsendung am 12. April 1928:

„Während der inneren Kampfhandlungen in China unterstützt die japanische Regierung selbstverständlich keine, weder die eine, noch die andere der kämpfenden Parteien. Da jedoch die Gegenden, in denen zahlreiche japanische Staatsangehörige wohnen, von Gefahr bedroht sind, ist die japanische Regierung gezwungen, Maßnahmen zum Selbstschutz zu ergreifen. Dieses wurde schon bei der erstmaligen Entsendung von Truppen nach China zum Ausdruck gebracht. Die jetzigen Kämpfe in Shantung nehmen einen so raschen Verlauf, daß die Möglichkeit besteht, daß die von Japanern bewohnten Stadtteile in Mitleidenschaft gezogen werden könnten. Deswegen ist Japan gezwungen, nach der Erklärung bei der ersten Truppenentsendung, 5000 Mann aus Japan nach Tsingtao und der Kiaotsi-Eisenbahn zu befördern, um den in diesem Gebiet wohnenden japanischen Staatsangehörigen Schutz zu bieten, was nur eine vorübergehende Vorsichtsmaßregel bedeuten soll.

Vor der Ankunft dieser Truppen wurden die in Nordchina stationierten drei japanischen Regimenter nach Tsinan geschickt. Obwohl die japanische Regierung abermals Truppen nach Shantung schickt, was ausschließlich aus Notwendigkeit zum Selbstschutz geschieht, hegt sie China und seinem Volk gegenüber keine unfreundlichen Absichten. Abgesehen davon, daß sie sich nicht in die Kämpfe zwischen dem Norden und Süden in irgendeiner Weise einmischen will, wird sie die entsandten Truppen sofort zurückziehen, wenn die Notwendigkeit der Truppenverstärkungen zum Schutz der Japaner nicht mehr besteht, ähnlich wie seinerzeit bei der ersten Truppenentsendung."

Protest der chinesischen Regierung gegen Japan:

„Im Mai des vergangenen Jahres (1927) hat die japanische Regierung, während sich die Truppen der Nationalarmee der Grenze der

Provinz Shantung näherten, Soldaten nach Shantung entsandt. Die chinesische Regierung betrachtet diesen Vorgang als Verletzung des chinesischen Territoriums, was nicht nur dem internationalen Abkommen widerspricht, sondern auch einen Bruch der bestehenden Verträge zwischen China und Japan darstellt. Das chinesische Außenministerium hat seinerzeit bei dem japanischen Außenminister dagegen Protest erhoben. Obwohl diese Truppen bald zurückgezogen wurden, ist diese Beeinträchtigung des chinesischen Territoriums dem chinesischen Volk heute noch eine schmerzliche Erinnerung.

Seitdem die chinesische Regierung im Jahre 1928 in der Hauptstadt Nanking proklamiert wurde, hat sie sich stets bemüht, Leben und Eigentum der mit China befreundeten Ausländer zu schützen, wofür sie mehrmals Gesetze erlassen hat. Diese Schutzmaßnahmen wurden auch auf der vierten Plenarsitzung des Zentral-Exekutiv-Komitees der Kuomintang im Frühjahr 1928 ausführlich festgelegt. Ebenfalls hat der Oberkommandierende der Nationalarmee, Chiang Kaishek, vor kurzem während des Feldzuges gegen den Norden erklärt, daß die ganze Armee für den Schutz der Ausländer verantwortlich ist. Am 16. April 1928 wurde im japanischen Generalkonsulat in Shanghai eine diesbezügliche Note durch einen Vertreter der Provinzialregierung von Kiangsu überreicht, die der japanischen Regierung zugestellt wurde.

Der chinesische Außenminister bemüht sich in den letzten Monaten, den außenpolitischen Richtlinien der Regierung folgend, mit dem Geist der Aufrichtigkeit und Offenheit für die bis jetzt ungelösten Probleme, die zwischen China und anderen Nationen bestehen, eine gerechte Lösung zu finden, um Streitigkeiten zu beseitigen und die Freundschaft zu stärken. Jedoch beabsichtigt die japanische Regierung, ungeachtet aller chinesischen Bemühungen, erneut Truppen nach Shantung zu entsenden, zu einer Zeit, wo die Nationalarmee im Feldzuge steht und die Einigung des Reiches sich ihrer Vollendung nähert. Die jetzige Lage und die Handlungen Japans sind dieselben wie im Mai des vergangenen Jahres, die ausschließlich auf Ungerechtigkeit beruhen. Abgesehen davon, daß internationale Verträge verletzt würden, ist zu befürchten, daß unglückliche Ereignisse hervorgerufen werden könnten; wer würde wohl die Verantwortung dafür tragen wollen? Außerdem ist nicht klar, welches Ziel die japanische Regierung mit den Truppenentsendungen verfolgt. Sollte Japan nur eine Gefahr für seine Staatsangehörigen fürchten, so ist es wohl richtig, gemäß den internationalen Gepflogenheiten eine Sicherheit für diese auf diplomatischem Wege zu schaffen.

Jedoch handelt die japanische Regierung nicht danach und beabsichtigt, abermals Truppen nach China zu entsenden. So ist die chinesische Regierung gezwungen, schärfsten Protest dagegen einzulegen und bittet, die Absicht der japanischen Regierung abermals gründlich zu prüfen und angesichts der bestehenden guten Verhältnisse zwischen beiden Völkern den Anmarsch der nach Shantung bestimmten Truppen abzusagen, um die guten Beziehungen und die Freundschaft beider Nationen nicht zu gefährden."

Im Mai 1927, als Chiang Kaishek vor seinem Rücktritt mit seinen Truppen die Stadt Tsinan bedroht hatte, veranlaßte die japanische Regierung die erste Truppensendung nach Shantung. Damals schon protestierte die chinesische Regierung dagegen, da sie vermutete, daß Japan die ehrgeizige Absicht hatte, die Provinz Shantung zu besetzen; überall in China, in allen Kreisen des Volkes, fanden deswegen spontane Protestkundgebungen statt.

Bei der zweiten Truppenentsendung im Jahre 1928 bewahrte die chinesische Regierung jedoch große Ruhe und Überlegtheit. Obwohl sie einerseits gegen Japan protestierte, unterdrückte sie andererseits jedoch jede antijapanische Bewegung.

Die Kuomintang faßte folgenden Beschluß:

„Die jetzige Truppenentsendung Japans ist auf die eigenmächtige Handlung des Ministerpräsidenten Tanaka zurückzuführen und ist nicht der Wille des japanischen Volkes. Alle Arten von Streiks müssen verhindert werden, da sie Gelegenheit geben, im Innern Unruhen hervorzurufen."

Der Grund für die überlegte Zurückhaltung der chinesichen Behörden und der Bevölkerung war sicher der, daß die chinesische Regierung den Nordfeldzug schnell beenden wollte, für den ein Zwischenfall mit Japan nur Nachteile hätte bringen können. Außerdem hatte sie bei der „Nanking-Affäre" Erfahrungen gesammelt und wollte den kommunistischen Elementen keine Gelegenheit zur Heraufbeschwörung neuer Unruhen geben.

Als die Nationalarmee die Stadt Tsinan immer mehr einkreiste und die Truppen Chang Tsolins andauernd Niederlagen erlitten, zeigten die letzteren bald keinen Kampfwillen mehr und gaben alle Hoffnungen auf einen Sieg auf. Chang Tsolins Unterführer, Chang Chungchang und Sun Chuanfang, hielten es infolge dieser Lage für günstiger, die Truppen nach dem Norden zurückzuziehen. Dieser Rückzug aus Tsinan erfolgte in dunkler Nacht, am 30. April 1928. Am 1. Mai desselben Jahres marschierte die Nationalarmee in den Morgenstunden, ohne einem Widerstand zu begegnen, in Tsinan ein.

Das 6. japanische Armeekorps zog am 2. Mai von Tsingtao ebenfalls nach Tsinan.

Nach der Einnahme Tsinans erklärte Chiang Kaishek den japanischen Militärbehörden gegenüber, daß er die volle Verantwortung für die Sicherheit der Ausländer übernehme und forderte die Auflösung der japanischen Sicherheitsmaßnahmen. Die japanischen Truppen kamen dieser Forderung — zufolge der strengen Disziplin der Nationalarmee — nach und zogen ihre Vorposten zurück.

Jedoch ereignete sich zwischen der Nationalarmee und einem Teil der japanischen Truppen ein Zwischenfall, der einen immer größeren Umfang annahm.

Kurz danach wurde ein Waffenstillstandsabkommen zwischen der Nationalarmee und dem japanischen Hauptquartier in Tsinan getroffen, wonach sich die chinesischen Soldaten aus dem Handelsviertel der Stadt zurückzogen. Hiernach trat Ruhe ein. Die Forderungen Japans, die Bestrafung der Veranwortlichen, Entschuldigung und Genugtuung, Entwaffnung der dabei beteiligten Truppen und Zurückziehung um 20 Meilen von der Kiaotsi-Eisenbahnzone wurden von der chinesischen Seite abgelehnt.

Das japanische Militärkommando entschloß sich daraufhin, gegen China Gewalt anzuwenden. Seine erste Absicht war, die chinesischen Truppen aus Tsinan zu vertreiben. Am 8. Mai 1928 begannen die japanischen Soldaten mit der Besetzung des Handelsviertels der Stadt. Die südlich von Sinchiachuan, in der Nähe Tsinans, stationierten chinesischen Truppen leisteten den Japanern jedoch Widerstand, was zu erneuten Kampfhandlungen zwischen ihnen führte. Am 11. Mai besetzten japanische Soldaten um 2 Uhr morgens die Stadt Tsinan, während sich die chinesischen Truppen von allen Seiten der Stadt zurückzogen.

Nach diesem Ereignis beschloß die japanische Regierung, neue Verstärkungen nach China zu befördern; das 3. japanische Armeekorps in Niigata erhielt den Marschbefehl.

Dieses waren die wichtigen Vorgänge der „Tsinan-Affäre".

Bei dieser Affäre hatten sich, wie erwähnt, die Truppen Chiang Kaisheks mit japanischen Soldaten in Kämpfe verwickelt. Chiang Kaishek wollte wahrscheinlich die Kampfkraft der japanischen Armee erproben. Dabei mußte er erkennen, in welchem Maße die Truppenausbildung für einen Sieg oder eine Niederlage entscheidend sein kann. Nach diesen bitteren Erfahrungen schien Chiang Kaishek zu der Ansicht gekommen zu sein, daß es klug sei, Kampfhandlungen mit den japanischen Truppen zu vermeiden, solange seine eigenen

Vorbereitungen nicht vollkommen beendet sein würden. Später, im Jahre 1932, als der japanische Angriff auf Shanghai erfolgte, gab Chiang Kaishek der 19. Armee unter dem Kommando Tsai Tingkais den Befehl, den Japanern entgegenzutreten. Seine Elitetruppe hielt er hinter der Front in Bereitschaft, um so die Entwicklung der Kämpfe zu beobachten. Dieses überlegte Verhalten war zweifellos auf die Erfahrungen in Tsinan zurückzuführen.

Wie gesagt, hatte die chinesische Regierung vor der „Tsinan-Affäre" alle antijapanischen Bewegungen unterdrückt. Nach der Affäre veranstaltete die Bevölkerung jedoch heftige antijapanische Demonstrationen, die in Shanghai ihren Höhepunkt erreichten. Nach und nach raste die antijapanische Stimmung wie eine Welle über zahllose andere Städte. Die japanischen Waren wurden überall täglich kontrolliert und registriert, — es wurde Geld für die Errettung des Vaterlandes gesammelt, — Bankgeschäfte mit den Japanern wurden unterbunden, — der Verkauf von japanischen Erzeugnissen wurde bestraft. Zuwiderhandlungen gegen alle diese Verfügungen wurden streng geahndet.

3. Japanische Erklärung zum Schutz der Mandschurei

In dem weiteren Verlauf der Kämpfe zwischen dem Norden und Süden erlitten die Truppen des Nordens immer mehr Niederlagen, so daß die Gebiete von Tientsin und Peking nicht länger haltbar erschienen. Wenn die Nationalarmee diese Gebiete besetzte, war eine Ausdehnung der Kampfwelle über die Mandschurei und Mongolei durchaus möglich.

Als Gefahren dieses Kampfes waren verschiedene zu nennen: Die zurückgeschlagenen Nordsoldaten könnten überall Plünderungen durchführen; auch könnten die Kämpfe an sich schon Eigentum und Leben der japanischen Staatsangehörigen in China gefährden. Eine Erschütterung der Machtstellung der Provinzialregierung in der Mandschurei würde verbrecherischen Elementen Gelegenheit zur Wühlarbeit geben, woraus den Japanern ebenfalls hätte Schaden erwachsen können. Aus allem ist ersichtlich, daß eine Verwirrung in der Mandschurei die Interessen Japans sehr beeinflussen konnte.

Japan beabsichtigte ständig, den Frieden in der Mandschurei und Mongolei aufrechtzuerhalten, ohne das Hoheitsrecht Chinas über dieses Gebiet zu verletzen. Seit dem Japanisch-Russischen Kriege (1904/05) haben die Mandschurei und die Mongolei in den letzten 20 Jahren stets Ruhe gehabt, die eine rasche Entwicklung auf allen Gebieten ermöglichte und die Bevölkerung zu Wohlstand brachte. Diese Entwicklung ist vor allem der Mitwirkung der Japaner zu verdanken, und deswegen kann das mandschurische und mongolische Problem nicht nur durch ein allgemeines juristisches Recht gelöst werden, sondern es müssen dabei einmal die geschichtliche Entwicklung und an zweiter Stelle die politischen, wirtschaftlichen und militärischen Beziehungen zwischen Japan und der Mandschurei berücksichtigt werden.

Aus diesem Grunde überreichte die japanische Regierung am 18. Mai 1928 Chang Tsolin in Peking, Hwang Fu, dem Außenminister der Nationalregierung in Nanking, Yen Hsishan in Shansi und Feng Yuhsiang in Honan folgende, die Sicherheit in der Mandschurei betreffende Note, die die japanische Entschlossenheit zum Ausdruck brachte:

„Die Folge der mehrjährigen Kämpfe in China ist die allgemeine Unsicherheit im Leben des Volkes. Auch die in China lebenden Ausländer werden von dieser Unsicherheit betroffen; deswegen wäre zu hoffen, daß die Kämpfe bald ihr Ende fänden und ein von der Einigkeit und Friedlichkeit nicht mehr weit entferntes China entstehen möchte. Dieses ist wohl nicht nur die tiefe Hoffnung der Chinesen, sondern auch der Ausländer, und dieses ist auch der besondere Wunsch des Nachbars Chinas. Japan hat jedenfalls das größte Interesse daran. Die jetzige Lage zeigt, daß die Verwirrung sich bald auf das Gebiet von Tientsin und Peking und eventuell auch auf die Mandschurei ausdehnen wird. Da Japan auf die Aufrechterhaltung der Ruhe und Ordnung in der Mandschurei besonderen Wert legt, wird es mit allen Mitteln das zu verhindern suchen, was eine Unruhe in der Mandschurei hervorrufen könnte. Und deswegen ist die japanische Regierung gezwungen, zum Schutz der Ordnung in der Mandschurei wirksame Maßnahmen zu ergreifen, wenn die Verwirrung im Gebiet von Tientsin und Peking beginnt, die auch in der Mandschurei einen Brandherd hervorrufen müßte. Den kämpfenden Parteien gegenüber wird nach wie vor strengste Neutralität gewahrt, und die Regierung wird ihre ursprünglichen Pläne in keiner Weise ändern. Auch wenn sie die genannten Maßnahmen ergreift, wird sie die Zeit und die Methoden mit aller Sorgfalt prüfen, damit für keine Seite nachteilige Ergebnisse entstehen."

Die chinesische Nationalregierung hat gegen diese Erklärung unter anderen mit folgenden Worten protestiert:

„Die drei Nordostprovinzen, die Mandschurei, sind ein blühendes Wirtschaftsgebiet, in dem sich viele Ausländer aufhalten. Die chinesische Regierung wird für die Aufrechterhaltung von Ruhe und Ordnung größte Sorge tragen, wodurch sowohl den Chinesen als auch den Ausländern sicherster Schutz gewährt wird.

Dieses ist die größte Sorge und Verantwortung der chinesischen Regierung. Die japanische Regierung erklärte jedoch in ihrer Note, daß sie gezwungen sei, wirksame Maßnahmen zum Schutz dieses chinesischen Gebietes zu ergreifen. Ihr Verhalten könnte sich leicht zu einer Einmischung in die Innenpolitik Chinas entwickeln. Zudem steht dies zu der gegenseitigen völkerrechtlichen Anerkennung des Territoriums und dem staatlichen Hoheitsrecht in offensichtlichem Gegensatz. Die chinesische Regierung ist nicht imstande, diese Erklärung anzuerkennen."

Dieses war die Garantie der chinesischen Regierung für das Leben und Eigentum der Ausländer in China. Japan berücksichtigte diesen chinesischen Protest jedoch nicht und traf weiterhin seine Vorbereitungen.

4. Vollendung des Nordfeldzuges

Die Nachrichten von dem Fall von Tsinan riefen bei den Mukden-Truppen große Erschütterungen hervor, was sie bald zu einem Rückzug von der ganzen Front, und zwar der Peking-Hankow- und der Peking-Suiyuan-Bahn entlang, veranlaßte. Dafür wurde von ihnen im Westen von Pataling längs der Großen Mauer über Paoting und Techow in der Provinz Shantung, eine neue Linie zur Verteidigung von Peking gezogen.

Die neue Lage bot den Mukden-Truppen, deren Führer Chang Tsolin war, nur drei Möglichkeiten, von denen sie unbedingt eine wählen mußten; entweder die Organisation neuer Angriffe oder das Einhalten der Verteidigungsstellung bei Tientsin und Peking oder den geschlossenen Rückzug nach der Mandschurei.

Vom japanischen Standpunkt aus war es, wie vorher gesagt, vorteilhaft, die Feindseligkeiten zwischen dem Norden und Süden zum Stillstand zu bringen, um so die Gefahr einer Ausbreitung des Kampfes bis in die Mandschurei zu verhindern. Die damalige Lage war für die Nordtruppen äußerst ungünstig, und wenn Japan zu jener Zeit einen Waffenstillstand vorgeschlagen hätte, so wäre dies sehr zum Nachteil für die Nationalarmee gewesen. Eine neutrale Haltung von seiten Japans konnte wiederum keine andere sein, als entweder eine Friedenskonferenz in Peking zustandezubringen oder Chang Tsolin, den Führer der Nordtruppen, zur Rückkehr nach der Mandschurei zu bewegen.

Angesichts dessen schlug der damalige japanische Botschafter in Peking, Yoshizawa, Chang Tsolin die Bereitschaft zu einer „Friedenskonferenz in Peking" vor. Der eigenmächtige Chang Tsolin lehnte dieses aber ab; er wollte den verzweifelten Kampf noch nicht aufgeben.

Die Nationalarmee drang immer weiter vor und schlug die Nordtruppen an allen Fronten zurück, so daß ihr Schicksal besiegelt schien. Chang Tsolin war darum gezwungen, seine hartnäckige Absicht aufzugeben und entschloß sich, Peking zu räumen.

Am 1. Juni 1928 lud er das Diplomatische Korps in sein Palais in Peking zu einem Abschiedsempfang ein. Am 3. Juni um 1 Uhr 15 Minuten traten er und seine große Gefolgschaft nach einem dreijährigen Aufenthalt in Peking mit dem Peking—Mukden-Expreß die Rückreise nach der Mandschurei an, womit sein Traum, Herrscher Chinas zu sein, ein Ende fand.

Am nächsten Morgen um 5 Uhr, als sich sein Sonderzug dem Bahnhof von Mukden näherte, ereignete sich eine gewaltige Explosion, die seinen Wagen in die Luft sprengte und seinen sowie den Tod des Gouverneurs der Provinz Heilungkiang, Wu Chunsheng, herbeiführte.

Diese Nachricht rief bei den Mukden-Truppen naturgemäß eine große Verwirrung hervor; sie zogen sich daraufhin schnell nach der Mandschurei zurück. Der Armeeführer Sun Chuanfang, der einen Teil der Mukden-Truppen führte, fand bei der Provinzialregierung in Mukden Zuflucht. Die Truppen des hartnäckigen Chang Chungchang, des Gouverneurs von Shantung, wurden in Lanho entwaffnet, wodurch jegliches Wiederaufflackern seiner Macht unmöglich gemacht wurde. So fielen die Gebiete von Peking und Tientsin in die Hände der Nationalarmee. Am 8. Juni 1928 wehte in Peking, das in Peiping — Friede des Nordens — umbenannt wurde, die Nationalflagge — Blauer Himmel und Weiße Sonne —.

Mit der Besetzung von Peiping und Tientsin durch die Nationalarmee war die Vollendung des Nordfeldzuges erreicht, die gleichzeitig die Einigung der 18 chinesischen Provinzen bedeutete.

Am 6. Juli 1928 trafen die Führer der drei Nationalarmeen, Chiang Kaishek, Feng Yuhsiang und Yen Hsishan nacheinander in Peiping ein. Vor seinem Sarge wurde Dr. Sun Yatsen, dem großen Nationalhelden und Vater der chinesischen Republik, die Kunde von der Vollendung des Nordfeldzuges und der Einigung des Reiches überbracht.

Zwei Jahre sind jetzt seit dem Beginn des Feldzuges vergangen, durch den Chiang Kaishek den hinterlassenen Willen Dr. Sun Yatsens in die Tat umgesetzt hat.

Chiang Kaishek sprach vor dem Sarge Dr. Sun Yatsens wie vor einem lebendigen Menschen. In seiner Rede kamen seine aufrichtigen, tiefsinnigen und inhaltschweren Gedanken deutlich zum Ausdruck. Die folgenden sind einige Sätze daraus:

„Die ‚Militärische Periode‘ der Kuomintang ist vollendet. Jetzt beginnt die ‚Periode der Erziehung‘. Als Hauptstadt wurde Ihrem Wunsche gemäß Nanking bestimmt. Nun streben wir, Ihren hinterlassenen Richtlinien folgend, nach der Vollendung der Aufbauarbeiten des Reiches."

5. Einigung zwischen der Mandschurei und Nanking

Die Nationalarmee hatte, von Kanton ausmarschierend, binnen der verhältnismäßig kurzen Zeit von zwei Jahren das chinesische Reich zu einer Einheit geschmiedet, der ausschließlich die drei Nordostprovinzen, die Mandschurei, nicht angehörten. Obwohl Chang Hsueliang, der Sohn Chang Tsolins, nach dem Tode seines Vaters die Mandschurei regierte und selbst auch schon, seinem Vater folgend, viele Kämpfe um Tientsin und Peiping geführt hatte, war er jedoch weit entfernt von dem ungeheuer kämpferischen Ehrgeiz seines Vaters. Außerdem sah er ein, daß er keinen Sieg gegen die Nationalarmee erringen könnte und strebte deshalb nach Einstellung der Feindseligkeiten. Er wünschte nach Möglichkeit eine Einigung mit der Nationalregierung in Nanking.

Einem Japaner gegenüber äußerte er folgendes:

„Über den Tod meines Vaters möchte ich nicht viel sagen. Die Bevölkerung der Nordostprovinzen hat unter dem Kampf schwer gelitten. Heute, wo ganz China von der Nationalarmee geeint ist, bin ich nicht geneigt, den Kampf allein weiterzuführen, denn das Volk würde nur Elend und Not leiden."

Seine Absicht war, sich der Nationalregierung unterzuordnen, wenn sie seine bisher innegehabte Position in der Mandschurei anerkennen, ihm die Macht für die Besetzung der Beamtenstellen zusprechen und sich niemals direkt in seine Machtbefugnisse einmischen würde.

Chang Hsueliang nahm schließlich die Bedingungen der Nationalregierung an, wodurch eine Einigung erzielt wurde. Am 29. Dezember 1928 wurde auch in den „Drei Nordostprovinzen" die Nationalflagge — Blauer Himmel und Weiße Sonne — gehißt. Hiermit war die große Einigung Chinas von Chiang Kaishek vollkommen zu Ende geführt.

en Volkes für Chiang Kaishek

chen Fliegerschule

Chinesische Flak-Geschütze

Geburtstagsgeschenk des chinesisch

Piloten einer chinesi

Chinesische Infanterie und Motorstaffel

XI. KAPITEL

CHIANG KAISHEK, KUOMINTANG UND NATIONALREGIERUNG

1. Marschall Chiang Kaishek, der wirkliche Machthaber Chinas

Was war alles in den letzten Jahren in China geschehen:

Im Januar 1927 siedelte die Nationalregierung, dem Nordfeldzug folgend, von Canton nach Hankow über. Im März des gleichen Jahres marschierte Chiang Kaishek überraschend schnell in Shanghai ein. Später, im September, kam die Einigung zwischen der Wuhan- und der Nanking-Gruppe zustande, worauf die Neugründung der National-regierung in Nanking folgte. Danach wurde Chiang Kaishek wiederum „Kommandierender der nationalen revolutionären Armee gegen den Norden". Im Juni 1928 zog sich Chang Tsolin, der größte Gegner der Nationalregierung, aus Peiping nach Mukden zurück und fand bei einem Bombenattentat den Tod. Am Ende des Jahres 1928 unter-warf sich sein Sohn Chang Hsueliang der Nationalregierung.

Wenn man die Gründung der Nationalregierung in Nanking mit dem Jahre 1927 datiert, so zählt sie bis jetzt (1937) genau zehn Jahre. In diesen zehn Jahren war Chiang Kaishek entweder „Leiter der chinesischen Regierung" oder „Oberkommandierender der National-armee, der Flotte und der Luftwaffe" oder „Vorsitzender des Militär-rates"; obwohl sich seine Position innerhalb der Nationalregierung mehrmals geändert hat, ist er in der Tat stets die wichtigste Säule derselben gewesen. Alle Änderungen seiner Stellung können nur als Vergrößerung oder Verminderung seiner diktatorischen Macht betrachtet werden. Nach wie vor ist er ein Diktator geblieben, — aber er selbst ist sehr wenig erbaut, wenn man ihn Diktator nennt.

Seiner Diktatur widersetzten sich immer einige Personen und andere wollten sich ihr gern widersetzen. Aber seine ausgezeichneten militärischen Kenntnisse, die Nationalregierung als Rückgrat, die Unterstützung von Finanzleuten in Chekiang und Kiangsu und die wirtschaftliche Blüte am Yangtse brachten Chiang Kaishek in jeder Situation Erfolg über Erfolg.

In den „Drei Volksprinzipien" Dr. Sun Yatsens sind zwar die Grundprinzipien für die Regierung des Landes ausführlich behandelt, jedoch mangelt es darin an genauen Plänen für die Ausführung derselben. Die „Drei Volksprinzipien" sind an und für sich eine Theorie, die aber keine politischen Richtlinien enthält. Hinsichtlich dessen ist es besser, Dr. Sun Yatsen als Träger einer revolutionären Idee zu bezeichnen, als ihn einen Realpolitiker zu nennen. Andererseits ist Chiang Kaishek in jeder Beziehung ein Realpolitiker. Er hat die revolutionäre Idee Dr. Sun Yatsens als Grundlage genommen, setzte sie in die Tat um und einigte auf diese Weise das chinesische Reich. Innerhalb der Nationalregierung gibt es allerdings auch noch andersgesinnte Politiker, wie Wang Chingwei und Sun Fo, jedoch sind diese gezwungen, sich Chiang Kaishek unterzuordnen, da sie wissen, daß Chiang Kaishek große Macht besitzt. Wer außerhalb seines Kreises steht, für den bedeutet dieses nichts anderes, als vom politischen Leben ausgeschieden zu sein. Sich auf seine Seite stellen, bietet wenigstens die Möglichkeit, die eigene Meinung äußern zu dürfen. Sie halten das letztere für vorteilhafter und handeln danach. Gleich ihnen verhalten sich auch einige militärische Führer.

Somit ist Chiang Kaishek derjenige, der die wirkliche Macht in der Nationalregierung besitzt. Über die Kuomintang und die Nationalregierung berichten die folgenden Abschnitte:

2. Die leitenden Grundsätze der Kuomintang

In dem Testament, das Dr. Sun Yatsen seinen Parteigenossen hinterließ, steht unter anderem folgendes:

„Jetzt ist die Revolution noch nicht vollendet. Alle unsere Genossen müssen den von mir verfaßten ‚Plänen für den Aufbau des Reiches', den ‚Richtlinien für den nationalen Aufbau', den ‚Drei Volksprinzipien' und dem ‚Manifest des ersten Parteikongresses der Kuomintang' folgen und sich für deren Durchführung mit aller Kraft einsetzen."

Die Kuomintang nahm seine hinterlassene Lehre als Grundprinzip an und regiert das chinesische Reich in ihrem Sinne. Man muß darum mit ihr beginnen, wenn man die Kuomintang und die Nationalregierung kennenlernen will.

In dem Testament Dr. Sun Yatsens gelten die „Drei Volksprinzipien" als die wichtigsten Grundsätze der nationalen Revolution.

A. Die „Drei Volksprinzipien"

Die „Drei Volksprinzipien" sind das „Nationale Prinzip", das „Demokratische Prinzip" und das „Soziale Prinzip". Aus dem „Natio-

nalen Prinzip" ergibt sich die Methode zur Verwirklichung der Unabhängigkeit des chinesischen Volkes. Es verlangt die Befreiung des
Volkes nach innen und außen.

Innerhalb des Reiches sollen sich demnach alle chinesichen
Bürger verschiedener Stämme als gleichberechtigt vereinen. Alle
Volksstämme sollen in politischer, wirtschaftlicher und sozialer Hinsicht die gleichen Vorteile genießen. Die chinesische Republik soll
mit der Kraft eines selbständigen Volkes aufgebaut und mit allen
anderen Nationen auf die gleiche Stufe gestellt werden.

Nach dem „Nationalen Prinzip" soll das chinesische Volk eine
Freiheitsbewegung ins Leben rufen. Alle fremden Unterdrückungen
sollen beseitigt werden, damit sich China und sein Volk aus den
Fesseln der imperialistischen Nationen befreien kann.

Um das Volk hierfür zu wecken, hat die Kuomintang von Anfang
an folgende Parolen ausgegeben:

„Nieder mit dem Imperialismus!"

„Annullierung der auf Nichtgleichberechtigung beruhenden
Verträge!"

Das „Demokratische Prinzip" enthält die politische Grundlage
des „Nationalen Prinzips".

Dr. Sun Yatsen teilte die politische Führung des chinesischen
Reiches in zwei Teile:

a) Die „Politischen Rechte" stehen allein dem Volke zu, damit das
   Volk die nationale Sache kontrollieren kann. Diese politischen
   Rechte sind Volksrechte.

b) Die „Administrativen Gewalten" gehören den Regierungsbehör-
   den, damit die Regierung ihre volle Kraft entfalten kann, um die
   nationale Sache zu verwalten.

Die „Politischen Rechte" sind folgende:

1. Recht der Wahl;
2. Recht der Abberufung;
3. Recht des Vorschlages;
4. Recht der Entscheidung.

Mit diesen vier Rechten kontrolliert das Volk die Regierung.

Um die administrative Arbeit der Regierung zu fördern, wurden
fünf Regierungsgewalten geschaffen; diese sind:

1. Gewalt der Verwaltung;
2. Gewalt der Justiz;
3. Gewalt der Gesetzgebung;
4. Gewalt der Prüfung;
5. Gewalt der Kontrolle.

Die Gewalt der Prüfung verlangt z. B., daß jeder Beamte und jeder Volksvertreter von der Regierung bestimmte Prüfungen zu bestehen hat. Die Gewalt der Kontrolle beaufsichtigt die Beamten.

Die Idee Dr. Sun Yatsens war, durch eine wirkungsvolle Organisation die „Politischen Rechte" und „Administrativen Gewalten" zur richtigen Geltung und die politische Kraft des demokratischen Reiches zur Entfaltung zu bringen.

Das „Soziale Prinzip" umfaßt die sozialen Grundsätze, die Dr. Sun Yatsen propagiert hat. Es fordert die gerechte Verteilung des Bodens, die Beschränkung des Kapitals und andere soziale Einrichtungen. Dr. Sun Yatsen hat oft selbst gesagt, daß seine Lehre von dem Kommunismus von Marx weit entfernt sei.

Zusammengefaßt: Das „Nationale Prinzip" fordert die Befreiung des chinesischen Volkes, das „Demokratische Prinzip" erläutert den klaren politischen Aufbau und das „Soziale Prinzip" zeigt den Weg zum wirtschaftlichen Wiederaufstieg des Reiches.

B. „Richtlinien für den nationalen Aufbau"

Die Richtlinien für den nationalen Aufbau legen die Methoden zur Verwirklichung der „Drei Volksprinzipien" dar.

In ihnen wird zuerst die Idee und das Ziel der Revolution geschildert und dann die Methode zur Verwirklichung derselben gezeigt. Den Schluß bildet die Darstellung der Periode zur Vollendung der Revolution.

Es sind drei Perioden für den Aufbau festgelegt.

In der ersten Periode, der „Periode der Militärpolitik", untersteht alles der Militärgewalt. Die Regierung soll mit militärischer Gewalt alle Hindernisse der Einigung im Lande beseitigen. Gleichzeitig soll für die revolutionäre Idee im Volke propagiert werden, damit jeder zu einem guten Staatsbürger erzogen wird und sich an der Einigungsarbeit beteiligen kann.

Die zweite Periode, die „Periode der Erziehungspolitik", tritt dort ein, wo Ruhe und Ordnung herrschen und wo die „Periode der Militärpolitik" schon abgeschlossen ist. Nach diesen Distrikten sollen von der Regierung geprüfte Kommissare geschickt werden, die zusammen mit der Bevölkerung Organisationen zur örtlichen Selbstverwaltung vorbereiten und die Aufbauarbeit in die Wege leiten sollen. Das Ziel dieser Periode ist, die Selbstverwaltung eines Distriktes zu vollenden.

Ist die Selbstverwaltung in allen Distrikten einer Provinz vollkommen durchgeführt, so beginnt die dritte Periode, die „Periode der Konstitution", in der die Bevölkerung der Provinz den Gouverneur selbst wählt und die Nationalregierung ihre fünf administrativen Gewalten durch die fünf „Yuans" ausübt.

Danach soll eine „Versammlung von Volksvertretern des ganzen Reiches" einberufen werden, die die Verfassung festlegen soll. Nach der Verkündung der Verfassung gehört die bisherige Regierungsgewalt der neuen verfassungsmäßig vom Volk gewählten Nationalregierung, die die Regierungsgeschäfte drei Monate nach der Wahl übernimmt. Damit ist der nationale Aufbau vollendet.

C. Die „Pläne für den Aufbau des Reiches"

Die „Pläne für den Aufbau des Reiches" umfassen: 1. den geistigen, 2. den wirtschaftlichen, 3. den gesellschaftlichen Aufbau.

Da die Revolution eine außergewöhnliche Umwälzung ist, so macht sie auch eine außergewöhnliche Aufbaureform notwendig. Der geistige Aufbau stellt die Lebensphilosophie Dr. Sun Yatsens dar. Diese vertritt den Grundsatz „Handeln ist leicht, wissen ist schwerer!"

Der wirtschaftliche Aufbau sorgt für die wirtschaftliche Entwicklung.

Der gesellschaftliche Aufbau legt alle Bestimmungen für Versammlungen und Vereinigungen während der Anfangszeit des neuen Reiches fest.

D. Das „Manifest des ersten Parteikongresses der Kuomintang"

„Der erste Parteikongreß der Kuomintang" im Jahre 1924 reformierte die Partei durch zwei große politische Grundsätze:

Erstens die Zusammenarbeit mit Rußland und zweitens die Aufnahme der Kommunisten, wodurch sich die Gewalt der Kuomintang sehr vergrößerte. Die Grundsätze der Kuomintang wurden im In- und Auslande verkündet. Dieses war eine bedeutende Tat in der Geschichte der Kuomintang.

Das „Manifest des ersten Parteikongresses der Kuomintang" hatte drei Teile. In dem ersten Teil, der den Titel „Die geistige Lage Chinas" führt, wurde das Unheil der Militaristen und die Fesselung durch die imperialistischen Mächte geschildert. Um alles dieses zu beseitigen, mußte das Volk geweckt werden. Daneben wurde die Freiheit des Volkes gefordert und ferner auch die Form des politischen Systems in China dargelegt.

Der zweite Teil, benannt „Die Grundsätze der Kuomintang",

erklärte die „Drei Volksprinzipien". Bei der Behandlung des „Sozialen Prinzips" wurden besonders die Wege zur Verwirklichung der Bauern- und Arbeiterpolitik klar auseinandergesetzt.

Aus der Bauernpolitik ergab sich die Forderung, daß das Reich den armen Bauern Boden zum Anbau geben, sowie die Flußregulierung, die Urbarmachung und Verteilung des Bodens übernehmen sollte. Als Hilfsorganisation für die schwer belasteten Bauern sollten Bauernbanken oder ökonomische Institute gegründet werden. Die Bauern sollten zu berechtigtem Wohlstand gelangen.

Die Arbeiterpolitik forderte den Schutz der Arbeiter durch den Staat, ferner die Arbeitsunterstützung, das Arbeitsgesetz und die Verbesserung der Lebenslage des Arbeiters. Alle Arbeiter des Reiches wurden zu einem großen Verbande aufgerufen, der der Kuomintang angegliedert werden sollte, um den gemeinsamen Feind, die fremden imperialistischen Mächte und die Militaristen im Lande, vernichten zu helfen.

Im dritten Teil, „Politische Richtlinien der Kuomintang" betitelt, wurden alle außen- und innenpolitischen Richtlinien und ihre Zusammenhänge aufgezählt. Die Außenpolitik forderte Annullierung aller nicht auf Gleichberechtigung beruhenden Verträge und die Beachtung des Hoheitsrechts und der Unversehrbarkeit des Reiches; in bezug auf die Auslandsanleihen war die Regierung bereit, alle Anleihen zurückzuzahlen, sofern sie nicht für eigensüchtige Ziele der Militaristen verwendet worden waren und der Politik und Wirtschaft keinen Schaden gebracht hatten. In den innenpolitischen Richtlinien wurde die Gewalt der Nationalregierung und der Ortsbehörden festgelegt. Ferner wurde darin unter anderem die Steuerbelastung der Städte, das Wahlsystem, die Versammlungsfreiheit, die Gründung von Vereinen, Verlagsangelegenheiten, Wohnungsfragen, Glaubensfreiheit, Steuerkontrolle, Meldepflicht, das Bauerngesetz, das Arbeitsgesetz, das Erziehungssystem aufgeführt.

3. Die Organisation der Kuomintang und der Nationalregierung

A. Die Organisation der Kuomintang

Die höchste Instanz der Kuomintang ist der „Parteikongreß der Kuomintang".

Dieser Kongreß vertritt die Meinung des ganzen Volkes und beaufsichtigt die Geschäfte der Nationalregierung. Er tagt jährlich einmal und hat folgende Befugnisse:

a) Annahme von Berichten des Zentral-Exekutiv-Komitees der Kuomintang, der Nationalregierung und der Ministerien;

b) Änderung der politischen Richtlinien und des Programms der Kuomintang;

c) Festlegung der Politik für aktuelle Fragen;

d) Wahl der Mitglieder des Zentral-Exekutiv-Komitees und des Zentral-Kontroll-Komitees der Kuomintang.

Während der Zeit, da der Parteikongreß der Kuomintang nicht tagt, wird er durch das Zentral-Exekutiv-Komitee vertreten, das über folgendes Befugnis hat:

a) Vertretung der Kuomintang für äußere Angelegenheiten;

b) Organisation von Sektionen der Partei und deren Beaufsichtigung;

c) Ernennung von Beamten der Parteizentrale;

d) Organisation der Parteizentrale und deren Unterabteilungen;

e) Beaufsichtigung der Parteimitglieder und der Parteifinanzen.

Das Zentral-Exekutiv-Komitee soll mindestens alle sechs Monate einmal tagen. Während der übrigen Zeit wird das Geschäft des Zentral-Exekutiv-Komitees von dem aus seinen Mitgliedern gewählten „Ständigen Komitee" verwaltet. Die Kontrolle aller Parteiorganisationen übernimmt das Zentral-Kontroll-Komitee.

Der „Zentralpolitische Rat", der sämtliche Mitglieder des Zentral-Exekutiv-Komitees und des Zentral-Kontroll-Komitees umfaßt, führt die Aufsicht über die Nationalregierung.

Aus dieser politischen Organisation der Kuomintang ist ersichtlich, daß das Zentral-Exekutiv-Komitee und das Zentral-Kontroll-Komitee als beaufsichtigender und die Nationalregierung als ausübender Faktor fungieren. Das Zentral-Exekutiv-Komitee beaufsichtigt ferner die Parteiangelegenheiten der Kuomintang. Ihm untersteht deshalb auch die Parteizentrale. Dieser unterstehen wiederum alle Sektionen der Kuomintang in den Provinzen, in den Distrikten und im Auslande.

B) Die Organisation der Nationalregierung

Die Nationalregierung ist ein politisches Organ, das die Beschlüsse der Kuomintang ausübt. Sie basiert auf den „Drei Volksprinzipien" Dr. Sun Yatsens und steht der die Parteiangelegenheiten verwaltenden Parteizentrale gegenüber. Der Sitz der Regierung ist Nanking. Ihre Gründung erfolgte am 18. April 1927.

Die Nationalregierung errichtete nach dem Wunsche Dr. Sun Yatsens fünf Yuans, die ausübenden Behörden der fünf Gewalten, von denen jedes einzelne besondere Pflichten und Befugnisse besitzt. Sie unterstehen dem Leiter der Nationalregierung.

Die fünf Yuans sind:
1. Verwaltungs-Yuan;
2. Gesetzgebungs-Yuan;
3. Justiz-Yuan;
4. Prüfungs-Yuan;
5. Kontroll-Yuan.

Der Leiter der Nationalregierung vertritt die Regierung und gilt gleichzeitig als Oberbefehlshaber der Wehrmacht.

Das Verwaltungs-Yuan entspricht einem gewöhnlichen Regierungskabinett und besteht aus einem Innen-, Außen-, Finanz-, Verkehrs-, Wirtschafts-, Kriegs-, Eisenbahn-, Marine- und Erziehungsministerium, von denen jedes ein eigenes Arbeitsfeld hat. Deswegen gleicht der Präsident des Verwaltungs-Yuans einem Ministerpräsidenten.

Das Gesetzgebungs-Yuan umfaßt 49 bis 99 Mitglieder und gilt als die höchste gesetzgebende Instanz der Nationalregierung. Es beschließt alle Gesetze und außerdem auch die Frage der Kriegserklärung.

Das Justiz-Yuan verwaltet alle juristischen Angelegenheiten.

Das Prüfungs-Yuan hat die Aufgabe der bürgerlichen Prüfungen.

Das Kontroll-Yuan führt die Aufsicht über alle Beamten und hat die Kontrolle der finanziellen Angelegenheiten.

4. Chiang Kaishek, Kuomintang und Nationalregierung

Die größte Macht in der Partei und in der Nationalregierung besitzt, wie aus dem folgenden ersichtlich, Chiang Kaishek. Unter den Mitgliedern des Zentral-Exekutiv- und des Zentral-Kontroll-Komitees der Kuomintang sind über 60 enge Anhänger Chiang Kaisheks. Zu ihnen kommen noch etwa 20 alte Parteiveteranen. Diese Zahl hat die absolute Mehrheit gegenüber den etwa 20 Anhängern von Wang Chingwei, 10 Anhängern von Sun Fo, 40 Anhängern von Kwantung und Kwangsi und 30 Anhängern der übrigen Gruppen. Zählt man die Anhänger von Wang Chingwei und Sun Fo mit den Anhängern von Chiang Kaishek zusammen, so steigt die Zahl über 100 und umfaßt natürlich die absolute Mehrheit gegenüber den anderen.

In der Partei ist Chiang Kaishek verhältnismäßig spät emporgestiegen. Bei dem ersten „Parteikongreß der Kuomintang" im Jahre 1924 war er noch nicht einmal Mitglied der beiden Zentralkomitees. Er wurde es erst auf dem zweiten „Parteikongreß" im Jahre 1926.

Parteizentrale der Kuomintang

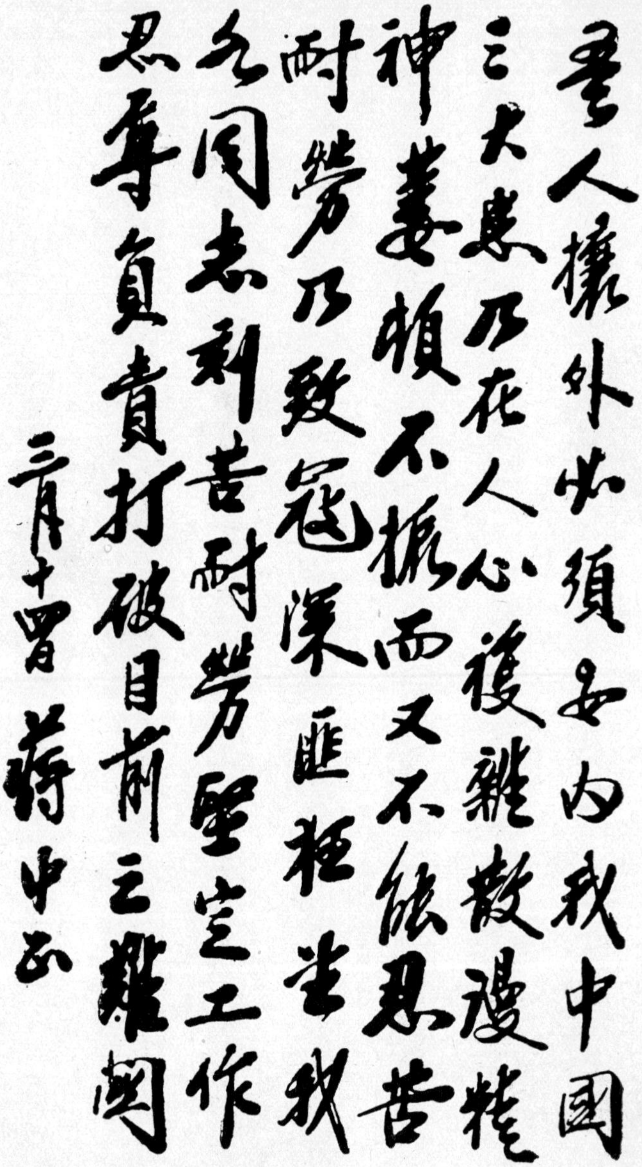

墨人攘外必須安內我中國

三大患乃在人心渙散漫糊

神萎頓不振而又不能忍苦

耐勞乃致寇深匪熾坐此秋

之同志刻苦耐勞堅定工作

思辱負責打破目前之難關

三月十日 蔣中正

„Wenn wir uns nach außen mit Erfolg verteidigen wollen, müssen wir zunächst im Innern Frieden halten. Das größte Unglück unseres Landes liegt darin, daß die Menschen kein klares Ziel und keine Initiative haben. Ernsthafte Anstrengungen können sie nicht ertragen; deshalb sind die fremden Mächte so tief in unser Land eingedrungen; Unordnung und Gewalttätigkeiten nehmen zu. Ich hoffe, daß alle unsere Landsleute vor keiner Schwierigkeit zurückschrecken und allen Anforderungen gewachsen sein werden. Entschlossene Arbeit, Disziplin und Verantwortungsbewußtsein sind erforderlich, um die augenblickliche Not zu überwinden."

14. März 1934   Leitworte Chiang Kaisheks in eigener Handschrift

Nach der Spaltung der Kuomintang und der kommunistischen Gruppe, im August 1927, stieg die Macht Chiang Kaisheks in der Partei durch die unermüdliche Arbeit der Brüder Chen Lifu und Chen Kuofu und anderer unaufhörlich. Sie stieg weiter nach der Vollendung des Nordfeldzuges, im Jahre 1928, und erreichte ihren Höhepunkt im Jahre 1932, und seitdem ist sie noch immer mehr gewachsen.

In der Nationalregierung, mit Chiang Kaishek als Präsident des Verwaltungs-Yuans, gelten Ho Yingchin, der Kriegsminister, Dr. H. H. Kung, der Finanzminister, Chang Chun, der Außenminister, Yu Faipeng, der Verkehrsminister, Chen Shaokwan, der Marineminister, und andere als seine engsten Anhänger.

Im „Militärrat", dessen Leiter ebenfalls Chiang Kaishek ist, sind Ho Yingchin, Stellvertreter des Leiters des Militärrats in Peiping, Tang Shengchi, Stabschef des Militärrats, und Yang Chi, Generalstabschef, ebenfalls Anhänger Chiang Kaisheks.

Außerdem unterstützen ihn die Finanz- und Wirtschaftsleute seit 1927 ständig.

Alle Parteiveteranen, wie Lin Sen, der jetzige Leiter der Nationalregierung, Wu Chingheng, Tai Chitao, Yu Yuyen, Chang Chingkiang, Tsai Yuanpei, Li Shihcheng, Chang Chi und andere einflußreiche Männer unterstützen Chiang Kaishek ebenfalls und vermehren dadurch seine Macht.

Aus dem Obengesagten erhellt, daß Chiang Kaishek der höchste Machthaber im chinesischen Reich ist, mit dem sich kein anderer vergleichen kann.

Die Macht Chiang Kaisheks beschränkt sich jedoch nicht nur auf die Partei und die Regierung. Auch seine militärische Macht, d. h. die Macht seiner Elitearmeen, gilt als die gewaltigste aller Truppen. Folgendes ist die Stärke der verschiedenen Armeen, die bereits alle unter dem Oberfehl Chiang Kaisheks stehen:

1. **Elitearmeen:**
   a) **1. Elitearmee:**
   34 Divisionen, 1 Bataillon, 1 Artillerie-Bataillon; in Stärke von:
   382 000 Mann
   358 000 Gewehre
   2 900 Maschinengewehre
   900 Kanonen.

b) 2. Elitearmee:

45 Divisionen, 17 Bataillone, 1 Kav.-Bataillon; in Stärke von:
543 000 Mann
451 000 Gewehre
3 500 Maschinengewehre
1 500 Kanonen.

Insgesamt: 79 Divisionen, 18 Bataillone, 1 Art.-Bataillon, 1 Kav.-Bataillon; in Stärke von:
925 000 Mann
809 000 Gewehre
5 500 Maschinengewehre
2 400 Kanonen.

Luftwaffe: 400 Kampfflieger, stationiert vor allem in den Provinzen: Honan, Hupeh, Hunan, Kiangsi, Anhwei, Kiangsu, Chekiang, Fukien usw.

2. **Die Armeen von Kwantung und Kwangsi:**

a) die 1. Armee unter dem Befehlshaber Yu Hanmo umfaßt:
12 Divisionen, 7 Bataillone.

b) die 4. Armee unter dem Befehlshaber Li Chungyen umfaßt:
6 Divisionen.

Insgesamt:
150 000 Mann
115 000 Gewehre
17 000 Maschinengewehre
500 Kanonen
10 Kampfwagen

3. **Die Armee unter dem Befehlshaber Chang Hsueliang:**

a) 51. Armeekorps, Kommando: Yu Hsuechung
umfaßt: 105., 111., 113., 114., 118. Division, 1. und 6. Kav.-Div.;

b) 53. Armeekorps, Kommando: Wan Fulin
umfaßt: 108., 112., 116., 119., 129., 130. Division, 2. Kav.-Div.;

c) 57. Armeekorps, Kommando: Ho Chukuo
umfaßt: 109., 115., 120. Division, 3. Kav.-Div.;

d) 63. Armeekorps, Kommando: Feng Chanhai
umfaßt eine gemischte Division;

e) 67. Armeekorps, Kommando: Wang Yiche
umfaßt: 107., 110., 117. Division.

Insgesamt: 16 Divisionen, 4 Kav.-Divisionen, 3 Art.-Divisionen
180 000 Mann

114

        100 000 Gewehre
          2 300 Maschinengewehre
          1 200 Kanonen
             24 Flugzeuge, die sich in den Provinzen von Shensi,
                 Kansu, Shansi und Ninghsia befinden.
  f) 17. Armeekorps, Kommando: Yang Hucheng
     umfaßt: 17., 44., die neue 13., 14. und 18. Division sowie
     6 Divisionen Gendarmerietruppen.
Insgesamt: 77 000 Mann.

4. Die Armee unter dem Befehlshaber Yen Hsishan:

Insgesamt: 12 Divisionen
         120 000 Mann
          65 000 Gewehre
           4 000 Maschinengewehre
           1 000 Kanonen.

5. Armee aus Kweichow:

18. Armeekorps unter dem Befehlshaber Mao Kwanghsiang
umfaßt: 8 Divisionen, 2 Bataillone, 80 000 Mann, 30 000 Gewehre.

6. Armee aus Yunnan:

10. Armeekorps unter dem Befehlshaber Lung Yun
umfaßt: 6 Divisionen, 16 000 Mann, 16 000 Gewehre.

7. Armee aus Shantung:

3. Armeekorps unter dem Befehlshaber Han Fuchu
umfaßt: 20., 22., 29., 74., 81. Division und 5 Divisionen und
1 Bataillon Gendarmerietruppen.
Insgesamt:
          60 000 Mann
          30 000 Gewehre
           2 000 Maschinengewehre
             200 Kanonen.

8. Armee aus Hopei und Chahar:

29. Armeekorps unter dem Befehlshaber Sung Cheyuan
umfaßt: 37., 38., 132. Division.
Insgesamt:
          44 000 Mann
          22 000 Gewehre
             450 Maschinengewehre
             100 Kanonen.

XII. KAPITEL

UNTERGANG DER GEGNERSCHAFT
CHIANG KAISHEKS

1. Gegensatz zwischen Chiang Kaishek und Feng Yuhsiang

Nach der Vollendung des Nordfeldzuges, im Jahre 1928, existierte in China noch ein Anzahl von Militaristen, die nach wie vor aus eigensüchtigen Gründen eine selbständige Macht an sich zu reißen versuchten und bald eine Front gegen Chiang Kaishek bildeten, deren Niederwerfung ihn viel Mühe und Überlegung kostete.

Die Nationalregierung hatte nach der Beendigung des Nordfeldzuges, der damaligen Lage entsprechend, in Canton, Wuhan (Wuchang und Hankow), Kaifeng und Taiyuan je einen sogenannten „Politischen Rat" eingesetzt, der die Aufgabe hatte, die „Drei Volksprinzipien" in den ihm unterstellten Gebieten durchzuführen. Rein äußerlich sollten diese „Politischen Räte" politische Aufklärungsarbeit leisten; in Wirklichkeit bedeuteten sie aber ein Zugeständnis an die Verteilung der lokalpolitischen Mächte. In Taiyuan in der Provinz Shansi, regierte Yen Hsishan, in Kaifeng in der Provinz Honan, Feng Yuhsiang, in Canton in der Provinz Kwantung, Li Chishen und in Wuhan in der Provinz Hupeh, Li Chungyen. Sie besaßen alle mehr oder weniger eine Art Selbständigkeit. Das übrige Gebiet, das nicht diesen vier Räten unterstand, war direkt dem „Zentralpolitischen Rat" in Nanking unterstellt.

Das Bestehen der „Politischen Räte" in den verschiedenen Gebieten, das gleichzeitig eine Anerkennung der dortigen unabhängigen Machthaber bedeutete, stellte für die politische Einigung des Reiches und die Vereinheitlichung der Wehrmacht ein großes Hindernis dar. Aus diesem Grunde beabsichtigte Chiang Kaishek, die vier Räte abzuschaffen und die ganze militärische Macht in der Nationalregierung zu vereinigen. So entwickelten sich die Gegensätze zwischen Chiang Kaishek und den militärischen Führern.

117

Unter ihnen geriet Feng Yuhsiang, der Leiter des „Politischen Rates" in Kaifeng, der in den letzten Jahrzehnten eine sonderbare Rolle in der chinesischen Politik gespielt hat, mit Chiang Kaishek zuerst in eine Auseinandersetzung. Er war als Christ in die Kuomintang eingetreten. Zu einer Zeit pflegte er eine enge Beziehung mit Sowjet-Rußland und wurde deswegen auch manchmal als kommunistisches Element verleumdet. Da er sich stets nach dem Winde drehte, wurde er jedoch sowohl von Rußland als auch von Amerika immer mehr im Stich gelassen. Nach dem Tode Chang Tsolins war in Nordchina eine große Verwirrung entstanden. Feng Yuhsiang hätte dieses Gebiet gern für seinen eigenen Machtbereich gewonnen. Um die verschiedenen Fragen in Nordchina zum Abschluß zu bringen, schlug Chiang Kaishek Feng Yuhsiang eine Zusammenkunft zu einer Beratung vor. Dieser lehnte es jedoch ab und verlangte dagegen von Chiang Kaishek eine Truppe in Stärke von 100 000 Mann für sich, womit er den Kampf gegen Japan einleiten wollte. Wäre Chiang Kaishek auf diesen Vorschlag eingegangen, so hätte er damit dem Gegner die Waffe in die Hand gegeben. Er erkannte aber die Absicht Feng Yuhsiangs und versagte ihm nicht nur seinen Wunsch, sondern verteilte rasch seine eigenen Truppen an alle wichtigen Stellen in Nordchina.

Eine der Hoffnungen Feng Yuhsiangs war, die Provinz Shantung in seine Gewalt zu bekommen und außerdem mit dem Hafen Tsingtao eine reiche Beute zu machen. Um dieses zu erreichen, wünschte er eine Einigung mit Chiang Kaishek. Chiang Kaishek hatte jedoch die Provinz Shantung noch rechtzeitig genug anderen Personen zur Verwaltung übergeben. Diese Tatsache rief bei Feng Yuhsiang große Enttäuschung und Bestürzung hervor.

Daraufhin hielt er am 17. Mai 1929 in Chenghsien in der Provinz Honan eine militärische Parade ab und veröffentlichte am 19. desselben Monats ein Manifest gegen Chiang Kaishek. Dagegen gab Chiang Kaishek am 21. Mai im Namen der Präsidenten der fünf Yuans der Nationalregierung eine Proklamation zu einer Strafexpedition gegen Feng Yuhsiang heraus. Kurz danach ging Han Fuchu, ein wichtiger militärischer Führer Feng Yuhsiangs, zu Chiang Kaishek über; der Zusammenhalt der Truppen Feng Yuhsiangs ging damit in die Brüche. Yen Hsishan, der Gouverneur von Shansi, verhandelte darauf vermittelnd zwischen Chiang Kaishek und Feng Yuhsiang, worauf am 24. Juni 1929 von Chiang Kaishek, Feng Yuhsiang und Yen Hsishan eine dreiseitige Friedenserklärung abgegeben wurde.

Am 1. August 1929 wurde in Nanking das Ziel der militärischen

Einigungspläne Chiang Kaisheks auf einer „Konferenz zur Umorganisierung der Armee" veröffentlicht. Danach verfaßte die Gruppe Wang Chingweis ein Manifest gegen Chiang Kaishek, und etwa 20 militärische Führer von der Seite Feng Yuhsiangs taten das gleiche. Im Februar 1930 lehnte sich sogar der Chiang Kaishek stets wohlgesinnte Yen Hsishan in einem Telegramm gegen die diktatorische Haltung Chiang Kaisheks auf und bildete mit Wang Chingwei und Feng Yuhsiang zusammen eine Front gegen Chiang Kaishek.

Im Mai 1930 schlug Chiang Kaishek die Truppen Yen Hsishans und Feng Yuhsiangs, und als Chang Hsueliang aus der Mandschurei sich auf seine Seite stellte, errang er einen vollkommenen Sieg über sie. Später, als Chiang Kaishek Hu Hanmin, einen der wichtigsten Führer der Kuomintang, nach einer heftigen Auseinandersetzung festhielt, entstand in Canton eine Bewegung gegen ihn, der sich Yen Hsishan und Fen Yuhsiang anschlossen, um ihn zu stürzen. Dies scheiterte jedoch an der offensichtlichen Hilfe Chang Hsueliangs.

Später, als Chang Hsueliang, infolge des Mandschurei-Ereignisses im Jahre 1931, die politische Macht in Nordchina Hwang Fu und Ho Yingchin übertragen hatte, wollte der ehrgeizige Feng Yuhsiang diese Gelegenheit benützen, die Provinz Hopei an sich zu reißen. Im Mai 1933 rief Feng Yuhsiang in der Provinz Chahar dreimal eine Bewegung gegen Chiang Kaishek hervor, in der Hoffnung, daß Yen Hsishan in Shansi und Han Fuchu in Shantung und vielleicht auch Sowjet-Rußland ihm zu Hilfe eilen würden. Jedoch trat gerade das Gegenteil ein. Er erhielt von allen drei Seiten eine Absage, durch welche seine Front gegen Chiang Kaishek von selbst zusammenbrach. Feng Yuhsiang begab sich darauf unter den Schutz seines alten Anhängers Han Fuchu, des Gouverneurs von Shantung, und begann ein Einsiedlerleben im Tai-Gebirge zu führen. Später siedelte er auf einen Ruf Chiang Kaisheks nach Nanking über, wonach jegliches Wiederaufflackern seiner ehemaligen Macht unmöglich wurde.

2. Die Kwangtung- und Kwansi-Gruppe

Feng Yuhsiang war nicht der einzige, der gegen die Beseitigung der „Politischen Räte" durch Chiang Kaishek kämpfte. Auch Li Chungyen und Pei Chunghsi, die Führer der sogenannten Kwangsi-Gruppe, und Li Chishen und andere, die Führer der sogenannten Kwangtung-Gruppe, wehrten sich heftig gegen den Plan Chiang Kaisheks und zeigten ihm gegenüber eine äußerst feindliche Haltung.

Die beiden Gruppen nahmen die Städte Wuchang und Hankow zur Basis und versuchten von dort aus einen eigenen Machtbereich zu gründen. Chiang Kaishek strebte dagegen weiter nach der Beseitigung der „Politischen Räte". Die beiden genannten Gruppen pflegten darum heimlich enge Beziehungen mit Hu Hanmin in Nanking, um zuerst Lu Tiping, den Gouverneur von Hunan, zu vertreiben und diese Provinz unter ihre Macht zu bringen.

Am 21. Februar 1928 veröffentlichten die Kwangtung- und Kwangsi-Gruppe, die die Stützen des „Politischen Rates" von Wuhan waren, ein Manifest gegen Lu Tiping und setzten ihn mit Gewalt ab. Die Nationalregierung verurteilte diese Handlung und erklärte am 4. März desselben Jahres, daß der „Politische Rat" in Wuhan gesetzwidrig gehandelt hätte. Da der „Politische Rat" in Wuhan darauf nicht reagierte, erließ die Nationalregierung gegen ihn einen Strafbefehl.

Bei den nun folgenden Kämpfen erlitten die Kwangtung- und Kwangsi-Gruppe eine große Niederlage. Li Chishen wurde verhaftet, Pei Chunghsi und Li Chungyen flüchteten nach Kwangsi. Die Provinzen Hupeh und Hunan fielen so vollständig in die Gewalt der Nationalregierung. Danach verbündeten sich die Führer der Kwangsi-Gruppe heimlich mit den Anhängern der Linksgruppe der Kuomintang. Sie zogen ihre Truppen in Kwangsi zusammen und versuchten in die Provinz Kwangtung einzumarschieren, die inzwischen in die Gewalt Chiang Kaisheks gelangt war. Dies scheiterte jedoch ebenfalls an der Stärke der Truppen Chiang Kaisheks.

Die Provinzen Kwangtung und Kwangsi liegen beide im Gebiet des Perlenflusses in Südchina; aus ihrer Lage erweist sich eine beiderseitige Zusammenarbeit als sehr notwendig. Obwohl innerhalb dieser beiden Provinzen ständig Uneinigkeiten herrschten, waren sie im Kampf gegen andere stets einig. Die Bewegung der Kwangsi-Gruppe gegen Chiang Kaishek wurde von der Kwangtung-Gruppe stets kräftig unterstützt. Am 28. Februar 1931 polemisierte Hu Hanmin mit Chiang Kaishek über die Vorbereitungen für die „Versammlung von Volksvertretern" die ganze Nacht hindurch. Wie erwähnt, fand zwischen ihnen eine heftige Auseinandersetzung statt, nach welcher Chiang Kaishek Hu Hanmin gefangensetzte.

Diese Handlung Chiang Kaisheks rief bei der Kwangtung-Gruppe große Bestürzung hervor. Ku Yingfen, ein enger Freund Hu Hanmins, begab sich heimlich nach Canton, der Hauptstadt der Provinz Kwangtung, und überredete die dortigen Militärführer Chen Mingshu und Chen Chitang, eine Front gegen Chiang Kaishek zu bilden. Sun Fo,

Chiang Kaishek

44 Jahre alt

Lin Sen

Leiter der chinesischen Regierung

der Eisenbahnminister der Nationalregierung, fuhr ebenfalls nach Canton.

Chen Mingshu, der mit Chiang Kaishek in enger Verbindung gestanden hatte, zeigte jetzt keine eindeutige Haltung. Während er noch hin und her überlegte, riß Chen Chitang die Gewalt über die Provinz Kwangtung an sich.

Wang Chingweis Anhänger, Eugen Chen und andere, eilten nun ebenfalls nach Canton. Im Mai 1931 bildeten sie eine Canton-Regierung, die der Nationalregierung in Nanking vier Monate lang gegenüberstand. Nach dem Ereignis in Mukden, im September 1931, wurde zwischen ihnen eine Einigung erzielt. Bedingung für die Auflösung der Canton-Regierung war die Freilassung Hu Hanmins.

Chen Chitang, der inzwischen Machthaber der Provinz Kwangtung geworden war, hatte seine Ausbildung in der Paoting-Militärakademie genossen. Als Li Chungyen und Pei Chunghsi, die Führer der Kwangsi-Gruppe, Kommandierende der 4. Armee waren, war er nur Kommandeur eines Armeekorps. Er gewann auch späterhin keinen besonderen Einfluß, als Chen Mingshu Gouverneur von Kwangtung war. In Wirklichkeit besaß er jedoch eine weit größere Macht als Chen Mingshu. Daß er so wenig bekannt war, war vor allen Dingen auf seinen hinterlistigen Charakter zurückzuführen. Er hielt die Zeit zum Eingreifen für reif, als Ku Yingfen in Kwangtung eintraf. Kurz entschlossen verbündete er sich mit diesem und vertrieb Chen Mingshu. Auf einmal war er der Herr von Kwangtung, — auf einmal wurde der stets im Hintergrund Lebende bekannt. Sein Handeln war immer rücksichtslos. Als Wang Chingwei, Sun Fo, Eugen Chen und Wu Chaoshu nach Canton kamen und zur Herrschaft gelangen wollten, wurde einer nach dem anderen von ihm vertrieben.

Chen Che (Befehlshaber der Marine), Chen Chingyun (Kommandant der Festung Humen) und Chang Hweichang (Befehlshaber der Luftwaffe) erhielten von Sun Fo den Befehl, Chen Chitang zu überwältigen; doch wurden alle diese von ihm selbst bezwungen. Die Truppen von Chen Che entwaffnete er; die anderen beiden wurden von ihm bestraft.

Chen Chitang bemühte sich immer sehr, die kleinen militärischen Führer zu gewinnen und unterstützte die Kwangsi-Gruppe keineswegs mit Munition und Waffen. Stets sorgte er dafür, daß keiner seiner Unterführer zu großer Macht gelangte. Seine Truppen wurden an seine Unterführer Yu Hanmo, Li Yangching und Hsiang Hanping in gleicher Stärke verteilt. Außerdem wurden unter seiner direkten Leitung mehrere Divisionen herangebildet, um seine Macht über alle

Truppenteile auszudehnen. Besonders geschickt war er auch in der Anhäufung von Geld. Sein Privatvermögen betrug über 30 Millionen chinesische Dollar.

Außer der Erhaltung der Provinz Kwangtung strebte Chen Chitang nach keinem anderen Ziel und hatte damit eine feste Basis; deswegen konnte bei ihm auch nicht die beste Beredsamkeit etwas erreichen. Er ließ sich zu nichts bewegen, auch wenn man den Kampf gegen Chiang Kaishek oder den Kampf gegen den Kommunismus oder andere Gründe als Vorwand benutzte.

Die Gruppe um Hu Hanmin und andere Veteranen der Kuomintang strebten im Jahre 1935 danach, sich mit der Kwangsi-Gruppe und Chen Mingshu zu verbinden, um abermals eine Regierung in Canton zu gründen. Hierzu begab sich Hu Hanmin sogar persönlich nach Canton. Chen Chitang tat äußerlich, als ob er von nichts wisse, befahl aber heimlich seinen Unterführern, Yu Hanmo usw., an Hu Hanmin ein Drohtelegramm zu schicken. Gleichzeitig zog er seine Truppen kampfbereit zusammen und löste die Nachrichtenzentrale Hu Hanmins auf. Seine Aktionen brachten so den Plan Hu Hanmins zum Scheitern. Chen Chitang tat nach wie vor, als wenn er von nichts wüßte.

Gegen Chiang Kaishek dagegen, der schon eine sehr große Macht besaß, konnte er nichts tun. Vom Jahre 1936 an, als sich Chiang Kaisheks Machtbereich immer mehr vergrößert hatte, suchte Chen Chitang einen Vorwand, um eine Bewegung gegen Chiang Kaishek hervorzurufen. Er glaubte, daß nur auf diese Weise der Verfall seiner eigenen Macht aufgehalten werden könnte. Gerade zu jener Zeit begann die chinesische Nationalregierung außenpolitische Verhandlungen mit Japan, und Chen Chitang hielt diese Gelegenheit für günstig. Er gab die Parole „Kampf gegen Japan!" aus und machte der Nationalregierung wegen ihrer angeblich projapanischen Politik schwere Vorwürfe. Schließlich wurde er doch von Chiang Kaishek vertrieben und suchte Zuflucht im Auslande.

Die Gruppe von Kwangsi bestand meist aus militärischen Führern, die eine längere Geschichte hatten. Während des Feldzuges gegen den Norden hatten ihre Truppen das Gebiet von Wuchang und Hankow besetzt und waren sogar bis nach Nordchina vorgedrungen. Da sie gegen Chiang Kaishek gearbeitet hatten, wurde ihr Führer, Li Chishen, wie erwähnt, verhaftet, und so ging ihnen das Gebiet von Wuchang und Hankow verloren. Li Chungyen und Pei Chunghsi flüchteten, nach ihrem ursprünglichen Gebiet, der Provinz Kwangsi, zurück. Hier arbeiteten sie fleißig und energisch für deren Wiederaufbau und hatten große Erfolge zu verzeichnen. Da der Ausfuhrweg dieser Provinz aber von Chen Chitang kontrolliert wurde, konnte nicht alles erreicht werden, was man beabsichtigte.

Als Chen Chitang in Kwantung den Kampf gegen Chiang Kaishek ansagte, stimmte ihm die Kwangsi-Gruppe zu. Nach der Niederlage Chen Chitangs war aber das Schicksal der Kwangsi-Gruppe ebenfalls besiegelt. Ihre Macht wurde sehr verringert, und sie unterstellte sich schließlich der Nationalregierung.

Der Untergang der ganzen Front der Gegner Chiang Kaisheks war ein deutliches Zeichen der Einigung des chinesischen Reiches. Mit anderen Worten: China ist nach und nach durch Chiang Kaishek der Einigung immer nähergerückt.

XIII. KAPITEL

AUSROTTUNG DER KOMMUNISTEN

1. Entwicklung der kommunistischen Bewegung

Die kommunistische Bewegung in China war das wichtigste Problem, das China zu lösen hatte.

Um das Jahr 1920 hatte die kommunistische Idee ihren Eingang in China gefunden. Anhänger dieser Idee wurden die Professoren der Peking-Universität ChenTuhsio, Li Tatao und Tan Pingshan. Die beiden ersteren verbreiteten die kommunistische Idee vor allem in Nord- und Mittelchina, während der letztere für sie eine Basis in Canton schuf. Sie begannen alle mit der Bildung von Arbeiter- und Bauernverbänden. Zu dieser Zeit wurde auch Dr. Sun Yatsen von der russischen Revolution sehr beeindruckt. Er überlegte ernstlich, ob in China nicht auch eine ähnliche Revolution wie in Rußland durchgeführt werden könnte, und ob eine Politik der Zusammenarbeit mit Sowjet-Rußland und die Aufnahme der Kommunisten in die Kuomintang möglich wäre.

Dr. Sun Yatsen lernte die russische Revolution aus der öfteren Unterhaltung mit dem damaligen russischen Gesandten in China, Joffe, genauer kennen. Er kam jedoch schließlich zu der Überzeugung, daß das Sowjetsystem für China ganz ungeeignet wäre. China, das auf die Befreiung vom Imperialismus hinarbeitete, beschränkte sich darum nur auf eine Zusammenarbeit mit Rußland.

Nach dem Tode Dr. Sun Yatsens gewann der Kommunismus indessen und besonders nach der Reform der Kuomintang im Jahre 1924 mehr und mehr Einfluß. Die kommunistischen Elemente vertraten die Ansicht, daß die chinesische Revolution nur durch eine enge Zusammenarbeit mit Sowjet-Rußland Wirklichkeit werden könnte. Dies ist aus dem folgenden Beschluß des Zentral-Exekutiv-Komitees der Kuomintang vom Mai 1925 ersichtlich:

„Es hat sich als unmöglich erwiesen, mit der Peking-Regierung im

Sinne einer Reform des chinesischen Reiches zusammenzuarbeiten. Sowjet-Rußland ist die einzige Nation der Welt, die der Kuomintang beistehen kann."

Die Zeit zwischen den Jahren 1926 und 1927 kann als eine Sturmperiode Chinas bezeichnet werden. Sowohl die Chinesen selbst, als auch die Ausländer hatten unter der kommunistischen Wühlarbeit sehr zu leiden. Die Wuhan-Gruppe, die sogenannte Linksgruppe der Kuomintang, zeigte sich als äußerst radikal. Sie forderte, der Anweisung Rußlands folgend, sogar offen die Einführung des Kommunismus.

Der von ihr gebildete, sogenannte „Kontrollausschuß" ging rücksichtslos vor. Er hatte anfänglich die Aufgabe, die Arbeiter zu beaufsichtigen und alle Streikbewegungen zu unterdrücken. Diese Einrichtung, die noch während des Aufenthaltes der Nationalarmee in Kwangtung geschaffen wurde, entartete später jedoch zu einer vollkommen kommunistisch beherrschten Organisation der Gewalttaten. Als die Nationalarmee den Yangtsestrom überschritt, entstanden überall ähnliche Organisationen. Eine von den wichtigsten, die die meisten Mitglieder besaß, herrschte in Wuchang und Hankow. Unter der Deckung der Wuhan-Regierung bedrohte sie radikal ihre Gegner und verübte Gewalttaten verschiedener Art. Die Bauern wurden unterdrückt. Überhaupt waren alle Personen, die nicht der kommunistischen Partei angehörten, ständig bedroht.

Diese Gewaltherrschaft dauerte jedoch nicht lange. Unter der Wuhan-Regierung entstand bald ein Kreis von Eingeweihten, die sich diesen radikalen Elementen unter der Führung von Borodin entgegenstellten. So kam es zu der erwähnten Spaltung innerhalb der Wuhan-Regierung.

In Shanghai war es Chiang Kaishek und in Hankow Tang Shengchi, die die kommunistischen Greueltaten mit Gewalt unterdrückten. Die Arbeiterverbände und ähnliche Organisationen wurden aufgelöst. In den großen Städten hörte die kommunistische Bewegung darum sehr bald völlig auf.

Nach der Lage im Lande zu urteilen, besaß die chinesische kommunistische Partei die größere Macht in den sogenannten „Sowjet-Gebieten". Ihr Auftrieb in den einzelnen Berufen zeigte eine große Mehrheit bei den Bauern.

Die sogenannten „Sowjet-Gebiete" umfaßten in China etwa 400 Distrikte innerhalb zehn verschiedener Provinzen. Es war auch eine sogenannte „Chinesische Sowjet-Regierung" gebildet worden, die ein besonderes politisches System einführte.

126

Daß die kommunistische Partei die meisten Anhänger in den Dörfern hatte, war darauf zurückzuführen, daß nur etwa 45 Prozent aller Bauern eigenen Boden besaßen. Unter den Bodenbesitzern war ein großer Teil nur Mittel- und arme Bauern.

Die anfänglich in den verschiedenen Provinzen verstreuten „Sowjet-Gebiete" vergrößerten sich bald und stellten unter sich eine Verbindung her. Trotz strenger politischer Bewachung fanden oft geheime Versammlungen unter den Vertretern aller „Sowjet-Gebiete" statt. Vom 7. bis 20. November 1931 tagte die erste Versammlung dieser Abgeordneten in Juiking in der Provinz Kiangsi. In dieser Versammlung wurde die „Vorläufige chinesische Sowjet-Republik" proklamiert. Die kommunistische Partei erwies sich danach als eine große Macht. Mao Tsetung wurde zum Vorsitzenden der „Sowjet-Regierung", Hsiang Ying und Chang Kuosho zu Vize-Präsidenten gewählt. Unter der Leitung des Zentral-Exekutiv-Komitees und des Volkskomitees wurden folgende zehn Komitees gegründet:

Komitee für Außenpolitik, Militärwesen, Arbeit, Finanz, Boden, Erziehung, Innenpolitik, Justiz, Aufsicht über Bauern und Arbeiter und nationale Verteidigung. Die ganze Organisation stimmte mit den sowjet-russischen Einrichtungen völlig überein.

Diese kommunistische Regierung veröffentlichte im Namen des Präsidenten des „Volkskomitees für Außenpolitik" ein Manifest, das unter anderen den folgenden Teil enthielt:

„Die vorläufige Regierung der sowjet-chinesischen Republik wurde am 7. November 1931, am Gedenktage der russischen Revolution, in Kiangsi gegründet. Diese Regierung ist die politische Gewalt der Bauern, Arbeiter, Soldaten und des Proletariats Chinas. Sie ersetzt das imperialistische und kapitalistische Regime der Kuomintang und ist der Freund des einzigen Vaterlandes der Proletarier, Sowjet-Rußland. Sie kämpft gegen alle Eroberungen und Unterdrückungen des Imperialismus in den Kolonien und Halbkolonien und fördert die Selbstbestimmung des Volkes.

Die Regierung fordert ferner die Annullierung aller nicht auf Gleichberechtigung beruhenden Verträge, die Tilgung aller Auslandsanleihen, die Zurückziehung aller fremden Truppen aus China, die Rückgabe aller Konzessionen. Das letzte Ziel dieser Regierung ist nicht nur die Niederwerfung der imperialistischen Vorherrschaft in China, sondern auch in der ganzen Welt. Gegenwärtig ist die Regierung bereit, mit allen imperialistischen Regierungen Verträge auf der Basis völliger Gleichheit zu schließen.

Angehörige dieser Nationen können in den Sowjetgebieten ohne
Zuwiderhandlung gegen das Gesetz freien Handel treiben."

Nach ihrer eigenen Statistik besaß die chinesische kommunistische Partei im Frühjahr 1932 ein Gebiet von 60 000 qkm, eine rote
Armee von 150 000 bis 200 000 Mann, eine Bevölkerung von 30 bis
50 Millionen. Diese Zahlen haben sich nach und nach stark vermindert. Jedoch blieb die Organisation selbst noch lange am Leben.
Außer in Sowjet-Rußland gab es wohl in keiner anderen Nation eine
derartig vollkommene kommunistische Einrichtung.

2. Chiang Kaisheks Feldzug gegen die Kommunisten

Im Jahre 1930, als die Stimmen gegen Chiang Kaishek immer
lauter wurden, entfaltete die kommunistische Partei ebenfalls eine
rege Tätigkeit. Am 28. Juni 1930 besetzten die kommunistischen
Truppen die Stadt Changsha in der Provinz Hunan. Danach erfolgte
die Gründung der sogenannten „Sowjet-Regierung". Ihr Machtbereich erstreckte sich über große Teile der Provinzen Hunan und
Kiangsi. Auch in den Provinzen Hupeh, Honan und Anhwei war ihr
Einfluß deutlich zu spüren. Dies war eine große Gefahr für die
Nationalregierung. Deswegen entschloß sich Chiang Kaishek, einen
Feldzug gegen die Kommunisten einzuleiten. Schon Ende 1930 begann er den Kampf. Mehrere hunderttausend Mann seiner Armee
marschierten in das Gebiet des kommunistischen Hauptquartiers in
der Provinz Kiangsi ein und eröffneten den Angriff. Sie erlitten
jedoch mehrere Niederlagen. Öfters brachen einzelne Divisionen
völlig zusammen, so daß sich die Kommunisten ihrer Macht noch
stärker bewußt wurden. Im Mai 1931 begann die Nationalarmee eine
neue Offensive. Diese scheiterte ebenfalls; sogar die Stadt Nanchang
geriet in Gefahr. In der zweiten Hälfte des Juni 1931 begab sich
Chiang Kaishek nach Nanchang und übernahm persönlich das Ober-
kommando.

In einer Rede an die Offiziere sagte er Folgendes:

„Es ist für China heute wichtiger, die Kommunisten zu vernichten,
als den Kampf gegen Japan zu führen. Die Geschichte lehrt uns,
daß ein Volk nur dann gegen den äußeren Feind Widerstand leisten
kann, wenn im Lande selbst Ruhe herrscht. Solange die Kommunisten
existieren, kann von einem Kampf gegen Japan keine Rede sein."

Die Worte Chiang Kaisheks zeigten deutlich die Haltung der
Nationalregierung gegenüber den Kommunisten. Um diese zu be-
kämpfen, waren aber viel Geld und Truppen nötig.

128

Dr. H. H. Kung
Ministerpräsident und Finanzminister

Wang Chingwei
Stellvertretender Oberster Leiter der Kuomingtang

Sung Tsewen
Vorsitzender des Wirtschaftsrats

Sun Fo
Präsident des Gesetzgebungs · Yuan

Es wird erzählt, daß Chiang Kaishek in dem fünften Feldzug 10 Millionen chinesische Dollar zur Bekämpfung der kommunistischen Zentrale in Kiangsi mitgeführt hat. Etwa sieben Millionen davon wurden allein zur Verhinderung der Ausbreitung der kommunistischen Idee verwendet. Sehr notwendig war auch, den Willen der Soldaten für den Kampf gegen die Kommunisten zu festigen.

Zu dieser Zeit standen chinesische Truppen mit den verräterischen mandschurischen Truppen an der Grenze der Provinz Jehol, der Großen Mauer entlang, im Kampf. Überall in China herrschte die Stimmung: „Kampf gegen Japan." Dieses und der Aufruhr der Kommunisten bereitete Chiang Kaishek verständliche Sorgen und Kummer.

Allein in der Provinz Kiangsi standen 300 000 Mann Chiang Kaisheks im Kampf. Gegen die kommunistischen Truppen in den Provinzen Hunan, Anhwei, Honan und Hupeh wurden etwa 600 000 Mann von der Regierung eingesetzt.

Der sonst unbesiegbare General des Nordfeldzuges, Chiang Kaishek, konnte bei den Kämpfen gegen die Kommunisten keinen durchschlagenden Erfolg erringen. Obwohl er mehrmals die kommunistischen Truppen zurückschlug, verloren diese keineswegs an Stärke.

Woran lag es, daß sich der Kampf gegen die Kommunisten so schwierig gestaltete?

Eine besondere Eigenart der kommunistischen Truppen war der sogenannte „Kleinkrieg". Wenn die großen Truppenmassen der Nationalarmee erschienen, flüchteten die kommunistischen Soldaten nach allen Seiten. Sobald sich aber die Truppen zurückzogen, erschienen sie rasch wieder auf der Bildfläche. Da zwischen den kommunistischen Soldaten und den Bauern kein sichtbarer Unterschied bestand, wurden öfter versehentlich friedliche Bauern von der Nationalarmee getötet. Aus diesem Grunde entstand bald bei der Bevölkerung ein Haß gegen diese. Sie leistete nun vielfach den Kommunisten Hilfe und vermehrte durch diese Haltung die Schwierigkeiten der Nationalarmee.

Obwohl die Bevölkerung der von den Kommunisten beherrschten Gebiete nicht die leiseste Ahnung vom Marxismus besaß und nur allem blind folgte, hatte es die kommunistische Parteileitung verstanden, die ärmeren Schichten der Bevölkerung durch Verteilung von Boden und Einführung einer gewissen Sozialpolitik an sich zu locken; darum genossen die kommunistischen Truppen oft mehr Sympathie als die Nationalarmee.

In Chiang Kaishek wuchs trotz des mehrmaligen Mißerfolges eine immer größere Zuversicht in den endlichen Erfolg; er faßte den festen Entschluß, den Kampf gegen die Kommunisten unbedingt zu einem guten Ende zu führen. Am 10. November 1934 eroberte er dann auch den Sitz der „Chinesischen Sowjet-Regierung", die Stadt Juiking. Die Kommunisten flüchteten danach nach dem Westen und stellten damit den größten Bewegungsrekord der kommunistischen Partei auf.

Hier seien die Vorgänge dargelegt:*)

Die erste nach dem Westen flüchtende kommunistische Heeresgruppe stand unter der Führung von Mao Tsetung und Chu Te. Es waren die sogenannten vereinten Truppen. Um das Jahresende 1934 zog diese Gruppe durch Hunan nach der Provinz Kweichow. Im Frühjahr 1935 durchquerte sie den Wu-Fluß und marschierte nach der Besetzung der Städte Chunyi und Tungchi in Richtung Szechwan. Sie wurde von der Nationalarmee in den Provinzen Kweichow, Szechwan und Yunnan fortwährend hin und her getrieben und konnte daher nicht zu ihrem Ziel gelangen. Sie kehrte danach wieder um, besetzte abermals die Städte Tungchi und Chunyi und versuchte, in Kweiyang, die Hauptstadt der Provinz Kweichow, einzumarschieren.

Wäre diese Stadt in die Hände der Kommunisten gefallen, so hätten sie von dort aus die Möglichkeit gehabt, die ganze Provinz Kweichow zu beherrschen. Um dies zu verhindern, flog Chiang Kaishek am 24. März 1934 von Szechwan nach Kweiyang. Er verstärkte dort seine Armee auf 750 000 Mann und schlug die Kommunisten in die Flucht. Chiang Kaishek leitete die Offensive persönlich von der vordersten Front aus. Diese Schlacht war sehr erbittert. Die Truppen Chu Tes und Mao Tsetungs flüchteten nach ihrer Niederlage von Kweiyang nach dem südlichen Teil der Provinz Kweichow und drangen danach mehrmals in die Provinz Yunnan ein. Einmal erreichten sie sogar Kunming, die Hauptstadt der Provinz Yunnan, wurden aber von den Truppen Lung Yuns, des Gouverneurs der genannten Provinz, zurückgeworfen. Im Mai marschierten sie wieder nordwärts nach der Gegend von Wuding und Yuanmo und vereinigten sich dort mit den Truppenteilen, die zuerst in das Gebiet von Tungchwang und Yenfeng vorgestoßen waren. Am 10. Mai überschritten diese Truppenteile den Kinsha-Fluß, einen Nebenfluß des Yangtse, und drangen in die Provinz Szechwan ein.

Die in die Provinz Szechwan einmarschierten kommunistischen Truppen von Chu Te und Mao Tsetung begegneten nirgends einem ernsthaften Widerstand. Die südlichen Städte dieser Provinz, Hweili,

---

*) Vergl. Karte II.

130

Hsichang und andere, wurden von ihnen nacheinander besetzt. Dann marschierten sie weiter nordwärts und rückten in die Provinz Sikang ein. Kurz danach kehrten sie wieder nach Szechwan zurück und vereinigten sich mit den von Norden in Szechwan eingedrungenen kommunistischen Truppen Hsu Hsiangchiens und bedrohten die Hauptstadt von Szechwan, Chengtu.

Die Truppen von Chu Te und Mao Tsetung, die durch die Vereinigung mit Hsu Hsiangchien verstärkt worden waren, marschierten nun nach Norden und eroberten die Stadt Lifan. Mitte August 1934 trafen diese drei Führer, Mao Tsetung, Chu Te und Hsu Hsiangchien in Maoarkai, nördlich von Lifan, zu einer Beratung zusammen, auf der die zukünftigen Richtlinien der kommunistischen Bewegung festgelegt wurden. Auf dieser Konferenz waren jedoch zwei gegensätzliche Ansichten vertreten; die eine war für die Erhaltung der Provinz Szechwan, die andere für den Marsch nach dem Norden. Nach diesem Mißerfolg der Konferenz vereinigte sich Hsu Hsiangchien, der die Erhaltung der Provinz Szechwan anstrebte, mit Chu Te und marschierte nach der bereits besetzten Gegend von Lifan zurück. Die Truppen von Mao Tsetung dagegen rückten nördlich in Richtung Kansu und Shensi ab.

Mao Tsetung drang mit seinen Unterführern Lin Piao und Peng Tehwai in die Provinz Kansu vor. Mitte September reorganisierte er seine Truppen und gründete eine neue Truppenabteilung für die Provinzen Shensi und Kansu. Gegen Ende Oktober marschierten seine Truppen in den nördlichen Teil von Shensi und vereinigten sich in der Nähe von Yenan und Paoting mit den Truppen des Banditenführers Liu Tsetan.

Eine andere kommunistische Truppe unter der Führung Hsu Haitungs bewegte sich am Ende des Jahres 1934 aus der Gegend von Hupeh, Honan und Kiangsi nach dem Nordwesten Chinas und führte im südlichen Teil der Provinz Shensi verschiedene Angriffe durch. Im Juli 1935 wurde zwischen Hsu Haitung, Chu Te und Mao Tsetung eine Verbindung hergestellt. Hsu Haitung drang zuerst in den südlichen Teil von Shensi vor, dann in den nördlichen Teil von Kangsu und im Oktober 1935 in den nördlichen Teil von Shensi. Dort traf er auch mit Liu Tsetan zusammen.

Die Zusammenlegung der Truppen von Liu Tsetan, Mao Tsetung und Hsu Haitung bedeutete eine wesentliche Verstärkung der kommunistischen Macht. Diese Kommunistenführer hatten nun die Provinzen Shansi und Suiyuan vor Augen, und bald — im Februar 1936 —

131

drangen 20 000 Mann von Mao Tsetung und Hsu Haitung in die Provinz Shansi ein.

Die im westlichen Teil von Szechwan in der Gegend von Lifan zurückgebliebenen kommunistischen Truppen von Chu Te und Hsu Hsiangchien verweilten zuerst in diesem Gebiet und versuchten dann wieder mit allen Mitteln, ihre Macht zu vergrößern. Ende 1935 bewegten sie sich nach dem Süden. Sie marschierten von dem westlichen Teil Szechwans nach dessen südlichem Teil in Richtung Hsichang. Sie rückten dann jedoch, um den Angriffen der Nationalarmee zu entgehen, in die Provinz Sikang ein und verbündeten sich mit den von Yunnan nach Norden vorwärtsziehenden zwei anderen kommunistischen Truppen von Ho Lung und Hsiao Ko.

Die Truppen von Ho Lung und Hsiao Ko kamen aus Hunan, Hupeh und Szechwan. Seit 1934 hatten sie in dem nördlichen Teil der Provinz Hunan geherrscht und im Dezember 1935 den Zinnerzberg von Hunan besetzt. Dort erbeuteten sie große Mengen von Erzen. Danach näherten sie sich der Provinz Kweichow und marschierten im Februar 1936 durch die Gegend von Kweiyang, der Hauptstadt der genannten Provinz, nach der Provinz Yunnan. Sie erlitten dort eine Niederlage und rückten danach, durch Kweichow und Yunnan ziehend, südwärts. Nach der Besetzung von mehreren Städten in der Nähe von Kunming, der Hauptstadt der Provinz Yunnan marschierten sie nordwärts und eroberten im April 1936 die Provinz Sikang. Südlich von Tinghsiang gelang es ihnen, mit den Truppen von Chu Te und Hsu Hsiangchien zusammenzutreffen.

Dieses waren die Richtungen der Flucht der kommunistischen Truppen, die von Chiang Kaishek in immer entlegenere Gegenden zurückgedrängt wurden. Die Hauptteile der kommunistischen Truppen konzentrierten sich nun in der Gegend von Szechwan, Sikang und Shensi. Ihr dortiges Einflußgebiet zeigte einen weiten Unterschied von dem, das sie in der Blütezeit der Sowjetregierung in Kiangsi im Jahre 1931 besessen hatten.

XIV. KAPITEL

CHINA IST ERWACHT

1. Erfahrungen aus dem Mandschurei-Ereignis

Chiang Kaishek durchlebte viele sorgenvolle Zeiten. Die sorgenvollste war wohl die während des Mandschurei-Ereignisses, durch das er in eine äußerst schwierige Lage geriet. Aber gerade diese schweren Prüfungen verhalfen ihm zu seinen gewaltigen Erfolgen. Hier könnte man das Sprichwort „Schwierigkeiten fördern den Erfolg" anwenden, denn das Mandschurei-Ereignis verhalf Chiang Kaishek zum Siege.

Warum ist das Mandschurei-Ereignis für Chiang Kaishek die schwerste Prüfung gewesen?

Wenn das Mandschurei-Ereignis vom Völkerbund hätte geregelt werden können, so würde Japan binnen kurzer Zeit von der ganzen Welt verurteilt worden sein, und China hätte dann das verlorene Gebiet, ohne irgend etwas dazu getan zu haben, zurückerhalten. Das war vielleicht der Gedankengang Chiang Kaisheks und vieler anderer Chinesen.

Nachdem die Mandschurei-Aktion Japans dem Völkerbund vorgetragen worden war, wurde Japan von dem „Politischen Rat des Völkerbundes" Mäßigung angeraten. Im Sinne des „Abkommens zur Ächtung des Krieges" richteten England und Amerika, Frankreich und Italien eine Warnung an die japanische Regierung. Ein Beschluß zugunsten Chinas wurde mit dreizehn gegen eins (Japan) angenommen. Innerhalb des Völkerbundes wurden sogar Stimmen zur Anwendung von Sanktionen laut. Japan nahm von Anfang bis zum Ende der Verhandlungen die Stellung des Angeklagten, China dagegen stets die des Klägers ein. Es war deutlich, daß China in jeder Beziehung im Recht, Japan im Unrecht war. Zur selben Zeit ereignete sich der Zwischenfall in Shanghai. Shanghai ist die Zentrale aller ausländischen Interessen. Wenn auf diesem Gebiet zwischen China und Japan ein Kampf ausbricht, so werden auch gleichzeitig die ausländischen Interessen in Mitleidenschaft gezogen, was sehr leicht einen Weltbrand hervorrufen könnte. So verfolgten alle Nationen, ganz besonders aber England und Amerika, die Entwicklung des Ereignisses in Shanghai mit großer Aufmerksamkeit. Hier seien die Worte des damaligen Staatssekretärs der Vereinigten Staaten, Stimson, angeführt:

„Viele Amerikaner glauben, daß das Mandschurei-Problem damit gelöst werden könnte, wenn für Japan sich scheinbar günstig auswirkende Verträge zwischen Amerika und Japan abgeschlossen werden würden. Dieses würde jedoch bedeuten, daß man den wichtigen Gegenstand, China, ganz vergißt. Heute können alle Verträge, von denen man die Annahme durch Japan erwarten kann, als Bestimmungen für die Eroberung Chinas angesehen werden. (In „Crisis in the Far East".)

Das war der von Stimson vertretene Standpunkt. Welches waren seine wichtigen Hintergründe? Es war die große Besorgnis, die Amerika um China hatte, und seine Sympathie, die es China entgegenbrachte. Stimson legte seine Gründe dafür folgendermaßen dar:

„Was ihre Wichtigkeit anbelangt, so sind die Beziehungen zwischen Amerika und dem Fernen Osten sehr unterschiedlich von denen zwischen Europa und dem genannten Gebiet. Die europäischen Nationen haben dort weit größere Handels- und territoriale Interessen als Amerika. Geographisch liegen sie aber weiter davon entfernt als Amerika. Sie sind ‚nicht anwesende Grundbesitzer'. Alle im Fernen Osten ausbrechenden Verwirrungen können unser Reich direkt beeinflussen, sich aber nur indirekt auf Europa auswirken. Der Stille Ozean ist ein hindernisloser Durchgangsweg geworden. Die Zukunft Chinas ist das große Problem der Gegenwart. Es ist eine nicht hinwegzuleugnende Tatsache, daß China seinen Aufbau nach seinem eigenen Willen durchführen wird, und China soll auch dabei nicht unter fremden Einfluß geraten. Niemand kann außerdem China gegen seinen Wunsch einen Aufbauplan auferlegen. Die chinesische Kultur besitzt eine unvergleichbare Stabilisierungskraft in der Welt. Die viertausendjährige Geschichte Chinas ist ein deutlicher Beweis für diese Kraft. Außerdem ist der Kern der chinesischen Kultur die Friedensliebe, die eine ungeheure Beruhigungskraft für Asien in sich trägt. Verlöre diese Kraft einmal ihre Macht, so würde der Friede in China und bei seinen Nachbarn direkt beeinträchtigt werden. Amerika ist ebenfalls einer dieser Nachbarn. Wenn die amerikanische Regierung die durch die Verträge übernommenen Pflichten vernachlässigen und für sich dadurch große Nachteile schaffen würde, so wäre dies eine kurzsichtige Politik."

Ferner kritisierte er die japanische Aktion mit folgenden Worten:

„Im September 1931 griff Japan China an. Dieses Vorgehen rief beim amerikanischen Volke große Aufmerksamkeit hervor. Es war eine Aktion gegen die Basis, auf der die heutige Welt zusammenarbeiten sollte, ebenfalls gegen die Loyalität der durch die Verträge übernommenen Pflichten und ferner eine Verletzung der freundschaftlichen Beziehungen gegenüber dem Nachbarland, zu einer Zeit, wo man große Hoffnung auf die Erhaltung des Friedens und der Ordnung im Nordpazifischen Ozean setzte. Mit anderen Worten, es wurden die Interessen Amerikas dadurch, daß die Unruhe sich gerade in seiner Nähe entfaltete, im großen Maße erschüttert. Die Verstöße, die sich das vollbewaffnete Japan durch sein militärisches Unternehmen in verschiedenen Gebieten gegen Amerika zuschulden kommen ließ, sind dieselben wie die in Europa, wo man nach dem Zusammenbruch des Kolonialreiches Spanien zu der Theorie der verlorengegangenen Kolonien und Absatzmärkte zurückkommt, sind ferner die, die England im Weltkrieg durch die Angriffe des militärischen Deutschland auf seine Nachbarstaaten zugefügt wurden.

Die europäischen Leser werden an dieser Stelle merken, in welchem Maße sich die von Japan unter seiner Monroe-Doktrin durchgeführte Politik von der Monroe-Doktrin unterscheidet, die Monroe im Jahre 1823 in dem „Manifest zur Errichtung der Unabhängigkeit der Nordamerikanischen Republik" verkündet hat. Jeder neutrale Beobachter wird diese Unterschiedlichkeit leicht erkennen."

So faßte Stimson, der mit China sympathisierte, beim Ausbruch des Shanghai-Ereignisses, im Jahre 1932, den Entschluß, gegen Japan zu kämpfen. Das amerikanische Außenamt beriet mit England über die Zusammenarbeit ihrer beiden Länder. Für Chiang Kaishek schien eine günstige Gelegenheit gekommen, sich Japan gegenüber zu revanchieren. Es trat aber eine Wendung ein. Der amerikanische Flottenchef, Platt, der von den gegen Japan gerichteten Plänen Stimsons erfahren hatte, besuchte zusammen mit dem Staatssekretär für die Marine, Adams, Präsident Hoover im Weißen Hause und brachte folgende Meinung vor:

„Die Idee zum Kampf gegen Japan ist sehr unklug, denn die amerikanische Flotte befindet sich in einem kampfunfähigen Zustand. Japans Marine kann in einer Nacht die Philippinen besetzen, deren Rückeroberung Amerika mindestens zwei Jahre kosten würde. Falls Amerika die Wirtschaftssanktionen beschließt, wird ein Krieg unvermeidlich sein."

Das war die Abrede Platts. Der amerikanische Staatssekretär für die Landarmee, Hurley, nahm den gleichen Standpunkt ein. Danach stieß Hoover den festen Entschluß Stimsons um.

Die obenangeführten Worte entstammen dem Nachwort des Verfassers L. K. Landes. Obwohl Platt diese Ausführung an anderer Stelle widerlegt, ist es durchaus möglich, daß die damalige Lage so ausgesehen hat.

Stimson beantwortete diese Vorgänge selbstverständlich mit einem unzufriedenen Rückzug. Aus seinen weiter unten folgenden Worten kann man leicht erkennen, daß die amerikanische Flotte bei bestimmten Geschehnissen doch die Absicht hegte, sich in einen Krieg gegen Japan einzulassen.

„Im Sommer 1930, vor dem Ereignis in der Mandschurei, veröffentlichte das amerikanische Marineamt einen Plan, nach welchem die amerikanische Flotte jährlich ein Manöver auf dem Stillen Ozean zwischen den Küsten von Kalifornien und der Insel Java abhält. Um das Manöver durchzuführen, wurde die amerikanische Flotte bis nach Java geschickt. Kurz nach dem Ereignis in der Mandschurei im Jahre 1931 hatte man zunächst die Absicht, diese Manöverpläne zu ändern. Das Manöver wurde dann aber doch planmäßig durchgeführt, da es, wie bekannt, keine Aktion gegen Japan darstellte. Später, als die Japaner Shanghai angriffen, fand das amerikanische Manöver ebenfalls statt. Die amerikanische Flotte erreichte planmäßig in 23 Tagen Java. Nach einer genauen Prüfung der amerikanischen Regierung wurde der Flotte auch erlaubt, in der Nähe von Java zu manövrieren. Das Manöver dauerte die ganze Nacht hindurch. Danach wurde die Flotte weder aufgelöst, noch nach dem Atlantischen Ozean zurückbeordert. Dieses war auf die damalige kritische Lage in Ostasien zurückzuführen."

Über die Gründe, weshalb die amerikanische Flotte aber nicht nach dem Atlantischen Ozean zurückkehrte, sagte Stimson ganz offen folgendes:

„Niemand kann voraussehen, was die japanische Regierung, die in der gegenwärtigen Lage, wo sie vollkommen unter der Herrschaft des Militärs steht, das wiederum das in erregtem Zustande sich befindende Volk als Hinterhalt hat, später Außergewöhnliches unternehmen wird. Im Winter 1931 berichteten die verantwortlichen Beobachter in Ostasien ihrer Regierung, daß die Möglichkeit bestehe, daß Japan unvorhergesehene Angriffe gegen die ihm benachbarten europäischen und amerikanischen Kolonien durchführen könnte. Dieser Lage entsprechend war es zweifellos von großem Wert für die allgemeine Befriedigung, daß Amerika seine gesamte Flotte an

136

Chinesischer Soldat

Chinesisches Mädchen als Luftschutzwart

den Ausgangsgebieten Japans, bei Hongkong, Indochina und den Philippinen, konzentrierte. Das war ein Zeichen dafür, daß das friedliebende Amerika im Notfalle auch die Anwendung von Gewalt nicht scheute."

Stimson schenkte der Möglichkeit Glauben, daß Japan die europäischen und amerikanischen Kolonien angreifen würde und wollte mit der amerikanischen Flotte Hongkong, Indochina und die Philippinen schützen. Andererseits würde, wenn Japan eine Offensive gegen die ausländischen Kolonien und Amerika beginnen würde, die Schlußfolgerung Amerikas und des Völkerbundes eine wirtschaftliche Sanktion sein. Von diesem Gesichtspunkt aus glaubte Stimson sicher an die Verwirklichung einer solchen wirtschaftlichen Sanktion. Jedenfalls kann Stimson wohl als Förderer und Wegbereiter der Wirtschaftssanktionen gegen Japan betrachtet werden, die einen Druck auf Japan ausüben sollten.

Dieser Plan Stimsons war jedoch gleichsam in die Luft geblasen. Er mußte sich nicht nur der Abrede Platts fügen, sondern erhielt sogar eine Absage von England, auf dessen Beteiligung an den Wirtschaftssanktionen er fest gerechnet hatte. Dies kommt in folgenden Worten zum Ausdruck:

„Die Frage der Wirtschaftssanktion gegen Japan bestand noch nicht vor dem Shanghai-Ereignis im Jahre 1932. Nach diesem wurde sie plötzlich akut. Einflußreiche Männer, wie der Rektor der Harvard-Universität, Dr. Haoreh und Professor Litton, waren bereit, eine Schrift zu veröffentlichen, die die Sanktion forderte. Auch auf dem damaligen amerikanischen Kongreß wurde die Frage der Berechtigung des Staatspräsidenten zur Entscheidung über die Anwendung der Sanktion mehrmals behandelt. Ich selbst hielt es für leichter, falls die amerikanische Regierung beschließen würde, mit den anderen Regierungen zusammen einen Wirtschaftsboykott durchzuführen, eine Zustimmung der anderen Mächte auf Grund des Neunmächtevertrages zu gewinnen, als durch den Hinweis auf die Satzungen des Völkerbundes.

Am 8. Februar 1932 sprach ich mit dem Präsidenten über die Anwendung des Neunmächtevertrages. Er gab seiner Zustimmung Ausdruck und hielt es für günstig, den Vertrag sofort in Anwendung zu bringen. Außerdem war schon in dem Memorandum an Japan vom 7. Januar, in dem Amerika Japan seine Nichtanerkennung der neuen Lage mitteilte, zum Ausdruck gebracht worden, daß die Aktion Japans mit dem Neunmächtevertrag nicht in Einklang stand. Am 9. Februar empfing ich den englischen Botschafter zu einer Beratung über die widerrechtliche Beschießung von Chapei und der Woosung-Festung durch japanische Truppen. Ich äußerte die Absicht, daß, nachdem die Nationen China gegenüber ihre moralische Unterstützung ausgesprochen hatten, es passend wäre, den Neunmächtevertrag sprechen zu lassen. Außerdem betonte ich, daß der Artikel 7 des genannten Vertrages eigens dazu geschaffen wäre, die Verletzung der Souveränität und Unabhängigkeit Chinas zu schützen. Es durfte dabei keine Verzögerung eintreten, denn die Vorbereitungen Japans für den Angriff auf Shanghai nahmen immer größeren Umfang an.

Am 21. Februar teilte mir der Staatspräsident telephonisch mit, daß ich den englischen Außenminister, Sir Simon, nach dem englischen Standpunkt über die Anwendung des Neunmächtevertrages befragen sollte und mit ihm über Gegenmaßnahmen zu dem Shanghai-Ereignis beraten sollte. Ich tat es. Zu jener Zeit hielt sich der englische Außenminister, Sir Simon, anläßlich einer Tagung in Genf auf. Bei dem heutigen telephonischen Gespräch erklärte ich ihm ausführlich die Gründe für die Anwendung des Neunmächtevertrages und teilte ihm den ins Außenamt gelangten Bericht und das Reutertelegramm vom 8. Februar mit. Danach sprach ich darüber, daß England und Amerika gemäß Artikel 7 des Neunmächtevertrages vor den anderen Signatarmächten eine gemeinsame Erklärung veröffentlichen sollten, die Japan als den den Neunmächtevertrag Verletzenden bezeichnete, und die eine Warnung an die den Vertrag verletzende Regierung in Tokio enthielt.

Am 12. Februar sprach ich wieder telephonisch mit Sir Simon. An diesem Tage riet er mir ebenfalls, wie am vorhergehenden Tage, zu einer genauen Prüfung und machte den Eindruck, alles absichtlich sehr schwierig darzustellen. Hierauf wurde verabredet, daß Amerika die gemeinsame Erklärung ausarbeiten und sie ihm telegraphisch zustellen sollte, mit der Bemerkung, daß diese Erklärung ausschließlich nur eine vorläufige sei, die vieler Verbesserungen und Änderungen bedürfe. Am 13. Februar sollte Sir Simon nach London zurückkehren. Deshalb wurde ihm die Erklärung sofort telegraphisch mitgeteilt, so daß er sie unterwegs noch überprüfen konnte.

Mit Sir Simon setzte ich mich am 13. und 15. Februar nochmals telephonisch in Verbindung. Obwohl in seinen ratgebenden Worten keine direkte Absage enthalten war, konnte ich aus seinen gesamten Äußerungen doch den Schluß ziehen, daß er nicht dafür war, sondern die Ansicht vertrat, daß die englische Regierung nicht die Absicht hätte, eine gemeinsame Erklärung zu veröffentlichen. So stellte ich die weitere Verhandlung ohne Gegenfrage sofort ein. Da mein Plan die englische Zustimmung nicht fand, ging er zunichte. Der damaligen Lage zufolge war die amerikanische Regierung nicht imstande, allein die anderen Signatarmächte zu einem Zusammentritt zu bewegen und irgendeine negative Antwort auf seine Erklärung zu vermeiden. So konnte mein Plan nicht verwirklicht werden. Ich hatte eigentlich noch vor, den französischen Botschafter, Claude, für mich zu gewinnen. Jedoch gab ich infolge der englischen Haltung diese Absicht auf."

Nachdem England eine gemeinsame Erklärung für die Anwendung des Neunmächtevertrages abgelehnt hatte, existierte selbstverständlich nicht mehr die Frage der Wirtschaftssanktion gegen Japan. Auf diese Weise fiel der Plan Stimsons völlig der Vernichtung anheim.

Eine bedeutungslose alleinige öffentliche Erklärung Amerikas zur asiatischen Frage war der Brief des Senatspräsidenten Pillar vom 22. Februar.

Später, als der Bericht der nach China und Japan entsandten Lytton-Kommission vor der Veröffentlichung der amerikanischen Regierung überreicht wurde, war Stimson von Freude erfüllt, da der Inhalt dieses Berichtes starke Angriffe gegen Japan enthielt.

Als am 6. Dezember 1932 der Völkerbund auf seiner letzten Sitzung den chinesisch-japanischen Konflikt behandelte, glaubte Stimson, daß die englische Regierung mit der amerikanischen Ansicht übereinstimmen würde, da der Bericht von Lytton im Mittelpunkt der Diskussion stand und auch England diesem beigepflichtet hatte. In diesem Punkte wurde Stimson wieder enttäuscht. Die Rede von Sir Simon, die dieser nach dem Lytton-Bericht hielt, zeigte nicht nur Sympathie für Japan, sondern konnte direkt als eine Inschutznahme Japans angesehen werden. In der Zeitschrift „Observation" stand:

„Sir John Simon reichte dem japanischen Delegierten beim Völkerbund, Matsuoka, die rettende Hand. Er kritisierte verschiedene Stellen des Lytton-Berichtes und betonte die Kompliziertheit des Konfliktes und die Schwäche Chinas. Ferner vertrat er den Standpunkt, daß es keine endgültige Lösung des mandschurischen Problems sei, wenn nur die Lage, wie sie vor dem Mukden-Ereignis war, wiederhergestellt würde."

Nach der Rede von Sir Simon sagte Matsuoka folgendes: „Der englische Außenminister hat das, wofür ich mit meinen schlechten englischen Sprachkenntnissen eine recht lange Zeit gebrauchte, in nur zehn Minuten in fließendem Englisch gesagt."

Stimson, der mit der Anwendung des Neunmächtevertrages einen Druck auf Japan ausüben wollte, erlitt durch die englische Ablehnung eine starke Niederlage. Sir Simon hielt auf der Völkerbundversammlung noch eine zweite projapanische Rede. Das rief in der öffentlichen Meinung Amerikas große Bestürzung hervor. Auch Stimson selbst zeigte England gegenüber eine feindliche Haltung. Seitdem betrachtete man in Amerika England mit besonders großer Aufmerksamkeit. Ein Teil der im Stillen Ozean zusammengezogenen amerikanischen Flotte wurde rasch nach dem Atlantischen Ozean zurückgerufen, um eine gewisse demonstrative Haltung gegen England kundzutun.

Hierüber berichtet der amerikanische Journalist Young in seinem Buch „Strong America" folgendes:

„Nach dem Ausbruch der Mukden- und der Shanghai-Affäre schlug der amerikanische Staatssekretär Stimson der englischen Regierung vor, eine gemeinsame Aktion zu unternehmen, um dem japanischen Vorgehen Einhalt zu gebieten. Der projapanische und antiamerikanische Außenminister Englands, Sir Simon, lehnte dies jedoch ab und stellte es als zufriedenstellend hin, seine zur Zeit gegebene Stellung zwischen Japan und Amerika zu behalten. Später, als Japan im Jahre 1935 auf der Flottenkonferenz in London eine größere Parität seiner Flotteneinheiten verlangte, wurde dieses Ansinnen von englischer Seite ebenfalls unterstützt, was dem japanischen Standpunkt einen wichtigen Halt gab. So wurde der Anschein erweckt, als ob Amerika allein die Nation wäre, die sich gegen die Forderungen Japans wehrte, und ihr wurde darum auch die Verantwortung dafür zugeschoben.

Nachdem Amerika die antiamerikanische Haltung Englands klar erkannt hatte, konnten sich die amtlichen Stellen in Washington damit natürlich nicht abfinden. So wurde die in einem Teil des Stillen Ozeans konzentrierte amerikanische Flotte nach dem Atlantischen Ozean zurückgerufen, und man ließ die englische Regierung fühlen, daß diese nun dauernd in diesem Gebiet bleiben würde. Das war ein deutlicher Protest Amerikas in der Richtung, daß es sich nicht daran beteiligen würde, wenn England eine projapanische und damit die Neutralität verletzende Haltung einnehmen würde. Und ferner zeigte Amerika dadurch, daß es nur seine eigenen Interessen schützen würde, wenn das englische Interesse im Stillen Ozean und in China einmal von Japan bedroht würde.

Als die Dominions Englands, Canada, Australien, Neuseeland und die Südafrikanische Union, hiervon erfuhren, waren sie alle höchst erstaunt. Sie zeigten der projapanischen Politik Sir Simons gegenüber kritische Mißstimmung und stellten deswegen an ihn mehrere Fragen. Daß die Dominions im Notfalle England keine Unterstützung gewähren würden, war ebenfalls ein Ergebnis der amerikanischen Flottendemonstration gegen die englische Regierung.

Alle diese Gründe bewegten die Staatsmänner in London zu einer nochmaligen Überlegung. Sie kamen zu der Ansicht, daß, wenn man Japan im Zügel halten wollte, man unbedingt der Mitarbeit Amerikas benötigte. Die englische Politik nahm nun eine rasche Wendung. Sie reichte Amerika die Hand, um den japanischen Wünschen auf der Flottenkonferenz entgegenzutreten und die japanischen Expansionsabsichten in Nordchina zurückzudämmen. Die amerikanische Flotte konzentrierte sich im Jahre 1935 erneut im Stillen Ozean zu einem Manöver, um seine Flotte und Luftmacht Japan gegenüber zu demonstrieren. Dies alles geschah, nachdem Amerika die englische Zusicherung zur Mitarbeit erhalten hatte."

In dieser Schilderung kommt die rege Tätigkeit des mit China seit dem Mandschurei- und Shanghai-Konflikt sympathisierenden Amerika zum Ausdruck, die die japanischen Aktionen niederhalten sollte. Sie gipfelte darin, daß Stimson fest entschlossen war, eine Wirtschaftssanktion gegen Japan durchzuführen und auch nicht zögern wollte, einen direkten Kampf mit Japan aufzunehmen. So erstrebte Amerika eine enge Zusammenarbeit mit England, um die gesamte Macht der beiden Länder gegen Japan einsetzen zu können. England beurteilte die Absicht Stimsons als übereilt, weil sie eine Gefahr mit sich bringen könnte und lehnte das amerikanische Vorhaben ab. Selbstverständlich hoffte England auf die Mitarbeit Amerikas, stimmte jedoch höflich gegen den übereilten amerikanischen Plan.

Diese ablehnende Haltung Englands war jedoch nicht auf die englische Regierung selbst zurückzuführen. Man darf dabei die Geschicklichkeit der japanischen Diplomatie gegenüber England nicht übersehen.

In Wirklichkeit pflegte der japanische Botschafter in England, Matsudaira, eine enge Freundschaft mit dem Außenminister Simon. Frau Matsudaira stand mit Frau Simon ebenfalls in einem herzlichen Verhältnis. Dies bestimmte die Haltung des englischen Außenministers Amerika gegenüber sehr stark. Das war der geschichtliche Stoff in der Nichtöffentlichkeit. Außerdem entfaltete der japanische

Botschafter Sato in Genf eine Außenpolitik der Samurai, die die Meinungen der Vertreter anderer Nationen rücksichtslos kritisierte. Dabei muß man außerdem nicht vergessen, daß auch die jungen japanischen Diplomaten eine außerordentlich rege und geschickte Tätigkeit entfalteten.

Die erfahreneren Diplomaten Japans hegten jedoch starke Besorgnis. Wenn die japanischen Truppen von Shanghai aus den Angriff auf Nanking unternehmen würden, dann würde England das sicherlich nicht ruhig hinnehmen und, dem amerikanischen Vorschlag folgend, mit Amerika eine gemeinsame kriegerische Aktion gegen Japan führen, wodurch Japan zum Feind der ganzen Welt werden würde. Von diesem Standpunkt aus waren die japanischen Außenpolitiker stark besorgt und forderten von der japanischen Regierung die größte Aufmerksamkeit. Sie brachten die Hoffnung zum Ausdruck, daß die japanischen Truppen nach einem siegreichen Kampf in Shanghai ihre kriegerischen Handlungen wieder einstellen möchten.

Diese bis jetzt unbekannte Tatsache verdient einen besonderen Nachdruck bei den Historikern der späteren Zeit.

Japan blieb in der Außenpolitik mit England der Sieger, China dagegen der Besiegte. Die Hoffnung Chiang Kaisheks, einen Angriff der Welt gegen Japan hervorzurufen und die verlorene Mandschurei zurückzugewinnen, wurde zunichte. Die Niederlage Chinas war besonders auf den Mißerfolg Amerikas in den Verhandlungen mit England zurückzuführen. Mit anderen Worten, darauf, daß England die Zusammenarbeit mit Amerika ablehnte.

Diese Niederlage brachte Chiang Kaishek zur Selbstbesinnung. In den nachfolgenden chinesisch-japanischen Verhandlungen erlitt Japan jedesmal eine Niederlage. Dieses lag sicher daran, daß England mit China sympathisierte und den Japanern dauernd Hindernisse in den Weg legte.

Chiang Kaishek war außerdem zu der Erkenntnis gekommen, daß es schließlich keinen Vorteil für China bedeutete, wenn es Japan nur durch fremde Mächte zurückhalten könnte. China mußte seine eigene Macht vergrößern; denn eine machtlose Nation ist nichts anderes als ein Gebäude, das auf Sand steht.

Darum wurde der Aufruf der Nationalregierung zur Wiedergeburt aus eigener Kraft ausgegeben.

2. Wiedergeburt aus eigener Kraft

Chiang Kaishek, der die Mukden- und Shanghai-Affäre durchmachte und ferner auch eine amerikanische Absage erhielt, fühlte, daß man sich auf keine fremde Macht stützen könne. Die amerikanische Absage war die eigentliche amerikanische Silberpolitik, die die chinesische Wirtschaft in Schwankung brachte und den chinesischen Protest rundweg ablehnte.

Der Republikaner Roosevelt, welcher als Nachfolger von Hoover, dessen Staatssekretär Stimson war, Staatspräsident von Amerika wurde, führte eine mehr zurückhaltende Chinapolitik, die nicht so übereilt war wie die Stimsons. Diese Haltung war auch die Besonderheit der Republikanischen Partei Amerikas.

Um die wirtschaftliche Krise Amerikas an der Wurzel zu heilen, setzte Roosevelt verschiedene Gesetze in Kraft und begann eine rege Tätigkeit. Eines dieser Gesetze betraf auch die Silberpolitik. Danach wurde das Silber verstaatlicht und jede Ausfuhr desselben verboten. Außerdem wurde der Preis des Silbers erhöht, wodurch China großen Schaden erlitt.

China, das Silberwährung besaß, hatte jedoch keine Silberproduktion im Lande selbst und war ausschließlich an die Einfuhr von Silber gebunden. Es stieg darum der Preis des Silbers auch in China infolge der Erhöhung des Silberpreises in Amerika. Außerdem stieg die Silberausfuhr aus China in größerem Maße, was den Preis der Waren für die ebenfalls Silberwährung besitzenden Nationen zur Senkung führte. Die dadurch entstandene Lage in China war:

a) Durch die Senkung des Warenpreises entstand eine Deflation, die alle Produktionszweige in eine Depression versetzte;

b) die Einfuhr nach China wurde angeregt, wodurch die chinesische Zahlungsbilanz ungünstig beeinflußt wurde;

c) die Silberausfuhr wurde veranlaßt, welche die Deflation förderte.

Alles dies beunruhigte die chinesische Politik. Die Nationalregierung befand sich gerade zu dieser Stunde in einer Finanzkrise, die durch die Silberpolitik Amerikas noch stark verschärft wurde. Deswegen befahl die Regierung dem chinesischen Botschafter in Amerika, Dr. Sze Chaochi, bei der amerikanischen Regierung Protest gegen die Silberpolitik einzulegen. Nach der darauffolgenden Ablehnung Amerikas war China gezwungen, die Lage allein zu meistern. Es war die Klugheit Chiang Kaisheks, die ihn erkennen ließ, daß es keinen anderen Ausweg gab, als das Land aufzubauen und seine Kraft zu vergrößern, um Japan Widerstand leisten zu können. Er wählte diesen rettenden Weg aus dem Unglück und setzte alle Energie und Kraft für die Entwicklung der Wiedergeburt Chinas aus eigener Kraft ein.

Die Wiedergeburt aus eigener Kraft bedeutete mit anderen

Worten, die Kraft der Nation zu stärken, und darum mußten vor allem die die Einigung Chinas störenden kommunistischen Elemente restlos ausgerottet werden. Nach diesen Überlegungen leitete Chiang Kaishek persönlich einerseits den Kampf gegen die kommunistischen Truppen und vereinigte andererseits alle Machtfaktoren des Reiches. Die Gemeindepolitik wurde reformiert, Aufbauarbeiten wurden durchgeführt, die Verteidigung des Landes verstärkt, die „Neue Lebensbewegung" und die „Volkswirtschaftliche Aufbaubewegung" gegründet. Das oft so gleichgültige chinesische Volk wurde aufgerüttelt, vorwärtszustreben.

Hier seien einige Beispiele dafür angeführt: Viele den Bauern schädliche Steuern wurden abgeschafft, die Maßnahmen gegen das Rauchen von Opium errangen immer größeren Erfolg. Eine besonders rasche Entwicklung nahm das Verkehrswesen. Das Luftfahrtwesen wurde sogar besser als das japanische. Zuletzt wurden unter anderem auch japanische Materialien und andere nützliche Erzeugnisse in China eingeführt. Obwohl sich die antijapanische Stimmung über ganz China ausbreitete, fanden die japanischen Produkte nach wie vor in China Eingang. Das war ein Beweis dafür, daß es für den Aufbau keinen Feind oder Freund gab. Daraus ist auch erkennbar, mit welcher Energie die Chinesen ihren Aufbau durchführten.

An seinem 50. Geburtstage richtete Chiang Kaishek im Sinne der Wiedergeburt aus eigener Kraft folgenden Appell an das chinesische Volk:

Aufstieg und Untergang schafft man selbst
Keine Ernte kann ohne den gehörigen Anteil von Arbeit eingebracht werden

„Nur eigene Anstrengungen können unseren alten Ruhm wiederbringen. Und wie das Nachdenken über vergangene Dinge unweigerlich Licht auf zukünftige Dinge wirft, so will ich diese Gelegenheit ergreifen, über die Prinzipien zu sprechen, die eine Nation festlegen können.

Es gibt ein Sprichwort: ‚Aus der Familie wird die Nation gebaut.' Grundsätze, aus denen heraus eine Familie aufsteigt oder fällt, zeigen sich ebenso bei Volkskörpern und Nationen. Wie eine Familie, so kann auch ein Volk zu einer Zeit mächtig sein, zu anderer schwach. Ob aber ein Volk zugrundegeht oder aufblüht, — hängt alles vom Willen und der Zähigkeit jedes einzelnen ab.

Die letzten 100 Jahre sind Zeuge gewesen, wie sich eine Anzahl von Nationen in Jahren harten Kampfes gefestigt haben; diese Nationen haben uns ein schönes Vorbild gegeben, dem wir nacheifern müssen. Keine Ernte kann ohne den gehörigen Anteil von

144

Flugzeug einer chinesischen Luftfahrtgesellschaft über der Großen Mauer

Chientang-Brücke in Chekiang

Arbeit eingebracht werden, und keine Arbeit bleibt jemals ohne den gerechten Lohn. Wenn wir unaufhörlich mit geschlossener Willenskraft kämpfen, dann sind wir sicher, unserer Schwierigkeiten Herr zu werden.

Hier möchte ich einen Vergleich aus meinen persönlichen Erfahrungen bringen. Während meiner Kindheit befand sich meine Familie in einer sehr schwierigen Lage. Aber so schwierig unsere Lage auch war und so sehr wir von den Machthabern bedroht wurden, fuhr meine Mutter doch mutig fort, nach ihrer edlen Aufgabe die Heiligkeit ihres Heimes zu wahren und in der Erfüllung ihrer höchsten Pflicht ihre Kinder zu erziehen.

Hieraus können wir eine nützliche Lehre ziehen. Auf unserem Marsch nach dem Ziel unserer nationalen Errettung ist für uns keine Schwierigkeit zu groß, als daß wir sie nicht überwinden könnten, wenn wir nur Mut und festen Willen haben; ich muß aber darauf hinweisen, daß unser Erfolg ausschließlich von unseren eigenen Anstrengungen abhängig ist."

Auftretende Schwierigkeiten sind nicht zu fürchten
Gedeih und Verderb der Nation hängen von denen der Familien ab

„Seit dem Tode Dr. Sun Yatsens, im Jahre 1925, hat China viele innere und äußere Katastrophen erlebt. Zuerst wurde das Land von kommunistischen Elementen überrannt, denen es beinahe gelang, die Republik und die Kuomintang zu stürzen. Dann folgte eine Reihe ausländischer Angriffe, die mit dem Verlust der drei Nordost-Provinzen Chinas begannen. Mitten in diesen Katastrophen und Leiden, die eine Zeitspanne von zehn Jahren ausfüllten, und die das bloße Leben der Nation in Gefahr brachten, fingen die Leute an, das Vertrauen in ihre Führer zu verlieren und dann auch das Vertrauen zu sich selbst. Die Lage war zweifellos eine kritische und die Schwierigkeiten, denen sich unsere Nation gegenübergestellt sah, waren in unserer Geschichte beispiellos. Aber trotz alledem bin ich immer noch von großer Hoffnung erfüllt und finde keinen Grund zur Verzweiflung, weder im Versagen der internationalen Gerechtigkeit, noch in unserer scheinbaren Ohnmacht. Meine Hoffnung liegt in der Wiedererweckung unserer alten, nationalen Tugenden, dem Selbstvertrauen, der Selbstbesserung, der Genügsamkeit und dem Vertrauen in die eigene Kraft.

Wenn wir alle, d. h. jeder einzelne, uns der Sache der nationalen Wiedererrettung mit gleicher Energie und Ausdauer widmen, wie sie meine Mutter bei der Erziehung ihrer Familie zeigte, so wird es nicht mehr lange dauern, bis China wieder seinen Platz unter den großen Weltmächten eingenommen hat. Wenn die Frauen der Nation ihr Bestes tun, um ihr Haus ordentlich zu halten und ihre Kinder gut aufzuziehen, so bin ich sicher, daß ihre Bemühungen beim Wiederaufbau der Nation ganz bedeutend mithelfen würden. Ich muß immer daran denken, wie viele Lehren ich meiner tugendhaften Mutter verdanke und wieviel Hilfe ich in meinem Leben von meiner guten Frau erhalten habe. Wenn die 200 Millionen unserer Volksgenossinnen ihre Kinder mit derselben Energie dazu erziehen, das Vaterland zu schützen, wie sie meine verwitwete Mutter bei ihrer Bemühung um die Erhaltung ihrer Familie und die Erziehung ihres Sohnes anwandte, so muß unsere Nation die Wiedergeburt erleben.

Die Grundsätze des einzelnen und der Nation, die in der heutigen Welt Geltung haben, sind Selbsterhaltung, Selbsthilfe und Selbsterstarkung. Nur der wird erhalten bleiben, der sich selbst zu erhalten versucht. Nur der kann Hilfe erwarten, der sich selbst hilft. In einer Zeit der Schwächung der Nation muß das Volk die eigene und der Nation gefahrvolle Lage erkennen. Keiner soll durch starke Drohungen zurückgeschreckt werden, und keiner darf aus Gefühl übereilt handeln. Das ist der Sinn der Selbsterstarkung und der Weg des Wiederaufbaues der Nation. Mit einem Geist, mit einer Tugend müssen die Chinesen in diesem Sinne ununterbrochen und zielbewußt verwärtsschreiten.

Eine der wichtigsten Lehren unserer alten Weisen ist die Pietät. Unser verstorbener Führer Dr. Sun Yatsen sagte einmal, daß die Existenz Chinas als Nation gänzlich davon abhinge, daß es der Bahn seiner Bestimmung folgte. Wir sollen nicht die Oberflächlichkeiten des Westens nachahmen und auch nicht die Lehre der Macht, der die imperialistischen Nationen anhängen, kopieren.

Die acht großen Tugenden — Loyalität, Elternverehrung, Güte, Liebe, Treue, Rechtschaffenheit, Friede und Eintracht — stimmen mit dem gerechten Sinn und den althergebrachten Charaktereigenschaften des chinesischen Volkes überein. Auf die Elternverehrung wird in den Lehren unseres verstorbenen Führers ganz besonderes Gewicht gelegt, und seit jeher gilt sie als das wichtigste Grundprinzip für den Bestand unserer Nation. Bei der Ausübung dieser Tugend müssen wir zwei grundsätzliche Verhaltungsvorschriften beachten. Die eine besteht darin, daß wir unsere Eltern ehren, die andere, daß wir ein Leben ohne Schande führen. Um unsere Eltern zu ehren, müssen wir uns ständig bemühen, uns zu bessern und die Lehren unserer Vorfahren zu befolgen. Um unser Leben von Schande freizuhalten, müssen wir in unseren täglichen Handlungen anständig und ehrlich sein, damit wir über unsere Eltern keine Erniedrigung bringen.

Die chinesische Nation hat eine sehr lange Geschichte und eine ruhmreiche Zivilisation. Keine Nation kann uns vernichten, wenn wir uns nicht zuerst selbst vernichten. Wenn jeder einzelne von uns seine eigenen Schwächen erkennt und sich bemüht, sich entsprechend zu bessern, so wird er es nicht schwer haben, alle Hindernisse zu beseitigen, auf die er in seinem Leben stößt. Und wenn wir es fertigbringen, dieses geschlossen zu tun, so können wir leicht alle Schwierigkeiten beseitigen, die der Nation im Wege stehen."

Eine der intensivsten Bestrebungen Chiang Kaisheks war auch die Verstärkung der nationalen Verteidigung. In der vor kurzem vom japanischen Kriegsministerium veröffentlichten Broschüre „Verstärkung und Geist der Armee" wurde hierüber berichtet. Hier sei ein wichtiger Teil daraus wiedergegeben:

„Die chinesische Armee bestand aus privaten Truppen der Militaristen und war darum keine einheitliche Organisation. Besonders in der Außen-Mongolei, in Singkiang, Tibet und anderen Grenzgebieten herrschte lange ein selbständiger oder halbselbständiger Zustand. In anderen Gebieten existierten ebenfalls noch Militaristen, die gegen den Willen der Regierung heimlich ihren Machtbereich zu vergrößern suchten, und deswegen war es nicht richtig, die chinesische Armee mit gleichen Augen wie die Verteidigungsorganisationen der modernen Staaten zu betrachten.

Seitdem aber Chiang Kaishek kürzlich die Einigung Chinas zustandegebracht hat, ging ein Teil der Militaristen zugrunde, während der übrige Teil von ihnen sich der Nationalregierung zur Verfügung stellte. Ihre Truppen wurden nacheinander der Zentralregierung unterstellt. Die jetzige Gestalt des chinesischen Heeres nimmt schon die Form einer kampffähigen Nationalarmee an. Die Größe der chinesischen Armee beträgt über 200 Divisionen in Stärke von über 2 Millionen Mann. Unter der Zentralregierung ist ein großer Teil dieser Armee imstande, gegen außen zu kämpfen, was ein sehr zu berücksichtigender Faktor ist. Außerdem erhalten die Soldaten Unterricht von ausländischen Fachleuten und werden mehr und mehr in Ausbildung und Ausrüstung vervollkommnet, wodurch sie ein ganz neues Gesicht erhalten haben. Dieses und die Politik der Nationalregierung Japan gegenüber verdienen unsere größte Aufmerksamkeit. Außerdem wurde die Luftwaffe stark vergrößert. Nach den Erfahrungen aus der Mandschurei- und der Shanghai-Affäre

147

wurde die Parole „Rettung des Landes durch die Luftwaffe" ausgegeben. Mit Hilfe Amerikas und anderer Nationen hat die Luftwaffe bereits eine ungeheure Verstärkung erfahren. Die Luftflotte
der Zentralregierung betrug vor dem Shanghai-Ereignis sieben
Geschwader von Landflugzeugen und eine Abteilung Wasserflug-
zeuge mit insgesamt etwa 100 Maschinen, die nur durch Fernbleiben
während des Kampfes vor der Vernichtung verschont blieben. Später
setzte Chiang Kaishek sich energisch für die Erneuerung der Luftwaffe ein und versuchte zugleich, das Verständnis und die Mitarbeit
des Volkes dafür zu erwerben. Amerika benutzte die Gelegenheit,
mit der Nationalregierung zusammenzuarbeiten und stellte einen
Dreijahresplan der Luftwaffe auf. Zuerst wurden die sieben Land-
flugzeuggeschwader in drei umorganisiert und die sich zur Verfügung
stellenden Kräfte in der Fliegerschule in Hangchow untergebracht,
um möglichst viel Piloten auszubilden. Gleichzeitig wurde Hangchow
zur Basis der Luftwaffe ausgebaut, um eine tatsächliche Vergrößerung der Luftwaffe zu erreichen, wozu die kürzliche Umorganisation
der Luftwaffe in Canton noch erheblich beigetragen hat. Jetzt umfaßt die chinesische Luftwaffe vierzehn Geschwader mit ungefähr
785 Maschinen. (Der größte Teil dieser Maschinen stammt aus
Amerika. In der letzten Zeit ist der italienische Einfluß stark bemerkbar geworden.) Die Stützpunkte der Flotte sind Nanchang,
Sian, Chengtu, Hankow und andere wichtige Städte. Fliegerschulen
wurden in Hangchow (mit etwa 400 Schülern) und Loyang (mit etwa
300 Schülern) eingerichtet. Dort erhalten die Piloten ihre Ausbildung.
Die Zahl der Flugzeuge nach ihrem heutigen Stande unter der
Zentralregierung ist:

170 Jagdflugzeuge
335 Bombenflugzeuge
280 Beobachtungsflugzeuge.

In der Provinz Kwangsi insgesamt 70 Maschinen.

Die Nationalregierung hat im September 1935 ihren allgemeinen
Verteidigungsplan mit besonderen Richtlinien für die Verteidigung
gegen Japan aufgestellt. Im ganzen Lande wurden fieberhaft Ver-
teidigungsanlagen in größerem Umfange ausgebaut (in Kaifeng, am
Hwangho, in der Provinz Honan, in Haichow, Shanghai, Nanking,
Hankow, Hangchow, Wenchow, Fuchow usw.).

Gleichzeitig werden Schüler und Studenten militärisch ausgebildet. Es wird immer mehr versucht, die Bevölkerung für die
Luftabwehr zu begeistern. Kurz, betrachtet man die Nationalregierung, so ist sie heute nicht mehr so unfähig in der nationalen Ver-

teidigung wie in früheren Zeiten. Es ist notwendig, daß die Japaner diese neue Lage erkennen."

China ist erwacht! Dies ist die Lage im heutigen China. Das Hauptverdienst daran hat niemand anders als Chiang Kaishek.

XV. KAPITEL

DIE „NEUE LEBENSBEWEGUNG"
UND DIE „VOLKSWIRTSCHAFTLICHE
AUFBAUBEWEGUNG"

1. Die „Neue Lebensbewegung" *)

Während der neuen politischen Bewegung wurden in China unter anderen einige polizeiliche Verordnungen erlassen, die die Außenstehenden etwas seltsam anmuten dürften, wie zum Beispiel die folgende:

„Wer die Straße verunreinigt, wird mit zehn Dollar bestraft", eine andere:

„Die Frau darf sich nicht die Haare kurz schneiden lassen", ferner eine dritte:

„Es ist verboten, die Haare zu brennen."

Das bis dahin allzu bequeme und alles leicht nehmende chinesische Volk wurde durch Gesetze dieser Art sehr überrascht. Man wird nicht glauben wollen, daß solche Gesetze in dem riesengroßen Reich überall durchgeführt werden könnten. Wenn das jedoch der Fall wäre, so würde man wohl sagen müssen, daß China eine sehr straffe Zusammenfassung erfahren hätte. Obwohl die Nationalregierung sich der Schwierigkeiten der Ausführung solcher Gesetze bewußt war, strebte sie trotzdem, da Chiang Kaishek dies forderte, mit allen Mitteln danach, sie im ganzen Reich durchzusetzen. Der Erfolg tritt tatsächlich mehr und mehr hervor. In Nanchang in der Provinz Kiangsi, in Wuchang und Hankow in der Provinz Hupeh; in Nanking und Shanghai in der Provinz Kiangsu; in Ningpo, Hangchow in der Provinz Chekiang; ferner in Loyang in der Provinz Honan; in Peiping in der Provinz Hopei und weiter bis zu den wichtigen Städten in der Provinz Kwangtung und Fukien, sind die Straßen überall sauber geworden. Das Volk ist reger und tätiger. Das Spucken auf die

---

*) Vgl. „Ausgewählte Reden des Marschalls Chiang Kaisheks", ins Deutsche übertragen von Tao Pung Fai, Vorwinkel-Verlag, 1936.

Straßen hat ganz aufgehört. Die Fußgänger auf den Straßen benutzten nur den gesetzlichen Fußweg. Dieser Zustand setzt vor allem die Ausländer in Erstaunen, die die früheren Verhältnisse in China kannten. So etwas war vor etwa 15 Jahren noch nicht denkbar. Hierzu haben die verschiedensten Impulse der neuen Bewegung beigetragen.

Im großen und ganzen gesehen sind die Chinesen der neuen Zeit, besonders die junge Generation, immer moderner geworden. Der aufwärtsstrebenden Jugend ist es auch zu verdanken, daß die Straßen Ordnung und Sauberkeit aufweisen. Die Begeisterung für ein solches Vorwärtsstreben trägt auch in großem Maße zu der politischen, wirtschaftlichen und sozialen Entwicklung der chinesischen Republik bei.

Im Hintergrunde alles dessen steht jedoch die große Antriebskraft, die „Neue Lebensbewegung", deren Begründer Chiang Kaishek ist. Am 13. Februar 1934 verkündete Chiang Kaishek auf einer Volksversammlung in seinem Hauptquartier in Nanchang in der Provinz Kiangsi, den Inhalt und die Methoden der „Neuen Lebensbewegung". Das Hauptziel dieser Bewegung ist die Wiedereinführung der alten chinesischen Tugenden: „Höflichkeit, Rechtschaffenheit, Bescheidenheit und Schamhaftigkeit" und ihre Anwendung auf das praktische Leben, „beim Ankleiden, Essen, Wohnen und Handeln"; damit sich das chinesische Volk Ordnung, Sauberkeit, Einfachheit, Sparsamkeit, Schnelligkeit und Aufrichtigkeit aneignet, um dann gemeinsam auf Ordnung zu halten, die Organisationen zu achten, seine Pflicht zu erfüllen, die Gesetze zu befolgen und sich von ganzem Herzen für die Nation zu opfern.

In den „Grundzügen der neuen Lebensbewegung" legte Chiang Kaishek das Ziel, den Zweck, den Inhalt und die Methoden der „Neuen Lebensbewegung" fest.

„Die ‚Neue Lebensbewegung' ist eine Revolution im Leben des ganzen chinesischen Volkes. Sie will mit einfachen und notwendigen Mitteln die Gewohnheiten unseres Volkes, die nicht mehr den heutigen Verhältnissen genügen, beseitigen, sie will das Volk zu einem den Forderungen unserer Zeit angepaßten Leben führen. Mit einem Wort: die ‚Neue Lebensbewegung' verlangt vom Volk, es solle sein Leben nach vernunftmäßigen Grundsätzen gestalten.

Als Grundlinien dienen dieser Bewegung Chinas allereigenste Tugenden: Höflichkeit, Rechtschaffenheit, Bescheidenheit und Schamhaftigkeit!

Seit jeher hat das chinesische Volk Höflichkeit und Rechtschaffenheit geschätzt, Bescheidenheit und Schamhaftigkeit geachtet; diese

Autostraße

Verkehrsautobusse

Plakat der „Neuen Lebensbewegung“

Achtung, Verkehrsampel

Werbung für den Luftschutz
in einer chinesischen Stadt

vier Tugenden sind auch heute besonders notwendig für den neuen Aufbau unseres Volkes.

China blickt auf eine 5000jährige Kulturgeschichte zurück. Die Regeln, nach denen sein Leben geordnet war, haben sich von jeher bewährt. Daß sich im heutigen Leben Roheiten und Unfeinheiten eingebürgert haben, daß viele in menschenunwürdige Verhältnisse herabgesunken sind — dafür gibt es nur einen Grund: diese vier Tugenden haben ihre ehemalige Geltung verloren.

China umfaßt ein Gebiet von mehr als 35 Millionen Quadratmeilen. Alles, was seine Bevölkerung zum Leben braucht, ist darin überreichlich vorhanden. Daß heute trotzdem manche unerwünschten Zustände sich eingeschlichen haben, liegt — ich sagte es schon — an dem Mangel der Pflege der Tugenden.

China hat eine Bevölkerung von mehr als 400 Millionen, deren Leben ursprünglich sehr gut geordnet war. Gegenwärtig aber zeigt es völkische und soziale Unordnung mancherlei Art, weil es von seinen althergebrachten Tugenden abgewichen ist.

Wollen wir alle Unarten durch untadeliges Verhalten ersetzen und das entartete Tun durch Einstellung zum Guten wandeln, so müssen wir natürlich in erster Linie wieder die vier in den Hintergrund gedrängten alten Tugenden zur Geltung bringen. Bei unseren ungeordneten Zuständen, zu denen ich auch die vielen irreführenden Geistesströmungen rechne, ist ein Erfolg nicht leicht nur durch allgemeine politische Erziehung zu erzielen. Will man ein Kleid anziehen, so ergreift man es zuerst am Kragen — will man ein Netz auswerfen, so hält man die Netzschnur fest. Und wollen wir heute das Leben unseres Volkes verbessern, so müssen wir mit der Neuformung unserer Sitten beginnen. Die ‚Neue Lebensbewegung' ist darum das einzige Mittel zur Rettung unserer Nation.

Das Leben eines Volkes beruht auf der vollen Durchführung der Gesetze, welche die Regierung eines Landes zur Erziehung, zur Ernährung und zum Schutze des Volkes geschaffen hat. Die Form der Durchführung ist sehr eng mit den Sitten und Gewohnheiten der Gesellschaft verknüpft. In einer Zeit, in der das alte Gefüge zusammenbricht und ein neues entsteht, können neue Maßnahmen sehr leicht erfolglos bleiben oder auf Widerstand stoßen, wenn keine den neuen Maßnahmen entsprechende Sitte vorhanden ist oder geschaffen wird, die Erfüllung und Wirksamkeit des Neuen zu unterstützen. Am Anfang steht daher die Sitte. Sie zwingt das Volk, sich zu den neuen Ordnungen zu bekennen; dann erst wird eine neue Politik Wirkung haben.

Aus diesem Grunde bemüht sich jede Nation während einer Über-
gangsperiode zuerst die Sitten umzugestalten. Denn die Sittenänderung wirkt viel intensiver und in größerer Breite als eine rein
politische Erziehung . . . Und eben diese Sittenänderung bringt uns
die ‚Neue Lebensbewegung‘. Ihre Verbreitung wird gefördert, wenn
jeder von uns zur Erkenntnis ihrer Notwendigkeit gelangt. Vom
einzelnen auf viele, vom Naheliegenden zum Entfernteren, vom
Einfachen zum Schwierigen soll diese Bewegung sich entwickeln
und ihren Einfluß steigern. Wer sich selbst zu erziehen imstande ist,
kann seine Familie beeinflussen — kann jemand seine Familie in
Ordnung halten, so übt er einen guten Einfluß in der Gemeinde aus.
Solch eine Bewegung geht mit der politischen Erziehung Hand in
Hand, geht ihr oft auch voraus; sie stützen sich gegenseitig. Ihre
Geltung jedoch erhält diese Bewegung nicht etwa von der politischen
Erziehung und ihrer Wirkung.

Ziel der ‚Neuen Lebensbewegung‘

Im allgemeinen herrscht heute in unserer Gesellschaft große
Energielosigkeit. Sie hat zur Folge, daß die Menschen zwischen gut
und böse, öffentlich und privat, wichtig und unwichtig nicht mehr
unterscheiden können. Mangelnde Unterscheidung zwischen gut und
böse führt jedoch zur Verwechslung von Recht und Unrecht, kein
Unterschied zwischen öffentlich und privat verwischt die Grenze
zwischen Nehmen und Geben, und wenn es keinen Unterschied
zwischen richtig und unrichtig gibt, werden beide vermengt. Dann
werden die Beamten unehrlich und geldgierig, das Volk unorganisiert
und gleichgültig. Die Jugend verdirbt und wird zügellos, die Erwach-
senen werden unwissend und korrupt, die Reichen extravagant und
luxuriös, die Armen niederträchtig und gemein. Auf diese Weise
herrscht ein großes Chaos, und die Gesetze des Reiches verlieren
ihre Geltung. So ist man nicht mehr in der Lage, die Naturkatastrophen zu verhüten und sonstiges Unheil zu meistern. Die
Sorgen im Innern, die Unterdrückungen von außen machen den
einzelnen und die Gesellschaft unglücklich, lassen das ganze Volk
leiden. Wenn der Abstieg anhält, wird man nicht einmal die Voraussetzungen für ein ganz kümmerliches Dasein schaffen können.
Wollen wir das Leben fortpflanzen, die Erhaltung und die Fort-
pflanzung der Gesellschaft schützen und gleichzeitig die Wohlfahrt
unseres Volkes fördern, so müssen wir die krankhaften Zustände
gründlich und restlos ausrotten und ein vernunftgemäßes, neues
Leben beginnen.

Inhalt der ‚Neuen Lebensbewegung‘

Die ‚Neue Lebensbewegung‘ strebt danach, das Leben auf den vier Kardinaltugenden, ‚Li‘, ‚Yi‘, ‚Lien‘, ‚Chi‘, aufzubauen.

Diese vier Tugenden, ‚Höflichkeit, Rechtschaffenheit, Bescheidenheit, Schamhaftigkeit‘, sollen das tägliche Leben beherrschen, das heißt in bezug auf Essen, Kleidung, Wohnen und jegliches Handeln. Sie sind also die Grundprinzipien für den Aufbau der Volksmoral und die Vollendung der Volksarbeit. Sie leiten zur richtigen Behandlung von Menschen und Dingen, zur Selbsterziehung und richtigen Einstellung der Umwelt gegenüber. Handelt man wider diese Prinzipien, so wird sowohl der einzelne als auch das ganze Volk dem Untergang entgegengehen.

Li heißt ‚Vernunft‘. In der Natur wirkt Li als Gesetz, in der Gemeinschaft als Regel und in der Nation als Disziplin. Sind alle Handlungen von diesen drei Prinzipien erfüllt, so ist das ganze Tun geregelt. Alle geregelten Erscheinungsformen lassen auf geregeltes innerliches und äußerliches Verhalten schließen.

Yi heißt ‚sein sollen‘. D. h. die Forderung der rechten und gerechten Handlungen der Menschen. In Übereinstimmung mit Li, d. h. geleitet von den drei Prinzipien, werden alle Handlungen als rechte und gerechte bezeichnet. Tut man Ungerechtes und nicht das Gerechte, so entspricht das nicht dem Yi.

Lien heißt ‚klar‘, d. h. klar in der Unterscheidung zwischen Recht und Unrecht. Alles, was mit dem Li und Yi übereinstimmt, ist recht, und das Umgekehrte unrecht. Trennt man das Rechte vom Unrechten und handelt nach dem Rechten, so ist das klare und erhabene Entscheidung.

Chi heißt ‚Bewußtsein‘, das bedeutet, daß man Empfindung für die Tat besitzen soll. Man empfindet Scham, wenn die Handlungen nicht mit dem Li, Yi und Lien in Einklang stehen. Das Bewußtsein muß gründlich und erhaben sein, damit Scham und Abneigung genügend zum Ausdruck kommen. Dann wird man bestrebt sein, weiter vorwärts zu arbeiten und alles Schlechte energisch zu meiden. Das ist dann gründliches und erhabenes Selbstbewußtsein.

Aus diesen Erklärungen ist ersichtlich, daß Chi das Motiv, Lien die Leitung, Yi die Ausübung und Li die Erscheinung der Tat ist.

Diese vier Grundtugenden sind eng miteinander verbunden, unterstützen sich gegenseitig, und das Fehlen irgendeiner von ihnen in der vollkommenen Tat ist unmöglich.“

Aus den Erklärungen Chiang Kaisheks können wir ersehen, daß folgende Tatsachen die damalige Lage Chinas kennzeichneten.

Alle Volksschichten des chinesischen Reiches kannten kein angespanntes Leben mehr. Das ganze Volk war in Gleichgültigkeit verfallen, und nirgends war ein Vorwärtsstreben bemerkbar. Es herrschte das sogenannte „Prinzip der Gleichgültigkeit". Dieses Prinzip bedeutet, daß der einzelne sich in keiner Angelegenheit gründliche Klarheit zu verschaffen sucht.

Vor 5 oder 10 Jahren war dieses „Prinzip der Gleichgültigkeit" noch in weitesten Kreisen des chinesischen Volkes verbreitet. Mit anderen Worten, das Volk kannte nur das Leben der Gegenwart, kein Morgen und keine Zukunft. Seitdem aber die ausländischen Einflüsse in China Fuß gefaßt hatten und eine Veränderung der Wirtschaft und Produktion vor sich ging, das Verkehrswesen sich entwickelte, war kein Raum mehr für solch ein bequemes Nichtstun, und diejenigen, die nur vom Wohlergehen träumten, entwickelten sich zu Taugenichtsen.

Es war höchste Zeit, die Sitten und Gebräuche des Volkes zu reinigen und eine gründliche Reform des Lebens durchzuführen. Die zu dieser Zeit geborene „Neue Lebensbewegung" wirkte wie ein Stern des neuen China.

Oberflächlich gesehen, ist diese Bewegung keine außergewöhnliche, das Hauptziel derselben ist aber nicht nur die Reform der Lebensweise, sondern ihren Mittelpunkt bildet das folgende:

a) Um das Volksleben zu reformieren, soll die „Neue Lebensbewegung" kunstvoll wirken;

b) um das Volksleben zu bereichern, soll die neue Lebensbewegung produktiv wirken;

c) um das Volksleben zu festigen, soll die „Neue Lebensbewegung" soldatisch wirken.

Kunstvoll, produktiv, soldatisch zu wirken, ist das letzte Ziel der „Neuen Lebensbewegung", denn dann erst wird das Leben der Vernunft entsprechend gestaltet sein. Auf der Vollendung dieser „Neuen Lebensbewegung" basiert die Wiedergeburt der neuen chinesischen Republik.

Die chinesische Republik richtete in den letzten Jahren ihren Blick auf ein zweites großes Ziel, an dessen Verwirklichung das chinesische Volk mit völlig gleichem Geist und völlig gleicher Energie arbeitet. Welches ist dieses große Ziel? Es ist die Einigung des Reiches. Die Methoden zu dieser Einigung sind sehr mannigfaltig.

a) Objektiv gesehen, steht China unter dem starken Einfluß der ausländischen Mächte. Es konnte infolge der Fesselung durch die Verträge nichts nach seinem eigenen Willen unternehmen;

b) die neuen Ideen stießen überall auf den Widerstand der von alters her überlieferten monarchistischen Gedankenwelt, deswegen konnte die von den neuen Wissenschaften durchdrungene Generation nicht das von ihr Erlernte zur Anwendung bringen und erlebte oft Enttäuschungen;

c) Da das neue System noch keinen Reifepunkt erreicht hatte, ergriff überall die Oberflächlichkeit die Oberhand und drängte die wirklich moderne Idee zurück. In Shanghai sah man viele sogenannte moderne Männer und Frauen stolz auf der Straße einherschreiten, rein äußerlich die neue Lebensart zur Schau tragend, innerlich aber des neuen Geistes, der treibenden Kraft, ermangelnd.

Das Monarchistische verlor durch die Revolution allmählich seine Macht. Seitdem die Maschine in China Eingang gefunden hatte, verwandelte sich die Handwerksarbeit zwangsläufig mehr und mehr in Industriearbeit, jedoch fehlte auch dabei noch der neue Geist. Unter solchen Umständen ist es naturgemäß, daß zuerst ein Durcheinander entsteht. So war die Lage in China zur Zeit der Geburt der chinesischen Republik vor 25 Jahren. Sie befindet sich bis auf den heutigen Tag in einem Entwicklungsprozeß, der große Schwierigkeiten mit sich bringt. Deswegen ertönen Aufrufe zu verschiedenen Bewegungen im Volke, und eine von diesen ist die „Neue Lebensbewegung". Sie ist von Chiang Kaishek persönlich ins Leben gerufen worden; ihre Vorkämpfer sind die Nationalregierung und die provinzialen Regierungen. Zuerst wurden die neuen Gesetze bei den Beamten durchgeführt, die dann als Vorbilder für das Volk wirkten. Heute ist diese Bewegung eine der größten.

In dem Jahrbuch der „Shen Pao" von 1936 wurde berichtet, daß die drei Parolen „kunstvoll, produktiv, soldatisch" sich in außergewöhnlichem Maße entwickelt hätten und großen Einfluß ausübten. Im April 1935, kurz nach der Geburt der „Neuen Lebensbewegung", wurde der „freiwillige Arbeitsdienst", ebenfalls ein Produkt der „Neuen Lebensbewegung", eine sehr starke und tiefgreifende Organisation. Dieser „freiwillige Arbeitsdienst" wurde überall, von der Armee, von der Gendarmerie, von der Polizei, den Lehrern und Schülern, von den Organisationen der Partei, des Militärs und der Politik, von Frauenverbänden und sonstige gesellschaftlichen Vereinigungen, durchgeführt. Die Gesamtmitgliederschaft des „freiwilligen Arbeitsdienstes" beträgt jetzt über 100 000.

Zur Durchführung der „Neuen Lebensbewegung" wurden
21 Punkte bekanntgegeben:

1. Pünktlichkeit
2. Kampf gegen das Analphabetentum
3. Arbeiten und Lernen
4. Förderung des Sports
5. Allgemeine Erziehung
6. Förderung der Hygiene
7. Förderung der Produktion
8. Förderung des Paochia (Landschutz)
9. Abfallverwertung
10. Förderung der Registrierung der Bevölkerung
11. Förderung der Hilfeleistungen für die Polizei
12. Flußregulierung und deren Arbeiten
13. Straßenbau und Straßenreparaturen
14. Naturschutz und Baumpflanzungen
15. Förderung der Verwendung von nationalen Erzeugnissen
16. Versicherung und Sparwesen
17. Förderung von Krankenkassen und Invaliditätsversicherung
18. Vorbeugung gegen Hungersnöte und Naturkatastrophen
19. Kampf dem Opium und Hasardspiel
20. Förderung der Luftfahrt und der Luftabwehr
21. Förderung der Naturwissenschaften.

Diese Punkte sollen der Lage und der Gegend entsprechend durchgeführt werden. Sie gelten bei dem chinesischen Volk, das lange nur sein zielloses Leben kannte, als wichtiger Wegweiser, der zur Geschlossenheit aufruft.

Chiang Kaishek ist nicht nur Soldat und nicht nur Politiker, sondern auch ein kluger Praktiker. Er benutzt zur Erreichung hoher Ziele mitunter einfachste Methoden, denen jedermann in China leicht folgen kann. So gründete er auch die „Neue Lebensbewegung" zur Reform der Gesellschaft und förderte deren Entwicklung.

2. Die „Volkswirtschaftliche Aufbaubewegung"

Chiang Kaishek ist noch einen Schritt weitergegangen. Er schuf am 10. Oktober 1935, dem Jahrestage der Gründung der chinesischen Republik, die „Volkswirtschaftliche Aufbaubewegung".

Diese Bewegung gipfelt in der Verbesserung des Lebensstandarts des Volkes, um die Lebenshaltung der neuen Zeit anzupassen. Ihr Ziel ist: „Mit voller Kraft die Erdschätze des Landes auszubeuten, eine gerechte Verteilung der Produkte herbeizuführen und das Transportwesen auszubauen, um die Wirtschaft im ganzen zu vervollkommnen." Als Methoden hierfür wurden positive und negative Wege zur Durchführung angegeben.

Auf der positiven Seite:

a) Den Notwendigkeiten der Ernährung durch gesteigerte Gesamtproduktion gerecht werden.

b) Die Frage der Arbeitslosigkeit durch vermehrte Arbeitsgelegenheit lösen.

c) Die Handelsbilanz durch vermehrten Export aktiv gestalten.

d) Die Produktionstätigkeit durch Sicherstellung des Anlagekapitals ermutigen.

Auf der negativen Seite:

a) Alle äußeren Hindernisse der Produktion beseitigen (z. B. Änderung der Steuergesetze betr. Produktionsunternehmungen sowie der Verhältnisse von Kapital und Arbeit).

b) Alle inneren Hindernisse der Produktion beseitigen (wie die unwissenschaftlichen Methoden in der Betriebsführung und die mangelhafte Ausbildung des Personals).

c) Die Hindernisse beseitigen, die dem Güterumlauf im Weg stehen (durch Verbesserung des Verkehrswesens, des Währungs- und Transportsystems).

d) Die psychologischen Faktoren beseitigen, welche dem Wiederaufbau und der Produktion hinderlich sind (wie Unwissenheit, Aberglauben, Hängen am Althergebrachten, Vernachlässigung der Gewohnheit zu arbeiten und zu sparen, Nichtachtung der Prinzipien der Wirtschaft).

Die obenerwähnte „Neue Lebensbewegung" und die „Volkswirtschaftliche Aufbaubewegung" ernten überall große Erfolge, und wenn die Bewegungen mit allem Ernst weitergeführt werden, dann wird sich das chinesische Reich bald zu einer Nation im modernsten Sinne entwickeln. Bei der Beurteilung Chinas verdienen diese beiden Bewegungen größte Aufmerksamkeit.

3. Wie kann China gerettet werden?

Der wichtigste Weg der Wiedergeburt des Volkes

Am 19. Februar 1934 sprach Chiang Kaishek an seinem Hauptquartier in Nanchang in der Provinz Kiangsi, auf einer Volksversammlung über die Bedeutung der „Neuen Lebensbewegung".

Am Neujahrstag 1936 hielt der neuernannte Präsident des Verwaltungs-Yuans, Chiang Kaishek, über den Zentralrundfunksender in Nanking eine Rede über das Thema: „Der richtige Weg zur Selbstverteidigung der Nation und des Volkes."

Ihr dienen, so sagte er, die „Neue Lebensbewegung" und die „Volkwirtschaftliche Aufbaubewegung" als Basis. In dieser Rede brachte er die Gedanken für den Aufbau Chinas zum Ausdruck. Diese Rede, die hier angeführt wird, gilt als unentbehrliches Material für die Beurteilung Chiang Kaisheks.

Im Moment der höchsten Gefahr

„Am heutigen Neujahrstage, während die ganze Nation wieder den Beginn eines neuen Jahres in großer Freude und Festlichkeit feiert, möchte ich Ihnen die dringenden Aufgaben für dieses Jahr in großen Linien schildern. China befindet sich in einer ganz großen nationalen Krisis, die es jeden Augenblick in seiner eigensten Existenz bedroht. Das Schicksal der Nation liegt aber in der Hand ihrer Bevölkerung, liegt in der Hand von 400 000 000 Menschen. Wir vertrauen darauf, daß es einen Weg gibt, diese große Nation mit ihrer langen Geschichte und ihrer ruhmreichen Kultur zu retten und zu verjüngen, einen Weg, der nirgend anderswo liegt, als in der arbeitsamen Anstrengung unseres Volkes. Mit anderen Worten: die Aufgabe der nationalen Errettung liegt auf den Schultern unseres Vierhundertmillionen-Volkes und stellt an jedes einzelne Mitglied die Anforderung, sein Äußerstes zur Selbsterstarkung zu tun.

Ein chinesisches Sprichwort sagt: „Jeder einzelne ist für den Aufstieg und den Verfall des Staates verantwortlich.' In Anbetracht unserer kritischen Lage sollte dieses Sprichwort jedem Chinesen als Ansporn dienen. Jeder soll seine Pflichten erkennen, mutig seine Veranwortung auf sich nehmen; mit Kraft, mit starker Entschiedenheit und im Geiste gegenseitiger Zusammenarbeit sollten wir unsere Kräfte zur nationalen Errettung zusammenschließen. Diese Aufgabe der nationalen Errettung ist in Wirklichkeit nicht so schwierig, als man gemeinhin annimmt. Wenn jeder der 400 000 000 Volksgenossen mit unermüdlicher Anstrengung sein Bestes tut, bin ich der festen Zuversicht, daß wir China im Laufe eines Jahres aus seiner augenblicklichen Krisis ziehen, so gefährlich sie scheinen mag, daß wir wieder auf den glatteren Weg von Frieden und Sicherheit gelangen werden.

Es ist unausbleiblich, daß der Wiederaufbau einer Nation auf viele Schwierigkeiten und Gefahren stößt; man kann aber nicht erwarten,

Chinesische Frauen werden zu Schwestern ausgebildet

Chinesische Rote-Kreuz-Schwestern

daß eine so große, aber schwache Nation, wie China es ist, ohne solche beiläufigen Schwierigkeiten und Gefahren aus ihrem Schlaf erwacht und ihre Kräfte aufs äußerste zur Selbstverjüngung anstrengt. Daher sollen wir trotz Chinas augenblicklicher, noch nie dagewesener nationaler Krise nicht pessimistisch oder allzu unglücklich sein. In Wirklichkeit ist es so: je größer die Gefahren von außen und von innen werden, desto näher ist die Wahrscheinlichkeit einer nationalen Errettung. Unsere alten Weisen haben gesagt: ‚Eine Nation, welche keinen Feind oder keine äußere Gefahr kennt, kann leicht fallen‘, und ‚Schwere Notlagen sind der Schlüssel zur Weisheit, wiederholte Gefahren geben einen Ansporn zu nationalem Aufstieg‘.

Mit einer 5000jährigen, ruhmreichen Geschichte, einer Nation, die ungefähr ein Viertel der Bevölkerung der Erde darstellt, und einem Flächeninhalt von 5½ Millionen Quadratkilometern ist China eine Nation, die stolz auf sich sein sollte. Wenn wir Vertrauen in uns selbst haben und unsere Kräfte mit Selbstvertrauen und Selbsterstarkung aufs äußerste anstrengen, — was in der Welt sollten wir dann fürchten oder um was uns sorgen? — Ich bin sicher, daß die nationale Errettung vollendet, ja noch mehr, daß sie innerhalb eines Jahres vollendet werden kann.

Die ‚Neue Lebensbewegung‘

Aber wie können wir zu Selbstvertrauen und Selbsterstarkung kommen? — Mit anderen Worten: wo liegt der Weg zur Errettung und Verjüngung? — Er liegt darin, daß ein jeder seine Pflichten nach bestem Können erfüllt, wie ich es vorhin angedeutet habe.

Der grundlegende Punkt in dem großen Programm der nationalen Errettung ist wohl die Gründung der ‚Neuen Lebensbewegung‘, an deren Verwirklichung wir während der beiden vergangenen Jahre gearbeitet haben. Wie wir wissen, ist es das Ziel dieser Bewegung, die vier alten chinesischen Tugenden der Höflichkeit, Rechtschaffenheit, Bescheidenheit und Schamhaftigkeit wieder zu beleben. Diese Tugenden sollten wir zuerst bei unseren täglichen Handlungen und Gewohnheiten üben, damit ein jeder moralisch gesinnt wird und sich von den Lastern fernhält. Mit diesen alten chinesischen Tugenden hoffen wir, den moralischen Charakter der Nation zu festigen und alle schlechten und unerwünschten Gewohnheiten des Volkes auszumerzen.

Um ein moderner Bürger zu sein, muß ein Mann einen anständigen Charakter haben. Ebenso muß eine Nation, um modern zu sein, einen anständigen Charakter besitzen. Wenn unser echter, moralischer

Charakter gebildet ist, wird niemand uns anzugreifen oder auszubeuten wagen. Im anderen Falle wird unser Schicksal der Untergang sein. Mencius sagte einmal: ‚Ein Mann muß zuerst sich selbst verachten, dann werden ihn andere verachten. Ein Königreich muß sich erst selbst vernichten, dann werden es andere vernichten.' Dieser Ausspruch ist unbedingt wahr. Um also Beleidigungen, Bedrückungen und Angriffe von außen zu vermeiden, muß jeder einzelne von uns sich eifrig bemühen, durch Charakterbildung ein wahrhafter Bürger unseres Reiches zu werden. Solche Anstrengungen in einer Gemeinschaft werden natürlich zum Aufbau einer hohen Moral und zur Wiederbelebung alter Tugenden führen, — die grundlegenden, belebenden Prinzipien für jede zivilisierte Nation.

Es sollte also jeder Chinese alle Laster wie Ausschweifungen, Uneinigkeit, Oberflächlichkeit, Faulheit, Verschwendung, Eigennutz, Gleichgültigkeit usw. ablegen, sollte damit das stumpfsinnige und rückständige Leben, das er bisher geführt hat, aufgeben. Laßt ihn mutig und entschlossen einen neuen Lebenswandel beginnen! Laßt ihn gute Eigenheiten, wie Sauberkeit, Ordnung, Sparsamkeit, Fleiß und Zuverlässigkeit pflegen und ein moderner Bürger werden, erzogen in den guten Prinzipien der vier alten Tugenden! Ist er erst einmal ein moderner Bürger geworden, dann können wir auch eine starke, junge Nation aufbauen, die mit jeder anderen modernen Nation der Welt im Wettkampf stehen kann, die gleiche Freiheit und Gleichheit in der Familie der Nationen genießt.

Die ‚Volkswirtschaftliche Aufbaubewegung'

Neben der ‚Neuen Lebensbewegung' besteht noch eine andere Aufgabe, an die wir zum Zwecke der Selbsterhaltung und nationalen Errettung jetzt herantreten müssen. Das ist die ‚Volkswirtschaftliche Aufbaubewegung', die mit der ‚Neuen Lebensbewegung' Hand in Hand gehen muß. Während die ‚Neue Lebensbewegung' die Gebräuche und Sitten des Volkes verbessern will, indem die Moral der Nation gehoben, die nationale Gewissenhaftigkeit gepflegt und der geistige Wiederaufbau des Volkes vollendet wird, ist es die Sache der ‚Volkswirtschaftlichen Aufbaubewegung', die Wirtschaft unseres Volkes zu entwickeln, das Material für die nationale Erhaltung zu vermehren, die wirtschaftlichen Bedingungen des Volkes zu verbessern und den materiellen Wiederaufbau zu vollenden. Beide Teile des Wiederaufbaues, der geistige und der materielle, sind nahe miteinander verwandt und voneinander abhängig. Vernachlässigung eines dieser beiden Teile wird den vollständigen Zusammenbruch des ganzen

Programmes nach sich ziehen, während ein Zusammenarbeiten bessere Ergebnisse bei geringerer Anstrengung zeitigen wird.

Da die ‚Neue Lebensbewegung' auf Gedeih und Verderb mit der ‚Volkswirtschaftlichen Aufbaubewegung' des Volkes verbunden ist, müssen beide gleichzeitig gefördert werden. Mit der ersteren legen wir das Fundament, begründen wir den geistigen und moralischen Wiederaufbau, während wir mit der letzteren den nationalen und wirtschaftlichen Wiederaufbau zu vollenden und einen materiellen Fortschritt zu erreichen beabsichtigen. Nur auf diese Art kann die Nation sich auf einer gesunden Grundlage entwickeln und aus ihrer augenblicklichen kritischen Lage befreit werden. Wir hoffen, daß jeder Chinese sich einprägt, daß diese beiden Bewegungen die dringendste Aufgabe im Programm der Selbsterhaltung des Volkes und der nationalen Errettung darstellen, und daß jeder sein bestmögliches tun muß, sie im Geiste gegenseitiger Zusammenarbeit zu fördern.

So werden wir die ‚Drei Volksprinzipien' von Dr. Sun Yatsen verwirklichen und die große Aufgabe der nationalen Errettung erfüllen können. Der Weg zu ihr ist die Revolution, und das Ende der Revolution ist die Verwirklichung der ‚Drei Volksprinzipien', deren Hauptbedeutung in der Frage der Lebenshaltung unseres Volkes liegt. Die Grundlage der Lebenshaltung des Volkes aber ist die Wirtschaft des Volkes. Wenn die Wirtschaft eines Volkes nicht richtig entwickelt ist, wird es keinen Weg geben, seine Lebenshaltung zu verbessern; gelingt dies nicht, können also die ‚Drei Volksprinzipien' nicht verwirklicht werden. Daher müssen unsere Bemühungen für die nationale Errettung sich in dem Ziel vereinigen, unsere Wirtschaft neu zu beleben und die Lebenshaltung des Volkes zu verbessern. Hierbei sollte uns die ganze Nation von ganzem Herzen unterstützen. Die wichtigsten Pläne zur Stärkung der ‚Volkswirtschaftlichen Aufbaubewegung' können folgendermaßen umschrieben werden:

1. Entwicklung der Landwirtschaft

China ist vor allem ein Bauernland. Der Lebensunterhalt des Volkes und damit die Existenz der Nation beruhen auf bäuerlicher Grundlage. Daher ist die Entwicklung der Landwirtschaft die dringendste Aufgabe des wirtschaftlichen Wiederaufbaus. Zur Entwicklung der Landwirtschaft müssen vorerst Genossenschaften gebildet werden. Sie geben grundsätzliche Anweisungen über die Produktionssteigerung in der Landwirtschaft: Herstellung von Düngemitteln, Auswahl von Saatgetreide und Verbesserung von Produktionsmethoden; ferner haben sie den Geldverkehr auf dem Lande zu erleichtern, damit den Transport von Landesprodukten zu fördern, und erreichen so das vorläufige Ziel: Selbsterhaltung und Selbstgenügen.

Inzwischen müssen wir danach trachten, die Erzeugung von Rohstoffen zu steigern und die Verwendung von landwirtschaftlichen Produkten in örtlichen Fabriken zu fördern, um das Abfließen nationaler Zahlungsmittel ins Ausland einzudämmen und die damit verbundene langsame Verringerung der wirtschaftlichen Stabilität der Nation zu verhindern.

2. Förderung von Urbarmachung und Weidelandwirtschaft

Da der Boden eine Nahrungsgrundlage ist, muß er voll entwickelt werden, um die Erzeugung zu steigern. Alles Brachland, ob Privat- oder Staatsbesitz, soll urbar gemacht werden. Vor allem in dünnbevölkerten Gegenden sollen Urbarmachung, Siedlung und Weidewirtschaft besonders gefördert werden. Urbarmachung kann auch durch das Militär vorgenommen werden. Unterdessen sollen landwirtschaftliche Nebenbeschäftigungen, wie Viehzucht, Obstbau und Fischerei gleichfalls gefördert werden.

3. Ausbeutung von Minen

Dr. Sun Yatsen sagte einmal: ‚Die Bergbauindustrie ist einer der Hauptfaktoren der materiellen Kultur und der wirtschaftlichen Entwicklung eines Landes.' Die Rückständigkeit Chinas auf wirtschaftlichen Gebieten während der letzten Jahrzehnte muß darauf zurückgeführt werden, daß es seinen Bergbau nicht zu entwickeln verstand. Dieses Mißlingen hatte verschiedene Ursachen: politische, wirtschaftliche und soziale. Von jetzt ab wird die Regierung positive Politik treiben und Schutz für die Förderung der Bergbauindustrie schaffen. Hindernisse, die sich entgegenstellen, sollen untersucht und schleunigst beseitigt werden. Die Vorschriften zur Ordnung des Bergbaus müssen so revidiert werden, daß die Lasten und Verpflichtungen der Minenbesitzer auf ein Minimum beschränkt werden, die Ausbeutung erleichtert, die Geldanlage sichergestellt und eine freie Entwicklung begünstigt wird. Örtliche Beamte, einflußreiche Parteien und Persönlichkeiten müssen daran gehindert werden, sich in Fragen der Ausbeutung von Bergwerken einzumischen. Im Hinblick auf die Unzulänglichkeit des nationalen Kapitals soll ausländisches Kapital willkommen sein, da es helfen würde, einer großen Anzahl von Arbeitslosen Beschäftigung zu geben und gleichzeitig natürliche Hilfsquellen zu erschließen, und so den materiellen Fortschritt fördert.

4. Förderung der Arbeitsdienstpflicht

Die Arbeitsdienstpflicht brauchen wir zur Durchführung des Wiederaufbaues unserer Volkswirtschaft in Anbetracht der Armut des Landes besonders dringend. Die Zusammenfassung der Arbeitskraft der großen Bevölkerung Chinas wird dem Wiederaufbau einen gewaltigen Antrieb geben. Die beiden alten chinesischen Worte: ‚Lehrt das Volk Reichtum durch Arbeit anzusammeln‘ und ‚Not und Arbeit werden ein Volk verjüngen‘ zeigen die Bedeutung und Wichtigkeit der Massenarbeitsdienstpflicht. Wir hoffen daher, daß die ganze Nation dem Programm der Regierung hinsichtlich des Arbeitsdienstes ihre Unterstützung leihen, daß das ganze Volk seine Arbeitskraft von ganzem Herzen freiwillig dem Arbeitsdienst zur Verfügung stellen wird. Solche Arbeit soll besonders für den Ausbau von Verkehrswegen, Flußregulierungen, Urbarmachungen, Deichbauten usw. geleistet werden. Um solche öffentlichen Arbeiten zu beschleunigen, sollen auch die Kräfte des Militärs zusammen mit denen des Arbeitsdienstes angesetzt werden, um die Mängel des letzteren auszugleichen.

5. Förderung der Industrien

Die Rückständigkeit unserer Industrie ist das größte Hindernis unseres wirtschaftlichen Vorwärtskommens. Neben der Landwirtschaft und dem Bergbau soll daher auch die Industrie gefördert werden. In ländlichen Bezirken soll die Leichtindustrie und die Verarbeitung von Landeserzeugnissen in örtlichen Fabriken gefördert werden, und zwar in Zusammenarbeit mit den Genossenschaften. Die Regierung muß den verschiedenen Industriezweigen ausreichenden Schutz und Unterstützung gewähren, damit das vorläufige Ziel, sich selbst zu erhalten und zu genügen, erreicht wird. Unterdessen sollen Schiedsgerichte eingesetzt werden, um Lohnstreitigkeiten auf rechtlicher Grundlage zu schlichten. Damit die Sicherheit der industriellen Unternehmungen sowohl als auch die Interessen der Arbeiter geschützt werden, sollen die Schiedsgerichte exekutive Vollmacht erhalten.

6. Regelung des Verbrauches

Der Abfluß von Geld nach fremden Ländern hat den Bankrott der Landwirtschaft und den Niedergang aller Gewerbe zur Folge gehabt. Um diesem Zustand abzuhelfen, müssen positive wie negative Maßnahmen getroffen werden. Auf der positiven Seite wollen wir die ländliche Erzeugung steigern und auf der negativen Versorgung und Verbrauch regulieren. Die Regulierung von Versorgung und Verbrauch ist, vergleichsweise gesprochen, viel leichter zu erreichen als die Steigerung der Produktion. Sie muß daher ohne Verzug in Angriff genommen und so gehandhabt werden, daß die Finanzen der Landwirtschaft geordnet werden und Chinas Ein- und Ausfuhrbilanz ausgeglichen wird.

7. Transporterleichterungen

Der Warentransport hängt in der Hauptsache von der Verbesserung des Verkehrswesens ab. Wir wollen unser Bestes tun, um das Transportwesen zu entwickeln. Im Zusammenhang damit sollen öffentliche Getreidelagerhäuser und Lagerhäuser für Baumwolle, Weizen, Reis usw. sowie auch Amtsstellen für den Transport derartiger Produkte geschaffen werden.

8. Ordnung der Finanzwirtschaft

Die anormalen Zustände der Finanzen in China üben einen schädlichen Einfluß auf seine wirtschaftliche und gewerbliche Entwicklung aus. Daher ist es ein wichtiger Punkt im Programm des Wiederaufbaues der Volkswirtschaft, daß unsere Finanzen wieder in Ordnung gebracht werden. Zu diesem Zweck soll der Sparsinn im Volke gepflegt und der Geldumlauf verbessert werden. Eine gesunde Geldpolitik soll planmäßig angesetzt und durch die Regierung mit Beihilfe des Volkes betrieben werden.

Ohne Arbeit kein Erfolg

Das eben Gesagte sind die acht Hauptpunkte der ‚Volkswirtschaftlichen Aufbaubewegung' des Volkes. Viele von ihnen können leicht durchgeführt werden. Wenn wir sie mit allen unseren Kräften verwirklichen, werden wir nicht nur das Problem unserer Lebenshaltung lösen, sondern auch über die nationale Wirtschaftskrise hinwegkommen und das Land auf eine gesunde wirtschaftliche Grundlage stellen. Andernfalls wird das Land in große Armut verfallen, und die Unsicherheit der Lebensmittelversorgung des Volkes wird eine noch größere soziale Unordnung zur Folge haben. Da unsere

Bewegung ein dringender Versuch ist, die Nation selbst zu retten, sollte von heute ab jeder Chinese keine Anstrengung scheuen, sie zu stärken.

Wir wissen, daß unsere Intelligenz in keiner Weise der anderer Nationen unterlegen ist. Darum sollte China mit seiner Bevölkerung, die größer als die aller anderen Nationen ist, die Aufgabe des wirtschaftlichen Wiederaufbaues in einer kürzeren Zeitspanne lösen als jede andere Nation, vorausgesetzt, daß seine Bevölkerung an der Bestrebung mitarbeitet. Wir brauchen uns über die Armut und Schwäche unserer Nation nicht zu viele Gedanken zu machen. Wir müssen nur dafür sorgen, daß die geistigen und körperlichen Kräfte des Volkes richtig angewandt werden. Dagegen ist es Gegenstand unserer größten Sorge, daß die Chinesen zu wenig Nationalbewußtsein haben, ihre Verantwortung nicht auf sich nehmen und bei der Mitarbeit an der Wohlfahrt der Nation versagen.

Zusammengefaßt: In Anbetracht der augenblicklichen Krise der Nation sollen die 400 000 000 Chinesen einerseits die ‚Neue Lebensbewegung' fördern, um das Leben der Nation von der geistigen Seite aufzubauen, und andererseits die ‚Volkswirtschaftliche Aufbaubewegung' durchsetzen, um die materielle Seite des Lebens der Nation zu festigen. Denn mit dem erfolgreichen Ausbau dieser beiden Bewegungen, wobei geistige und materielle Entwicklung gleichgestellt werden, folgen wir dem Weg zur Verwirklichung der ‚Drei Volksprinzipien' des verstorbenen Dr. Sun Yatsen sowie der Errettung der Nation selbst.

Laßt uns daher heute den Entschluß fassen, uns der großen Aufgabe der nationalen Errettung zu widmen! Laßt besonders die Intellektuellen die schwere Veranwortung der Führung bei der Lösung der Aufgabe übernehmen! Als Nachkommen gemeinschaftlicher Vorfahren sollen 400 000 000 Chinesen im Geiste der Aufrichtigkeit zusammenarbeiten. Sie sollen ihre ganze Kraft der Unterstützung der Regierung widmen und ihr ganzes Bestreben auf die Rettung der Nation vereinigen — ungeachtet aller Nöte und Gefahren. Nur auf diese Art können wir die ‚Drei Volksprinzipien' verwirklichen und die große Aufgabe der Errettung und Erneuerung der Nation lösen."

Die wirtschaftsgeographische Karte Chinas

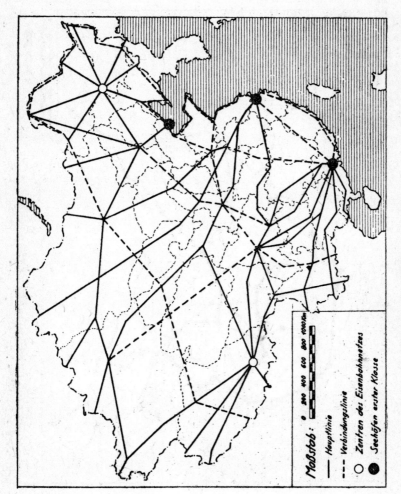

Schema des geplanten Eisenbahnnetzes von Dr. Sun Yatsen

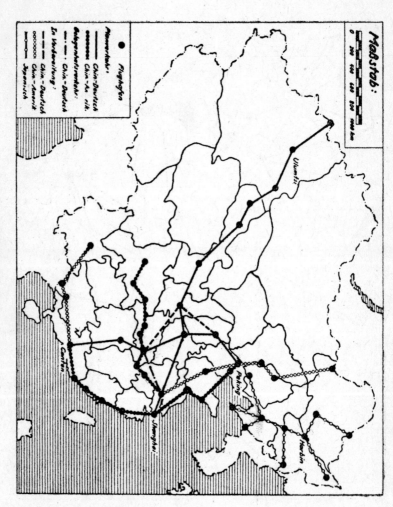

Luftverkehrslinien in China

170

Am 31. Oktober 1936, 50. Geburtstag Chiang Kaisheks

Chang Hsueliang   Frau Chiang Kaishek   Chiang Kaishek   Yen Hsishan

Nach einer chinesisch-japanischen Besprechung im Jahre 1936

Chiang Kaishek   Kawagoe, japanischer Botschafter in China

XVI. KAPITEL

REGELUNG
DER CHINESISCH-JAPANISCHEN BEZIEHUNGEN

1. Ist Japan Chinas Freund oder Feind?

China befand sich nach dem Mandschurei-Konflikt Japan gegenüber in einer Periode des Sich-Wehrens oder mindestens in einer Periode der Ablehnung einer Zusammenarbeit mit ihm. Die japanfeindliche Stimmung unter den Chinesen nahm ein sehr starkes Maß an. Sie waren keineswegs gewillt, bei einem erneuten Zwischenfall weiter nachzugeben. Andererseits erkannte China, nachdem seine Hoffnung auf fremde Hilfe zunichte geworden war, daß es unbedingt auf seinen eigenen Füßen stehen müßte, wenn es Japan Widerstand leisten wollte. Hieraus entstand die unmittelbare Frage, wie man das Reich stärken könne und wie man mit Japan umgehen solle.

Zur Wiedergeburt aus eigener Kraft mußten zunächst alle Hindernisse aus dem Weg geräumt werden. Außerdem konnte sie nicht von einem Tag zum anderen vonstatten gehen. Alle Bemühungen wären jedoch umsonst gewesen, wenn während der Zeit des Aufbaus irgendeine militärische Auseinandersetzung eingetreten wäre. Deswegen war es ein kluger Plan Chinas, einerseits mit Japan in Verhandlungen zu treten und andererseits mit allen Mitteln die Arbeiten zur Stärkung der Nation fortzusetzen. Das Problem der verlorengegangenen Mandschurei wurde vorläufig beiseitegeschoben, um mit Japan Frieden zu schließen. Obwohl man diesen Schritt sehr ungern tat, war er doch die einzige Möglichkeit, das gesteckte Ziel zu erreichen.

Dieses waren die Überlegungen Chiang Kaisheks und der anderen wichtigen Persönlichkeiten der chinesischen Regierung. Auf Grund dieser entstand im Sommer 1934 die Atmosphäre zur Regelung der chinesisch-japanischen Beziehungen. Im August traten Chiang Kaishek, Wang Chingwei und Hwang Fu in Lushan in der Provinz Kiangsi zu einer Beratung über die außenpolitischen Richtlinien gegenüber Japan zusammen. Sie kamen zu der übereinstimmenden Überzeugung, daß es notwendig wäre, die chinesisch-japanischen Beziehungen zu verbessern, auch wenn sie infolge der bisherigen Entwicklung keine grundlegende Änderung erfahren könnten.

Wenn Chiang Kaishek eine gewisse Zurückhaltung in seiner Japanpolitik zeigte, so geschah dies aus der Notwendigkeit heraus, zuerst seine eigene Position in China zu befestigen, um der Tätigkeit seiner Gegner vorzubeugen. Im anderen Falle würde ihm die Änderung seiner Japanpolitik sicherlich nur Schaden gebracht haben.

Seit 1934 haben die Kämpfe gegen die Kommunisten große Erfolge gezeitigt. Die Provinzen Kiangsi, Kweichow und Yunnan sind unter die Macht Chiang Kaisheks geraten. Die halb selbständigen sogenannten Kwangtung- und Kwangsi-Gruppen verloren ebenfalls ihre Stellung. Außerdem wurde es ihnen klar, daß ihre Macht mit der der Nationalarmee nicht vergleichbar wäre.

Nach der Inspektionsreise Chiang Kaisheks in Nordchina, im Herbst 1934, wurde die Basis der Einigungsarbeit noch fester. Der zeitweise sehr mächtige Gegner Chiang Kaisheks, Yen Hsishan, in der Provinz Shansi, bekannte sich danach vollkommen zu Chiang Kaishek. Auch Feng Yuhsiang fehlte jede Möglichkeit zum Wiederaufstieg. Obwohl Han Fuchu, Gouverneur der Provinz Shantung, in seiner Politik stets zwischen Japan und der Nationalregierung schwankte, nahm er doch nicht ausdrücklich gegen die letzte Stellung.

Zu dieser Zeit verfaßte Hsu Taolin, ein Sekretär Chiang Kaisheks, einen sinnvollen Artikel: „Feind oder Freund?" — eine Darlegung der chinesisch-japanischen Beziehungen", der in der „Außenpolitischen Rundschau" in China veröffentlicht wurde. Wang Chingwei ließ Lin Paisheng, den Hauptschriftleiter der „China Daily News", ebenfalls einen Artikel: „Zwei Wege zu Japan" veröffentlichen. Hier seien die wichtigsten Punkte des Aufsatzes Hsu Taolins angeführt:

„Viele vernünftig denkenden Chinesen wissen, daß die Japaner nicht für immer unsere Feinde bleiben können, und daß für China die Notwendigkeit besteht, schließlich einmal mit Japan zusammenzuarbeiten. Das ist die Schlußfolgerung, die aus der Weltlage für die beiden Nationen in der Vergangenheit, Gegenwart und Zukunft gezogen werden muß (d. h., wenn beide Nationen nicht gemeinsam zugrunde gehen wollen). Ich glaube, daß es auch sehr viele Japaner gibt, die derselben Ansicht sind. Der tote Punkt in der chinesisch-japanischen Politik ist jedoch noch immer nicht nur nicht beseitigt, um eine neue Lage zwischen den Beziehungen der beiden Nationen schaffen zu können, sondern es ist auch noch kein Licht für sie vorhanden. So läßt man alles von selbst vor sich gehen und überläßt die Entwicklung dem Schicksal. Es ist sehr unverständlich, daß die Menschen des 20. Jahrhunderts so wenig Mut und Willen besitzen, sich zu der Tatsachenlage zu bekennen. Von der weltpolitischen Lage und der großen Zukunft des chinesischen Reiches aus gesehen, müssen China und Japan unbedingt zusammenarbeiten, und es besteht bei ihnen auch kein Grund, eine unauslöschliche Feindschaft existieren zu lassen. Gegenwärtig gibt es viele verblendete Chinesen, die infolge der tiefen Feindschaft und des Hasses bereit sind, mit Japan zusammen zugrunde als mit Japan zusammen zu gehen. Jedoch führt die Kuomintang, die für den Aufstieg und den Niedergang Chinas verantwortlich ist, eine weitblickende Politik, die den Vorteil und Nachteil der ganzen Nation in Rechnung zieht. Wir wissen natürlich ganz genau, daß Japan bei dem chinesisch-japanischen Problem der aktive Teil ist, und daß einseitiges Nachgeben Chinas zu nichts führen könnte, wenn Japan keine Aufrichtigkeit hegt. Aber die heutige Japanpolitik Chinas, ‚einerseits Verteidigung, andererseits Verhandlungen', bedeutet nichts anderes als die Ziellosigkeit der ‚chinesischen Regierung'."

Diese Ansicht ist ganz richtig. Die sogenannte „Politik der Verteidigung und Verhandlungen" offenbarte nur die Unfähigkeit der chinesischen Regierung. Hsu Taolin ging noch einen Schritt weiter, wenn er sagte, daß China, wenn es diese Politik weiter treiben würde, auch während des Ausbruchs eines zweiten Weltkrieges keine Neutralität halten könnte und schließlich in dem Kampf für die eine oder andere Partei sich entscheiden müßte. Hsu Taolin sagte:

„Es gibt heute noch Leute, die sich mit dem Gedanken beschäftigen, was China wohl tun müßte, wenn ein Krieg zwischen Rußland und Japan oder Amerika und Japan oder ein zweiter Weltkrieg ausbrechen würde. Man ist der Ansicht, daß China sich nicht in den Krieg einmischen und strikte Neutralität erklären müßte. In der Tat würde es aber für China unmöglich sein, bis zum Ende neutral zu bleiben. China würde entweder aktiv mit einer Partei gegen die andere auftreten oder gegen diejenige Partei den Krieg führen, die es dazu zwingen oder seine Neutralität verletzen würde. Jedenfalls würde China in den Krieg hineingeraten. Für solch einen Fall ist es wohl für China besser, den Kampf vorzubereiten, als zunächst Neutralität zu erklären, um schließlich doch in den Kampf hineingezogen zu werden, so daß diese passive Haltung sich für China nur nachteilig auswirken könnte. Lieber sagen wir ‚Kampf gegen die eine oder die andere Partei' als wie ‚Kampf mit der einen oder der anderen Partei'.

Deswegen ist es ganz klar, daß China in einem zweiten Weltkriege keinesfalls neutral bleiben könnte, und daß jede Hoffnung, dabei im Trüben fischen zu können, nichts anderes ist als ein Traum."

Diese Ansicht ist auch zutreffend. China kann in einen Kampf der Gegenwart leicht hineingezogen werden. Nichtsdestoweniger, weil China die eigentliche Zielscheibe der Streitigkeiten der Weltmächte ist.

Gleichzeitig meinte Hsu Taolin, daß es zweckmäßiger wäre, die Ursache eines Krieges zu beseitigen zu versuchen als eine ziellose Politik zu treiben. Das Wichtigste dabei wäre die Lösung des chinesisch-japanischen Problems. Hierüber sagte er:

„Der einzige Weg, den China gegenwärtig wählen kann, ist der, jede Möglichkeit eines Krieges zu vermeiden. Um dieses zu erreichen, muß das Problem zwischen China und Japan, das zur Ursache eines Krieges werden könnte, auf gerechte Weise gelöst werden. Solch eine Lösung würde die Weltlage ändern, wodurch ein Krieg zwischen Amerika und Japan oder Rußland und Japan verhindert werden könnte. Auch wenn ein Krieg zwischen diesen beiden Ländern ausbrechen sollte, könnte China dabei eine klare Haltung verfolgen und selbständig nach seinem Willen und zu seinem Vorteil handeln. Deswegen soll China angesichts der hinterlassenen Lehre Dr. Sun Yatsens, der zukünftigen Vorteile und Nachteile des Reiches und der gegenwärtigen Lage der Welt nicht zusehen, wie die Beziehungen zwischen China und Japan weiterhin auf dem toten Punkt bleiben und keine Lösung dafür geschaffen wird.

Wenn das chinesisch-japanische Problem gelöst werden würde, so würde naturgemäß kein Krieg zwischen Amerika und Japan ausbrechen. Auch Rußland würde es sehr überlegen, sich in einen Kampf mit Japan zu verwickeln. Deswegen wird es bei keinem Chinesen Widerstand hervorrufen, wenn man das chinesisch-japanische Problem zu lösen versucht, wobei an erster Stelle an China gedacht ist."

Nach diesen Worten sagte Hsu Taolin weiter, daß die Lösung des chinesisch-japanischen Problems nicht nur für China, sondern auch für Japan vorteilhaft sein könnte.

„Als Außenstehender kann man wohl sagen, daß die Handlungen der Japaner auf Grund ihrer Chinapolitik nicht in allen Punkten wohlüberlegt sind. Um die Beziehungen zwischen China und Japan zu behandeln, würden dabei auch die zusammenhängenden Verhältnisse zwischen Japan und Rußland, Amerika und England in Erwägung gezogen werden müssen. Japan rief einerseits durch seine Kontinentalpolitik, seine Machtansprüche im Stillen Ozean und seine

174

Herrschsucht im Fernen Osten eine ungeheure Antipathie in Rußland hervor. Andererseits betrog es sein eigenes Volk damit, daß die Besetzung der Mandschurei und Mongolei die Belastung seiner nationalen Verteidigung verringern würde. Mit anderen Worten, Japan mußte die Mandschurei und Mongolei unter seine Gewalt bringen, wenn es einen Krieg gegen Amerika und Rußland vorbereiten wollte.

Die Lage Japans soll ganz objektiv charakterisiert werden. In der Strategie eines internationalen Krieges gibt es außer der vorderen Front zwei Flanken und eine Hinterfront. Die Wirkung eines Vorgehens der Flanken und der hinteren Front ist zwei- oder drei-, manchmal sogar zehnmal größer als die der vorderen Front. Das ist eine unbestreitbare Tatsache in der Strategie. China steht nun hinter Japan, wenn Japan mit Amerika im Kampf steht, und befindet sich seitwärts von ihm, wenn Japan einen Krieg mit Rußland führt. Japan kann so nicht nur nicht auf einen Sieg rechnen, sondern es hat überhaupt keine Möglichkeit, den Kampf anzufangen, wenn es nicht seine Flanken und Hinterfront sicherstellt. Hierfür gibt es zwei Möglichkeiten:

1. mit Gewalt das Nachbarland, China, niederzuhalten, um Gefahr zu verhindern;
2. mit ihm einen Nichtangriffspakt zu schließen.

Gegenwärtig bemüht sich Japan nicht, eine Zusammenarbeit mit China zu erreichen; so beabsichtigt es wohl, China mit Gewalt niederzuhalten. Kann Japan dies erreichen? Meiner Ansicht nach ist es nicht genug, China nur mit Gewalt niederzuhalten, nachdem die Feindschaft zwischen ihm und Japan so weit fortgeschritten ist. Japan muß, bevor es einen Krieg gegen Amerika und Rußland zu führen beginnt, China völlig zu annektieren versuchen. Wenn Japan aber nicht, wie Dr. Sun Yatsen einmal sagte, imstande wäre, China binnen zehn Tagen vollkommen zu erobern, so würde Japan in eine sehr große Gefahr geraten. Denn, wenn Japan für die Eroberung Chinas eine Zeit von drei oder sechs Monaten brauchte, so würden Amerika und Rußland das Vorgehen Japans in China vielleicht nicht dulden und ihm Widerstand entgegensetzen."

Weiter erörtert Hsu Taolin, ob Japan in einer so kurzen Zeitspanne China annektieren könnte. Das ist nach seiner Ansicht völlig unmöglich. Er führt dafür folgende Gründe an:

„Um China zu beherrschen, muß Japan zuerst die gesamte chinesische Küste mit seiner Flotte blockieren. Jedoch steht China heute mit Amerika und europäischen Nationen in engen politischen und wirtschaftlichen Beziehungen, ganz besonders mit England. So wird die Blockierung sehr die Interessen einer oder zweier Nationen gefährden. Wenn Japan sich zu diesem Schritt entschließen würde, so würde es nicht nur in einen Konflikt mit China, sondern auch mit England und der ganzen Welt geraten. Die Blockierung der chinesischen Küste kann einen großen Vorteil für einen Kampf gegen Rußland oder Amerika erzielen. Jedoch ist es wohl kein kluger Plan, sich die ganze Welt zum Feind zu machen, noch bevor der Hauptkampf seinen Anfang genommen hat."

Die Blockierung ist eine Aktion, die man nicht unbedingt für die Niederhaltung eines Landes anzuwenden braucht. Japan kann China wohl auch ohne Blockierung zum Nachgeben zwingen oder die Blockade nach Möglichkeit ausdehnen oder beschränken. Japan wird aber wohl nicht so unüberlegt sein, sich mit England und der ganzen Welt zu verfeinden.

„Es ist weltbekannt, daß Japan, seitdem es in der Mandschurei und Mongolei den Pufferstaat „Mandschukuo" gründete, eine große Summe für militärische Ausgaben anlegte. Es ist auch bekannt, daß die Finanzlage im Lande immer gespannter geworden ist. Wenn Japan heute sein Eroberungsgebiet vergrößern will, so muß es bedenken, daß die Besetzung von Nordchina nicht so leicht vor sich gehen wird wie die der Mandschurei. Erstens war die chinesische Seite im Mandschurei-Konflikt ganz unvorbereitet. Zweitens ist die Stimmung und Bildung der Bevölkerung in Nordchina ganz anders als die der Bevölkerung in der Mandschurei, die schon längere Zeit unter der halbjapanischen Herrschaft gestanden hatte. Japan wird wohl für seine militärischen Ausgaben noch einen mehrfach vergrößerten Etat brauchen, wenn es die in seinen Gedanken schwebenden ein, zwei oder drei Pufferstaaten in Nordchina und der Mongolei zu gründen beabsichtigt. Außerdem fehlt es in dem einsamen südmongolischen Gebiet an jeder Produktion und Einnahme. Es wird nur viel Geld kosten, wenn man diese Gebiete, entgegen ihrer natürlichen Lage, ausbauen wird. Abgesehen von dieser direkten wirtschaftlichen Rückwirkung wird Japan durch seine Eroberungssucht das chinesische Volk zu einem Boykott gegen japanische Waren veranlassen, den keine Macht niederdrücken kann und der eine indirekte Wirkung auf Japan ausüben würde. Dann wird es sehr fraglich sein, ob der japanische Handel und seine Produktion sich noch weiter entwickeln können."

Vom wirtschaftlichen Standpunkt aus gesehen vergeudet ein Krieg große Summen Geldes. Und deswegen kann es keinen endlosen Krieg geben. Von der praktischen Seite aus gesehen, erwies sich jedoch in vielen Fällen das Gegenteil. Während des Weltkrieges prophezeiten z. B. viele Leute, daß in etwa zwei Jahren ein Waffenstillstand geschlossen würde, da der Krieg einen immer größeren Umfang annehmen würde, die Völker der kämpfenden Staaten in immer schwierigere Verhältnisse geraten würden, und infolgedessen der Kampf nicht sehr lange dauern könnte. Wer hätte gedacht, daß der Weltkrieg sich vier Jahre hinziehen würde. — Auch glaubte man, daß Italien nach dem italienisch-abessinischen Konflikt, infolge der Überspannung während der Kämpfe, seine Macht in Europa verlieren müßte. Jedoch steht Italien heute im Bündnis mit Deutschland England, Frankreich und Rußland gegenüber mächtig da. Die Lage in Japan ist dieselbe. Japan würde, so sagte man nach dem Mandschurei-Ereignis, das eine große Anspannung der Finanzen zur Folge hatte, und dem darauffolgenden chinesischen Boykott, der dem japanischen Außenhandel einen tüchtigen Schlag verursachte, sein Schicksal ebenfalls besiegelt sehen. In Wirklichkeit war das Gegenteil der Fall. Japan entwickelte sich immer weiter. So ist es erklärlich, daß der Krieg nicht auf diese Weise berechnet werden kann. Und deswegen verdient die obige Darstellung, daß die japanische Wirtschaft in einem chinesisch-japanischen Krieg sich übernehmen würde, keine besondere Beachtung von uns. Wichtig ist, wie es um die Entschlossenheit des Volkes steht.

Die Darstellung Hsu Taolins führt weiter aus:

„Betrachten wir zuerst die militärische Seite, den Stand der Truppen in einem chinesisch-japanischen Kriege. Die japanischen Truppen umfassen in der Mandschurei angeblich fünf Divisionen; sie betragen aber in Wirklichkeit über 100 000 Mann (etwa zehn Divisionen). Diese Truppen in Stärke von 100 000 Mann können die Ordnung in der Mandschurei noch nicht aufrechterhalten und haben schon zahlreiche Niederlagen durch chinesische Freischärler erlitten. So würde Japan mindestens 200 000 Mann brauchen, wenn es dem ,Mandschukuo' ähnliche zweite und dritte Pufferstaaten zu errichten versuchen wollte. Diese Zahl übersteigt die Stärke der aktiven japanischen Armee, die 17 Divisionen umfaßt. Für die Ordnung im Lande selbst und in Korea bedarf es ebenfalls einer gewissen Militärkraft. Auf diese Weise wäre Japan dann gezwungen, die Reserven einzuberufen. Nun würde ein wichtiger Krieg zwischen China und Japan entstehen. Ein solcher wird aber keine lokale Angelegenheit in Nordchina mehr sein, sondern einen viel größeren Umfang annehmen. Das würde außerdem bedeuten, daß Japan seine Hauptgegner, d. h. Amerika und Rußland, außer acht ließe. Sollte Japan diesen Plan haben, so bedeutete das nichts anderes als seine Selbstvernichtung. In solchem Falle zu opfern, wird sich China nicht fürchten, sondern sich darüber freuen.

Es ist ganz gleich, aus welchem Grunde Japan den Kampf mit China aufnimmt. China wird infolge seiner militärischen Unterlegenheit große Opfer zu bringen haben. Darüber ist sich jeder Chinese klar; darin liegen aber auch die Schwierigkeiten für Japan. Die Unterlegenheit Chinas ist eine Kraft, die man nicht unterschätzen darf. Ein Kampf zwischen Staaten mit gleicher Macht wird durch eine Endschlacht entschieden. Zwischen ungleichen Staaten, wie z. B. zwischen China und Japan, wird es keine richtigen militärischen Entscheidungen geben. Die Kampfhandlungen zwischen diesen beiden Nationen würden erst dann beendet sein, wenn Japan den letzten Quadratmeter Bodens besetzt und China gründlich vernichtet hätte. In dem Kampf zwischen zwei Nationen ist es wichtig, die politische Zentrale in Besitz zu nehmen. Aber in einem Kampf mit China kann man durch die militärische Besetzung seiner Hauptstadt China nicht besiegen. (Da die Revolution in China noch nicht beendet ist; dies wird noch später behandelt werden.) Japan kann höchstens die leicht erreichbaren Großstädte und die wichtigen Häfen besetzen, nicht aber das ganze chinesische Land von 500 Millionen Quadratmeilen. China würde wohl durch die Besetzung seiner wichtigen Städte und Häfen in eine schwierige Lage geraten, jedoch würde Japan das Dasein des chinesischen Reiches dadurch nicht austilgen. Nehmen wir die Mandschurei als Beispiel. Bedeutet es einen nicht wieder gutzumachenden Verlust für China, wenn es solche wichtigen Provinzen verliert? Diesem vorübergehenden Verlust ist keine große Bedeutung beizumessen, wenn man die Nationalregierung als eine Organisation betrachtet, die sich noch in revolutionärer Entwicklung befindet. Oft hört man von den zuständigen Stellen der Kuomintang: ‚Es ist die selbstverständliche Pflicht der Kuomintang, die Mandschurei zurückzuholen. Jedoch ist sie für den Verlust dieses Gebietes nicht verantwortlich.' Der Verfasser ist kein Mitglied der Kuomintang und wird deswegen nicht behaupten, daß diese Äußerung der Kuomintang eine Ausrede ist. In der Tat wurde die Mandschurei vor dem 18. September 1931 der Nationalregierung nur theoretisch angegliedert, wobei ihre militärische, politische und finanzielle Macht selbständig blieb. Zumindest kann man sagen, daß die Mandschurei nicht in den Machtbereich der Nationalregierung gehörte. Heute hat es jedoch diesen Anschein verloren. Obwohl die Mandschurei äußerlich von einer fremden Macht annektiert wurde, sind ihre Truppen seitdem der Nationalregierung unterstellt. Die Bevölkerung in der Mandschurei erhielt ihr Nationalbewußtsein und fühlt eine sehr enge geistige Beziehung zu dem neuen geeinigten chinesischen Reich. So kann man sagen, daß China schließlich gezwungen sein wird, wenn Japan die weiteren Eroberungen chinesischen Gebietes für klug halten würde, dem Vorbild der Türkei zu folgen, seine Front zu verkürzen und bis zum äußersten für sein Dasein zu kämpfen. In dem Falle werden unbeschreiblich große Menschenopfer von beiden Nationen gefordert werden. Wird Japan in endlosen Kämpfen schließlich sein Ziel, die völlige Vernichtung Chinas, erreichen können?"

Eine solche Ansicht besitzt sicherlich nicht nur Hsu Taolin allein, sondern sie wird wohl auch von vielen anderen Chinesen vertreten. Hsu Taolin ist nur einer ihrer Sprecher. Sollte Japan das zuletzt Gesagte tatsächlich versuchen, so wäre es eine große Gefahr für China. Würde Japan dabei in Schwierigkeiten geraten? Es ist zu befürchten, daß China dabei zuerst dem Untergang entgegeginge. Solche Betrachtungen können indessen nur von Laien gemacht werden. Wenn Japan gegen China Krieg führen und, wie Hsu Taolin sagte, seinen Angriff nur auf die Großstädte und den Sitz der Nationalregierung konzentrieren würde, so würde sich Japan daran wohl zu Tode laufen, wie Hsu Taolin es darstellt. Das japanische Militär wird aber wohl keinen solchen unklugen Plan aufstellen. Wenn Japan aber zuerst Nordchina erobern und dort eine projapanische Regierung gründen würde, und wenn China die Kämpfe gegen Japan weiterführen würde, und dann Japan die Nordseite des Yangtse besetzen und dort ebenfalls eine projapanische Organisation ins Leben rufen würde, was würde China dann tun? Dadurch würde nicht nur die Einigungsarbeit Chiang Kaisheks zunichte, sondern China würde sich selbst den Untergang bereiten und Japan zu einem anhaltenden Kampf zwingen.

Was kann geschehen, wenn die Truppen der projapanischen Organisation den Yangtse überschreiten und Nanking besetzen würden? Kann man nun noch sagen, daß diesem Verlust ebenfalls wie dem der Mandschurei keine besondere Bedeutung beizumessen ist?

Alles dies wird wohl auch der kluge Chiang Kaishek ganz genau wissen. Wie kommt es dann, daß er trotzdem so etwas behauptet? Um die Japaner zu täuschen, oder um den Geist der Chinesen aufzurütteln? Es ist zwecklos, jetzt hierauf noch weiter einzugehen. Wenn alle seine Behauptungen als Mittel zur Wiederherstellung der chinesisch-japanischen Beziehungen dienen sollen, so können die

Japaner wohl ruhig hinhören. Hsu Taolin, der die Niederhaltung des chinesischen Reiches für unmöglich hält, führte an anderer Stelle aus, daß sowohl China als auch Japan für die heutige kritische Lage zwischen den beiden Nationen verantwortlich sind, da beide Länder Fehler begangen haben. Er charakterisiert zuerst die Fehler auf seiten Chinas:

„a) Vor 1930 hegte sowohl China als auch Japan den Wunsch, die Frage der Konzessionen zu regeln. Da die Verhandlungen hierbei auf einen toten Punkt gerieten, kam es zu dem Mandschurei-Ereignis.

b) Japan ist keine Nation, die auf dem üblichen Parteisystem oder der Konstitution aufgebaut ist, sondern es steht völlig unter der Macht des Militärs. Die chinesische Öffentlichkeit hat dieses Verhältnis nicht beachtet und war stets in dem Glauben, daß die Meinung des japanischen Volkes die Gewaltaten des Militärs verhindern könnte.

c) Japan ist eine vom Militär grausam regierte Nation und nimmt deswegen keine Rücksicht auf Verträge und internationale Abmachungen. China setzte jedoch eine zu starke Hoffnung darauf, daß der Völkerbund Japan Einhalt gebieten und daß England und Amerika die japanische Expansion aufhalten würden.

d) Da China durch den Boykott gegen die japanischen Waren in der japanischen Politik und Wirtschaft eine Verwirrung hervorrufen wollte, gab es Japan Anlaß zu seiner Aktion in der Mandschurei.

e) Die chinesische Regierung hatte die damalige Lage nicht richtig erkannt. Als die japanischen Truppen in die Provinz Jehol einmarschierten, überschätzte die Regierung die Verteidigungsstärke der früheren Mandschurei-Truppen auf Grund des dortigen schwierigen Geländes. In Wirklichkeit mangelte es diesen Truppen sowohl an Moral als auch an der Ausrüstung.

f) In China herrschten viele Unstimmigkeiten in den außenpolitischen Richtlinien. Es existierte keine einheitliche Meinung zwischen dem Volk und der Regierung, auch nicht unter der Bevölkerung selbst und ebenfalls nicht zwischen der Parteizentrale und den Mitgliedern der Kuomintang. Sogar bei der Führung der Kuomintang gab es Meinungsverschiedenheiten bei der Behandlung von außenpolitischen Fragen. So wurden die innere und äußere Gefahr immer größer.

g) Die Chinesen handeln stets nach ihrem Gefühl und vermeiden daher eine direkte Verhandlung mit Japan. Daß ‚beide Länder gemeinsam zugrunde gehen sollen', ist wohl keine glückverheißende Lösung. ‚Ein Leben im Tode zu suchen' ist der schlechteste Ausweg.

180

Um dieses zu verhindern, muß man das Gefühl unterdrücken und hinsichtlich der Zukunft der Nation und des Volkes handeln.

Die Fehler Japans werden wie folgt in direkte und indirekte geteilt:

1. Die direkten Fehler

a) China befindet sich gerade in einer revolutionären Entwicklung und ist deswegen anders als eine Nation, die eine feste Ordnung besitzt. Gerade weil China sich in einem revolutionären Stadium befindet, wird sich immer dort die Macht der Regierung befinden, wo sich der Führer des Volkes aufhält. Solange der Führer da ist, wird Japan nicht imstande sein, China völlig zu erobern. Die Japaner verkennen aber diesen Punkt und sind in dem falschen Glauben, daß allein eine militärische Aktion die Vernichtung Chinas herbeiführen könnte. Das ursprüngliche chinesische Reich wurde vor 600 Jahren von den Mongolen erobert und vor 300 Jahren von den Mandschus unter ihre Herrschaft gezwungen. Geschichtlich gesehen, ist das chinesische Reich, obwohl es keine Gründe dafür gibt, daß die Japaner die Chinesen nicht beherrschen könnten, immer mehr vom Nationalbewußtsein durchdrungen worden. So stark die Waffen Japans auch sein mögen, so wird es wohl nicht möglich sein, 400 Millionen patriotische Bürger auszurotten und das ganze China zu einem bereitwilligen Untergebenen Japans zu machen.

b) Die Japaner glauben, daß die Kuomintang der Kernpunkt der antijapanischen Bewegung ist und streben stetig danach, die Kuomintang zu vernichten. Deswegen kann keine Lösung für das chinesisch-japanische Problem gefunden werden, solange Japan in diesem Irrtum befangen bleibt. War es nicht Dr. Sun Yatsen, der Führer der Kuomintang, der die notwendige Zusammengehörigkeit Chinas und Japans am deutlichsten erkannt hat? Es gibt in der Kuomintang wohl einen antijapanischen Kreis, der jedoch an Umfang sehr klein ist. Die antijapanische Stimmung des chinesischen Volkes wurde schrittweise von Japan selbst hervorgerufen und ist nicht auf die Propaganda der Kuomintang zurückzuführen. Strebt Japan die Vernichtung der Kuomintang an, so verliert es gerade bei ihr die Sympathie. Das chinesische Volk wird sich dann sicherlich zusammenschließen, um den Japanern Widerstand zu leisten.

c) Japan besitzt keine rechte Kenntnis der heutigen Persönlichkeiten Chinas. Beispielsweise wird Chiang Kaishek in dem japanischen ‚Diplomatischen Bulletin' oft mit denselben Augen wie die chinesischen Staatsmänner der Vergangenheit, Yuan Shihkai und

Li Hungchang, betrachtet. Die Zeit Yuan Shihkais und Li Hungchangs unterscheidet sich durch eine verflossene Zeitspanne von zehn Jahren und ist von der Gegenwart grundverschieden. Yuan Shihkai und Li Hungchang kamen durch die Staatsprüfung der Kaiserzeit zu Ämtern, während Chiang Kaishek schon von Jugend an der revolutionären Organisation angehörte und sich in den nachfolgenden dreißig Jahren stets mit revolutionären Arbeiten beschäftigte. Seine Erziehung und seine Ideen erhielt er ausschließlich von Dr. Sun Yatsen; er lebte ständig in einer revolutionären Atmosphäre.

Chiang Kaishek ist vollkommen im Geiste der Revolution aufgewachsen. Ihm wurde kein Gedanke und keine Gewohnheit der monarchistischen Zeit unmittelbar überliefert. Der Unterschied zwischen Chiang Kaishek, Yuan Shihkai und Li Hungchang ist genau derselbe wie der zwischen der heutigen Republik und dem monarchistischen Regime vor mehreren hundert Jahren. Deswegen ist es irrig, Chiang Kaishek, Yuan Shihkai und Li Hungchang zusammen zu erwähnen und ihn mit gleichem Maßstabe wie die beiden letzteren zu messen.

d) Die Verkennnung der Denkart des chinesischen Volkes von heute durch die Japaner. — Die Japaner halten an der Voraussetzung fest, daß das chinesische Volk sich auf keinen Fall mit ihnen einigen wolle. Aus diesem Grunde glauben sie auch, daß sie sich nicht sicher fühlen könnten, solange das chinesische Volk nicht völlig vernichtet sei und wenden darum grausamste Methoden an, um dies zu erreichen. Das liegt an der vollkommenen Verkennung der Psyche der Chinesen.

England begann mit einem Krieg, um Rauschgifte nach China einführen zu können und schloß dann auf Nichtgleichberechtigung beruhende Verträge ab, um das Land in Fesseln zu legen. Dieses Verhalten hat einen ungeheuren Haß in die Herzen der Chinesen gesät. Heute hat aber England nicht nur auf seine Opiumpolitik verzichtet, sondern hat auch seine territorialen Absichten aufgegeben, um sich nur den gegenseitigen wirtschaftlichen Interessen widmen zu können. Das ist die Ursache für die Überwindung der antienglischen Stimmung in China.

Wenn die Japaner diese Motive kennen würden, könnte auch die Feindschaft zwischen China und Japan beigelegt und in eine Freundschaft verwandelt werden.

2. Indirekte Fehler

a) Nachdem Japan den Völkerbund verlassen hatte, fühlte es sich ganz unabhängig. In Wirklichkeit geriet es jedoch in eine Isolierung.

In der heutigen Welt ist die internationale Zusammenarbeit notwendig, und deswegen steht jede Isolierung zu der heutigen Zeit im Gegensatz.

b) Die Japaner propagieren häufig den ‚Panasiatismus'. Jedoch ist die jetzige Lage eine ganz andere, als sie es um das Jahr 1823 war, als Amerika den ‚Panamerikanismus' verkündete. Wollte Japan durch den ‚Panasiatismus' China unter seine Herrschaft bringen, so würde es nicht nur bei Amerika und Rußland, sondern auch bei den anderen europäischen Staaten dadurch großes Unbehagen hervorrufen. In einen ganz besonders heftigen Konflikt würde es dadurch mit England geraten.

c) Japan hetzt sein Volk auf, zensiert seine Presse, um die Mandschurei als seine Lebensader hervorzuheben. Daneben wird das eigene Land als höchst bedroht hingestellt und die Eroberungsabsicht gegen China als zwangsläufig propagiert. Andererseits verkündet es dem eigenen Volk immer wieder die noch nie dagewesene ‚nationale Gefahr'. Alles dieses hat Japan erdacht; es könnte ganz leicht beseitigt werden, wenn es dies nur wollte."

Hsu Taolin geht dann noch einen Schritt weiter und kennzeichnet den Weg, den China und Japan zu gehen hätten. Mit allem Ernst appelliert er an die Völker der beiden Nationen für eine Zusammenarbeit zum Wohle und Gedeihen ihrer beiden Länder. Seine mahnenden Worte an China sind:

„Um die Lage zwischen China und Japan entspannen zu können, das hängt natürlich von Japan ab, würde es genügen, wenn Japan die Aufrichtigkeit besitzen würde, eine Lösung zu schaffen. China wird wohl nichts anderes von ihm verlangen, als daß es seine Eroberungsabsichten aufgibt und die vier nördlichen Provinzen, die Mandschurei, zurückgibt. Es ist für China nicht günstig, Vorteile bei dem Ausbruch eines internationalen Konfliktes zu suchen. Man muß sich darüber klar sein, daß Japans Sieg kein Glück für China sein kann, sowie sein Niedergang und sein Untergang gleichfalls kein Glück für China und den Fernen Osten bedeuten würde.

Seit dem Abbruch der Londoner Flottenkonferenz steht Japan isoliert da. Viele Leute glauben, daß Japan durch eigene Schuld zugrunde gehen wird, weil es viel Unmenschliches getan hat. China könnte dem Vorbild Belgiens folgen und keine Opfer scheuen, um Japan in die Lage Deutschlands während des Weltkrieges zu versetzen. Deswegen müßte China versuchen, den Übermut Japans soweit zu steigern, daß es sich selbst übernimmt. Meiner Ansicht nach beruht das Ideal der Menschheit auf dem Zusammenleben und nicht darauf, daß man sich gegenseitig Schwierigkeiten bereitet. Die Entwicklung der Welt soll ebenfalls mit der Tugend der Anerkennung der Lebensrechte anderer Nationen als Basis fortschreiten. Das rücksichtslose Japan von heute ist wie ein tollwütiger Hund, der immer in der Richtung zum Brunnen läuft, wobei jedem klar ist, daß er darin bald seinen Tod finden wird. China versucht jedoch nach der Vorschrift der alten überlieferten Tugenden sein Dasein aus eigener Kraft aufrechtzuerhalten und will keine Schwäche des anderen zum eigenen Vorteil ausnützen. Obwohl Japan China eine Grube gräbt, in die es selbst bald hineinstürzen wird, so soll China doch gerecht handeln und nach Möglichkeit versuchen, Japan zur Selbstbesinnung zu bringen. Es hat nicht nötig, schadenfroh zu sein. Wenn Japan China zwingen will, mit ihm zusammen zugrunde zu gehen, so soll China auf normalem Wege seine Existenz aufzurichten versuchen und nicht mit ihm den gemeinsamen Fehler begehen.

Es ist nicht notwendig, mit den Drohungen eines starken Nachbarn den Geist des eigenen Volkes aufzurütteln. Wenn das Volk sich selbst entschließt, an der Erneuerung der Nation zu arbeiten und alle bisherigen schlechten Gewohnheiten beseitigt, so wird das Reich trotz der äußeren Gefahren einen Aufstieg erringen.

Es gibt auch Menschen, die sich je nach der Haltung Japans zu dem Neunmächtevertrag optimistisch oder pessimistisch einstellen. Man muß aber wissen, daß China sich schon in einer großen Gefahr befunden haben muß, wenn sein Territorium durch internationale Verträge garantiert wurde. Die Mächte haben die Verträge, die nichts anderes als eine Methode des Imperialismus zu Behandlung von Kolonien sind, nur geschlossen, um ihr Gleichgewicht zu bewahren und die eigenen Handelsinteressen zu schützen, an die Interessen Chinas hat dabei wohl niemand gedacht. Wenn China nicht aus eigener Kraft einen Wiederaufstieg erringen kann und sich nur auf solche Verträge stützt, wird es wohl der Aufteilung durch die Mächte entgegeneilen. Japans rücksichtsloses Vorgehen geht dahin, China als Schützling zu gewinnen. Den europäischen und amerikanischen Nationen würde dann wohl nichts anderes übrigbleiben, als eine Aufteilung des unfähigen China anzustreben, um einen Anteil daran zu haben. Alles dieses könnte aber das chinesische Volk nicht ertragen. Deswegen ist für China der beste Weg, auf seiner eigenen Kraft aufzubauen und alle Hindernisse, besonders die Streitpunkte mit Japan, rasch aus dem Wege zu räumen, um sofort an die Arbeit der Wiedererstarkung und Selbsterhaltung gehen zu können."

Nach einer Kuomintang-Plenarsitzung

Chiang Kaishek Tan Yenkai Hu Hanmin Lin Sen Tai Chitao Chao Taiwen
Chu Peite Liu Luyin Ku Yingfen

Bei einer Parade

Das, was Japan tun soll, kennzeichnet Hsu Taolin folgendermaßen:

„Japan muß zuallererst erkennen, daß die Ostasiaten nur dann von Ostasien sprechen können, wenn ein unabhängiges und freies China dasteht. Der beste und sicherste Weg Japans ist, die Unabhängigkeit Chinas mit allen Mitteln zu unterstützen. Japan kann erst dann Vorteile aus seinen besonderen Interessen im Fernen Osten ziehen (Hirotas Worte), wenn eine Zusammenarbeit zwischen ihm und einem selbständigen China auf der Basis der Gleichberechtigung besteht. Dann wird auch China imstande sein, seine Sendung im Fernen Osten auszuführen.

Ferner muß Japan die Wandlung der Zeit erkennen und sich klar darüber sein, daß die politische Methode der Zeit Meijis zum heutigen Tage nicht mehr paßt. Um eine Besserung der chinesisch-japanischen Beziehungen zu erreichen, muß auf jede Gewaltanwendung verzichtet werden. Um eine kulturelle Zusammenarbeit zustande zu bringen, sind die Aufgabe der territorialen Zusammenarbeit, die Beseitigung der politischen Herrschaft und die freiwillige Einigung beider Länder eine Notwendigkeit.

Zur Lösung des japanisch-chinesischen Problems bedarf es nur der Änderung der japanischen Ansichten. Wenn Japan sich darauf besinnt, daß die gegenwärtige kritische Lage für beide Teile unvorteilhaft ist, so wird es keine Ausrede oder sonstigen Gründe mehr angeben, sondern in allem Ernst, wie Hirota sagte, die Einigung Chinas anerkennen und die Unabhängigkeit Chinas und seine Interessen nicht zu beeinträchtigen versuchen. Einerseits müßte die Mandschurei dem chinesischen Reich wieder eingegliedert und andererseits eine Lösung aller bisher ungeklärten chinesisch-japanischen Fragen geschaffen werden. Zu Verhandlungen, die direkt zwischen den beiden Nationen geführt werden könnten, muß von Japan der Anfang gemacht werden. Nach Beendigung der Unterhandlungen wird China die Ergebnisse dem Völkerbund berichten, der sicherlich, um den Frieden zu bewahren, bereit sein wird, dieselben anzuerkennen. Dann würde auch die Ursache des Austritts Japans aus dem Völkerbund beseitigt sein. Es könnte dann erneut eintreten, um damit alle durch seinen Austritt hervorgerufenen schwierigen Probleme zu beseitigen."

Die obenerwähnten Gedanken waren die wichtigsten Hsu Taolins für die Bildung einer chinesisch-japanischen Freundschaft. Ihre Niederschrift war selbstverständlich von Chiang Kaishek veranlaßt worden, und es wäre nicht verfehlt, dieselbe als die Ansicht Chiang

Kaisheks zu betrachten. Ich selbst habe an einigen Stellen meine Meinung hinzugefügt. Obwohl die Auffassungen nicht ganz übereinstimmen, ist die Darstellung im großen und ganzen sehr zutreffend. Man kann nicht ableugnen, daß diese zur Schaffung einer Atmosphäre für die chinesisch-japanische Freundschaft sehr beigetragen hat. Und das war wohl auch die Absicht Chiang Kaisheks. Er wollte damit die Meinung im Lande prüfen und gleichzeitig die Andeutung der Richtlinien für eine chinesisch-japanische Freundschaft machen. Auch in Japan begegnete man ihm hierin mit großer Genugtuung. Danach entschloß sich Chiang Kaishek, sich für die chinesisch-japanische Annäherung einzusetzen.

Wie immer, so handelte Chiang Kaishek auch in diesem Falle blitzschnell, nachdem er den Entschluß gefaßt hatte. Schon einen Monat nach der Veröffentlichung dieser Gedankengänge empfing er Mitte Januar 1935 den japanischen Botschafter in China, Ariyoshi, und den japanischen Militärattaché, Shishiki, zu einer Besprechung über die Regelung der zwischen beiden Ländern schwebenden Fragen. Der japanische Generalkonsul in Nanking, Suma, eilte darauf nach Tokio ins japanische Innenministerium und kehrte mit wichtigen Anweisungen zurück. Am 21. Januar 1935 begann General Suma mit Wang Chingwei, Hwang Fu und Tang Yoyen eine Konferenz vorzubereiten. Damit nahmen die chinesisch-japanischen Verhandlungen ihren Anfang.

2. Chinesisch-japanische Annäherung

Als Widerhall zu diesen Vorgängen hielt der japanische Außenminister Hirota im Jahre 1935 im Reichstag eine außenpolitische Rede. Im Hinblick auf China betonte er, daß mehr und mehr eine Einigung verwirklicht worden sei. Nur die kommunistischen Elemente bildeten noch eine gewisse Gefahr. Ferner führte Hirota aus, daß Japan von dem Wunsche beseelt sei, gemeinsam mit den anderen Nationen im Fernen Osten die Verantwortung für den Frieden in Ostasien zu tragen.

Diese Rede wurde in China sehr günstig aufgenommen. In den letzten Tagen des Januar 1935 trafen die chinesischen und japanischen Vertreter abermals zusammen. Danach folgte eine Erklärung Chiang Kaisheks über die Wendung in der Japanpolitik.

Am 1. Februar 1935 äußerte sich Chiang Kaishek auf einem Empfang der chinesischen Presse über die außenpolitischen Richtlinien der Nationalregierung. Über Chinas Japanpolitik sagte er unter anderem zu den Vertretern der Zentral-Nachrichtenagentur:

186

„Aufrichtigkeit, Gerechtigkeit und Friede sind die Grundlagen der chinesischen Außenpolitik . . . Die Äußerung des japanischen Außenministers Hirota über China auf dem japanischen Reichstag betrachten wir als aufrichtig. Sie verdient das tiefste Verständnis aller Kreise des chinesischen Volkes. Da das chinesische Volk stets der Unterjochung ausgeliefert gewesen ist, entstand bei ihm hin und wieder eine antijapanische Bewegung, die die Regierung jedoch stets zu unterdrücken versuchte. Bei der heutigen internationalen Lage können die Streitmotive nur beseitigt und ein leuchtender Weg für die Zusammenarbeit gezeichnet werden durch das Gesetz der Gleichberechtigung und durch gegenseitige Aufrichtigkeit. Die bisherige chinesische antijapanische Stimmung und die bisherigen japanischen Handlungen gegenüber China bedürfen ebenfalls einer Änderung, um zwischen beiden Nachbarn eine Freundschaft herstellen zu können. Unser Volk soll offen und großzügig genug sein, die nur auf Gefühl beruhende antijapanische Bewegung fallen zu lassen und die Japaner von unserer Aufrichtigkeit zu überzeugen. Ich glaube, daß das japanische Volk uns ebenfalls mit Aufrichtigkeit antworten wird."

Am 13. Februar 1935 wurde von der chinesischen Regierung ein Gesetz zur Bewährung der nachbarlichen Freundschaft erlassen. Am 20. desselben Monats hielt Wang Chingwei auf dem „Zentralpolitischen Rat" eine Rede zur Verständigung mit Japan. Außerdem reisten einflußreiche Staatsmänner, Wang Chunghwei und andere nacheinander nach Japan. Alles dieses waren Anzeichen für die Wendung der chinesisch-japanischen Beziehungen. Seitdem schritt die Annäherung zwischen beiden Ländern immer weiter vorwärts.

Oberflächlich gesehen, war diese Annäherung das Ergebnis einer Handreichung Chinas an Japan. In der Tat bestanden aber auch in Japan viele Gründe für die Hoffnung auf eine Annäherung mit China.

Mit dem Mandschurei-Ereignis führte, wie schon erwähnt, China Japan gegenüber eine zweiseitige Politik, d. h. „Verteidigung und Verhandlungen", um duldend eine günstige Gelegenheit abzuwarten. Die antijapanische Bewegung nahm ständig zu, und man kann sagen, daß die größere Neigung für die Verteidigung gegen Japan bestand. Wenn Japan seine Hand diesem China gereicht hätte, so würde dieses China Japan bestimmt mit Verachtung zurückgewiesen haben. Diese Erfahrung hat Japan wohl schon mehrmals erlebt. Deswegen verharrte Japan einerseits in einer zurückhaltenden Stellung, um andererseits China mit allen Mitteln zum Handeln zu zwingen. Auf diese Weise förderte Japan direkt oder indirekt seine Annäherung an China.

Die Londoner Flottenkonferenz ging durch die Forderungen Japans in die Brüche. England und Amerika vermuteten danach territoriale Absichten Japans in China und Sibirien und begannen darum mit einer regen Zusammenarbeit, um Japans Vorgehen vorzubeugen.

England und Amerika würden nun, da sie die japanischen Absichten erkannt hatten, sich mehr und mehr in die Angelegenheiten im Fernen Osten einmengen. Dies widerstrebte aber dem Plan Japans, die Angelegenheit in Ostasien durch die Asiaten allein beizulegen. Um die Einmischung zu verhindern, mußten notwendige Schritte unternommen werden.

Diese konnten aber nichts anderes sein, als China die Hand zu reichen, um so die Angelegenheiten Ostasiens allein zu ordnen. Diese chinesisch-japanische Zusammenarbeit würde jeden Vorwand zur Einmischung zunichte machen. Dies war einer der Gründe, warum Japan in die chinesische Hand herzlich einschlug.

Ein anderer Grund stand in Beziehung zu Sowjetrußland. Nach dem Mandschurei-Ereignis hatte Sowjetrußland mehrmals mit Japan geliebäugelt. Japan hielt die Zeit jedoch noch nicht für gekommen und lehnte das russische Angebot zu einem Nichtangriffspakt ab. Dies erweckte in Rußland Furcht, und es begann darauf seine militärische Macht an den Grenzen zu verstärken. Wenn ein Krieg zwischen Japan, der Mandschurei und Rußland ausbrechen würde, so würde das antijapanische China sich sicherlich mit Rußland verbinden. Um diesem vorzubeugen, war es für Japan notwendig, mit China Freundschaft zu schließen. Außerdem wollte Mr. Haas, Vorsitzender der Hilfskommission des Völkerbundes, in Nanking eintreffen, und um eine eventuelle japanschädliche Aktion seinerseits zu verhindern, wie sie ehemals Dr. Raijchmann unternommen hatte, blieb Japan nichts anderes übrig, als sich mit China zu einigen. Außerdem war die politische Gewalt Chiang Kaisheks immer größer geworden. In ihm würde Japan einen gerechten Partner für die chinesisch-japanischen Verhandlungen finden. Das waren die Gründe Japans für sein Bestreben nach einer chinesisch-japanischen Annäherung.

Unter solchen Umständen gerieten China und Japan mehr und mehr auf die freundschaftliche Bahn. Die japanische öffentliche Meinung propagierte die chinesisch-japanische Freundschaft, die China mit großer Herzlichkeit erwiderte, in großem Umfange.

Abgesehen davon, ob die chinesische Regierung mit dem Herzen oder nur als Mittel zum Zweck die antijapanische Bewegung verbot, mußte Japan darauf mit Aufrichtigkeit antworten. Und es war für

188

Japan notwendig, dieses Vorgehen Chinas weiterhin mit großer Sorgfalt zu fördern.

Hinsichtlich dessen wurden am 17. Mai 1935 die Gesandtschaften der beiden Nationen zu Botschaften erhoben. Als erster Botschafter wurde Ariyoshi für Nanking und Chiang Tsopin für Tokio ernannt. Über diese Erhöhungen wurden in Japan zwei gegensätzliche Standpunkte laut. Es wurde darüber erzählt, daß das Außenministerium die Meinung des Militärs nicht genügend beachtet und diesen Schritt der Erhöhung allein beschlossen hätte.

Die beiden entgegengesetzten Standpunkte waren folgende: Der erste, der vom Außenministerium vertreten wurde, besagte, daß Japan China ebenfalls mit Aufrichtigkeit begegnen müßte, wenn China Japan gegenüber Aufrichtigkeit zeigte. Der zweite Standpunkt zweifelte an der Aufrichtigkeit Chinas und hielt es für eine Gefahr, China die Hand zu reichen, solange die chinesische Regierung ihren antijapanischen Geist nicht geändert hätte. Diese Ansicht war in militärischen Kreisen vertreten.

Warum hat das Außenministerium trotz des Widerstandes des Militärs die Gesandtschaften zu Botschaften erhoben? Nach der Äußerung Hirotas zu urteilen, war er von der Aufrichtigkeit Chinas überzeugt.

Am 20. Februar 1935 erklärte Hirota im Anleiheausschuß des Unterhauses folgendes:

„Über die Aufrichtigkeit Chinas besteht kein Zweifel."

Am 1. März 1935 gab er im Unterhaus den Abgeordneten der Saiyukai-Partei ebenfalls in diesem Sinne folgende Antwort:

„Meinte der Herr Abgeordnete nicht, daß Japan die chinesische Annäherung überschätzt? Meiner Ansicht nach ist die günstige Wendung nicht anzuzweifeln. Die Beziehungen zwischen China und Japan bestehen schon lange. Bis jetzt waren sie immer kritisch. Wenn China diese Lage als ungeeignet betrachtet und zu einer Änderung fest entschlossen ist, ist das wirklich ein großes Glück. Wenn in solch einem Falle eine chinesisch-japanische Freundschaft nicht verwirklicht werden könnte, würden wir sicherlich von unseren Nachkommen getadelt werden, und ich selbst würde mich deswegen ebenfalls sehr schämen. Darum setze ich mich mit ganzer Energie für die schnelle Verwirklichung der chinesisch-japanischen Freundschaft ein. Das sind auch die Richtlinien meiner Arbeit. Obwohl Chiang Kaishek und Wang Chingwei, sowie die anderen einflußreichen Männer der chinesischen Regierung, denselben Wunsch hegen, wird die Regierung noch längere Zeit dazu brauchen, das seit langer Zeit Japan gegenüber schlecht gesinnte chinesische Volk dahin zu beeinflussen, für eine wirkliche chinesisch-japanische Freundschaft zu arbeiten. Ich hoffe, daß dieser Zeitpunkt bald kommen wird."

Auch von chinesischer Seite wurde die Annäherung versucht. Alle antijapanischen Bewegungen, unter ihnen die Boykottbewegung, wurden erklärlicherweise untersagt. So erfuhren auch acht bis neun schwebende Fragen zwischen China und Japan, wie die Finanzregelung der Nanking- und Hankow-Affäre, der Anleihen, ferner die Rundfunk-, Telegramm- und Telefonprobleme und andere mehr eine zufriedenstellende Lösung. Dies war sicherlich mit ein Grund, weshalb das Außenministerium in Tokio sich zu der Erhöhung der Gesandtschaften entschloß. Um die japanfreundlichen Handlungen mit einer chinafreundlichen Geste zu beantworten, hat das japanische Außenministerium trotz des Widerstandes eines gewissen Kreises ihre Gesandtschaften zu Botschaften erhoben. Dieser Akt löste in Nanking große Genugtuung aus. Das chinesische Außenministerium gab dazu folgende Erklärung heraus:

„Über die Erhöhung der Gesandtschaften zu Botschaften zwischen China und Japan wurden seit 1928 Verhandlungen geführt. Sie kamen aber infolge verschiedener Hindernisse nicht zur Verwirklichung. Es ist in der Tat sehr erfreulich, daß die Nationen jetzt nach kurzer Verhandlung die seit Jahren ungelöste Frage zu Ende geführt und ihre Gesandtschaften zu Botschaften erhoben haben. Es berührt uns sehr angenehm, daß der japanische Außenminister Hirota diese Anstrengung machte und sich mit Aufrichtigkeit für die Besserung der chinesisch-japanischen Beziehungen einsetzte. Wir sind fest davon überzeugt, daß eine wirkliche Freundschaft zwischen China und Japan nur auf der Basis der gegenseitigen Hochschätzung aufgebaut werden kann. Die Erhöhung der Gesandtschaften war ein deutlicher Beweis für die gegenseitige Hochschätzung. Und in diesem Geiste die zukünftigen Fragen zu behandeln, wird nicht nur für die beiden großen Nationen eine Ehre, sondern ein Glück für die ganze Welt sein. Deswegen ist heute ein bedeutsamer Tag der chinesisch-japanischen Beziehungen.

Der neue japanische Botschafter Ariyoshi hat außerdem sehr viel zu der Annäherung der beiden Länder beigetragen. Deswegen ist uns seine Ernennung besonders willkommen."

Seitdem entwickelt sich die Arbeit für die Freundschaft zwischen China und Japan ständig vorwärts. Die japanische Einfuhr in China erfuhr im Vergleich zum Vorjahre eine Steigerung von 33 Prozent.

3. Die Rückschläge durch die Nordchina-Affäre

Zu der Zeit, in der die japanisch-chinesische Annäherungsarbeit vorwärtsschritt und ihren Höhepunkt in der Erhebung der Gesandtschaften zu Botschaften erreicht hatte, entwickelten sich in Nordchina einige Ereignisse, die diese Arbeit leider wieder zum Stillstand brachten. Danach erfuhr die Lage eine gefährliche Wendung.

Nordchina ist das Grenzgebiet zwischen China und „Mandschukuo". Japan hat in diesem Gebiet eine sogenannte „entmilitarisierte Zone" geschaffen, um einem etwaigen bewaffneten Konflikt vorzubeugen. Die ehemaligen Truppen der Mandschurei im Gebiet von Tientsin widersetzten sich jedoch der japanfreundlichen Politik von Hwang Fu, des politischen Kommissars in Nordchina, und veranstalteten öfters antijapanische Bewegungen.

Im Mai 1935 rief Sun Yungching in der sogenannten „entmilitarisierten Zone" einen militärischen Aufruhr hervor, der von den japanischen Truppen unterdrückt wurde. Dabei entdeckten diese, daß hinter Sun Yungching der Gouverneur von Hopei, Yu Hsuechung, und andere Beamten standen. Zur gleichen Zeit ereigneten sich zwei Attentate in der japanischen Konzession in Tientsin, die den Tod der beiden projapanischen und promandschurischen chinesischen Schriftsteller forderten.

Diese Ereignisse waren an und für sich nicht von großer Bedeutung. Jedoch wurde durch sie die rege Tätigkeit der Nationalregierung und der Kuomintang sehr in Frage gestellt. Der japanische Kommandeur in Nordchina legte deswegen am 29. Mai 1935 bei den chinesischen Behörden in Nordchina schärfsten Protest ein und forderte die Zurückziehung der Truppen Yu Hsuechungs und die Auflösung der japanfeindlichen Organisationen. Als diese Nachricht in Nanking eintraf, fand sofort eine Beratung der Nationalregierung statt. Die Annahme der japanischen Forderungen durch die Nationalregierung verhinderte weiteres Unheil. Jedoch war die freundliche Atmosphäre zwischen China und Japan sehr getrübt.

Danach ereigneten sich noch einige unbedeutende Vorfälle, die jedoch alle durch das Nachgeben der chinesischen Regierung friedlich endeten. Als aber im November 1935 eine Autonomiebewegung in Nordchina entstand, begann die chinesische Regierung an der Aufrichtigkeit Japans zu zweifeln. Dadurch wurden alle für die Annäherung geleisteten Arbeiten völlig zunichte.

Nordchina galt lange Zeit als politische Zentrale des chinesischen Reiches. Seine Bevölkerung war deswegen über die Herrschaft Nankings nicht besonders erbaut. Nordchina stand nicht nur unter der Macht der Nationalregierung und der Provinzialregierungen, sondern auch unter der Gewalt der Kuomintang und anderer patriotischer Organisationen. Außerdem war es mit vielen Steuern zur Unterhaltung seiner Truppen belastet. Als sich die Nordchina-Affäre ereignete, und auf die Forderung Japans Yu Hsuechung und die früheren mandschurischen Truppen die Provinz Hopei verließen, die Truppen Sung Cheyuans nach Charhar marschierten und die Ortsgruppen der Kuomintang geschlossen wurden, brach die Autonomiebewegung in Nordchina aus.

Sie begann am 22. Oktober 1935 in der Provinz Hopei im Kreise Hsiangho. Dann breitete sie sich weiter über die anderen Kreise dieser Provinz aus bis nach dem östlichen Teil der Provinz Honan. Die chinesische Regierung befahl dem damaligen Gouverneur der Provinz Hopei, Shang Chen, mit dem Kommandanten der japanischen Armee in Nordchina zu verhandeln. Die Bewegung trat nach Annahme der Forderungen der Bauern in einen vorübergehenden Ruhestand.

Später, am 3. November, als die Nationalregierung plötzlich das neue Währungsgesetz verkündete, begann die Autonomiebewegung erneut eine rege Tätigkeit. Die Provinzen Hopei, Shantung, Shansi, Suiyuan und Charhar waren dabei, eine autonome Regierung ins Leben zu rufen.

Die chinesische Regierung geriet dadurch in große Bestürzung und begann, dieses Vorhaben mit allen Mitteln zu ersticken. Han Fuchu, Gouverneur von Shantung, Shang Chen, Gouverneur von Hopei und Yen Shishan, Gouverneur von Shansi, blieben danach dieser Bewegung fern.

Jedoch gründete der Kommissar der sogenannten „entmilitarisierten Zone", Yen Yukeng, in diesem Gebiet eine autonome Verwaltung und erklärte seine Unabhängigkeit von Nanking. Chiang Kaishek entsandte darauf rasch den Kriegsminister Ho Yingchin nach dem Norden und erließ gegen Yen Yukeng einen Haftbefehl. Da sich diese autonome Regierung aber in der sogenannten „entmilitarisierten Zone" (dort sind nur japanische Soldaten stationiert) befand, konnte nichts weiter unternommen werden.

Andererseits hegten auch Sung Cheyuan, Tsin Tehchun und andere den Wunsch, eine autonome Verwaltung in Nordchina zu erreichen.

Die japanische Regierung vertrat gegenüber dieser autonomen Bewegung folgende Standpunkte:

Chinesische Studenten bei militärischer Uebung

Chinesische Studenten bei militärischer Uebung

a) die autonome Bewegung wird von der Bevölkerung Nordchinas allein geführt und steht in keiner Beziehung zu Japan;

b) da Nordchina an „Mandschukuo" grenzt, berührt es auch das
Interesse Japans. Deswegen hofft Japan, daß die chinesische
Regierung infolge der besonderen Situation eine wohlüber-
legte Regelung treffen wird;

c) wenn die Nationalregierung diese besondere Lage nicht berücksichtigt und zur Lösung Gewalt anwendet, so wird eine
gefährliche Wendung eintreten.

In diesen Worten kam deutlich eine japanische Warnung an
China zum Ausdruck.

Nach einer Beratung beschloß die chinesische Regierung:

a) China muß sein Hoheitsrecht in Nordchina bewahren;

b) es wird ein „Politischer Rat" für die Provinzen Hopei und
Charhar mit Sung Cheyuan an der Spitze eingerichtet.

Damit fand die Autonomiebewegung ihr Ende.

Chiang Kaishek war über die Autonomiebestrebungen sehr betrübt. Er dachte an den Verlust der Mandschurei, die schon nicht
mehr unter der Macht der Nationalregierung stand; die Lage
würde noch viel schwieriger werden, wenn auch Nordchina fort-
fallen würde. Deswegen wollte er dies auf jeden Fall verhindern.
Die chinesische Regierung legte bei der japanischen Regierung folgenden Protest ein:

„Die sogenannte ‚Autonomiebewegung' in Nordchina wurde
von einigen chinesischen Separatisten und einigen Japanern ins
Leben gerufen; sie entsprach nicht dem Willen der Bevölkerung.
Diese Aktion wird die Gegensätze zwischen China und Japan
sehr vergrößern und den Frieden im Fernen Osten in Gefahr
bringen. Es ist zu hoffen, daß die japanische Regierung mit
allem Ernst die gesetzwidrigen Handlungen des japanischen Militärs verbietet."

Den ausländischen Diplomaten in China wurde ein Memorandum
überreicht, um eine Aktion der fremden Regierungen gegen diese
Bewegung hervorzurufen.

Die Nationalregierung war wohl nicht unberechtigt der festen
Überzeugung, daß „hinter der Autonomiebewegung in Nordchina das
japanische Militär sein Spiel hatte, das Nordchina in ein ‚zweites
Mandschukuo' verwandelt sehen wollte."

Die chinesisch-japanischen Freundschaftsbestrebungen wurden
durch diese Vorgänge zunichte. In Peiping, Tientsin, Shanghai, Nanking und Canton wurden von Studenten Kundgebungen gegen die

Autonomiebewegung veranstaltet. Unter den Parolen, „Nieder mit Japan" — „Nieder mit dem japanischen Imperialismus", begann das chinesische Volk eine rege Propagandaarbeit. Die anti-japanische Stimmung stieg in ganz China rapide an und führte schließlich zu den unglücklichen Ereignissen in Chengtu, Shanghai und Peihai. Die eigentliche Ursache war die Nordchina-Affäre.

Von einer anderen Seite betrachtet, hat diese Autonomiebewegung die Einigungsarbeit Chiang Kaisheks in gewisser Hinsicht erfolgreich gefördert. Geschichtlich gesehen, lernte das chinesische Volk aus der Sian-Affäre Chiang Kaishek kennen; das Mandschurei-Ereignis schuf die Basis für die Einigung des chinesischen Reiches; die Nordchina-Affäre hat die Einigung noch einen Schritt weitergebracht.

4. „Drei Grundsätze Chinas" gegen „Drei Grundsätze Japans"

Seit dem Mandschurei-Konflikt besteht in der Chinapolitik keine Übereinstimmung zwischen der japanischen Regierung und den japanischen Diplomaten im Auslande. Dadurch hat Japan mehrere nachteilige Ergebnisse erzielt. Wenn Japan eine einheitliche öffentliche Meinung besessen hätte und allseitige Bestrebungen für die Annäherung an China unternommen hätte, wäre die Nordchina-Affäre, die ein sehr unglückliches Zerstörungsmanöver für die chinesisch-japanische Zusammenarbeit war, wohl nicht entstanden. Es war deswegen sehr notwendig, eine feste Chinapolitik zu schaffen.

Aus diesem Grunde stellte der japanische Außenminister Hirota nach einer Konferenz zwischen dem Kriegs-, Marine- und Finanzminister die sogenannten „Drei Grundsätze der japanischen Chinapolitik" auf, die am 8. Oktober 1935 von dem japanischen Kabinett angenommen wurden. Diese „Drei Grundsätze" umfaßten folgende Punkte:

a) Beseitigung der antijapanischen Bewegung in China. Verzicht der chinesischen Regierung auf Europa und Amerika, um eine chinesisch-japanische Zusammenarbeit zu ermöglichen.

b) Anerkennung von „Mandschukuo" durch China. Und insbesondere die Regelung der Beziehungen zwischen China, Japan und „Mandschukuo" in den nordchinesischen Provinzen.

c) Gemeinsamer Kampf Chinas und Japans gegen den Kommunismus.

Die japanische Regierung setzte ihre Diplomaten von diesen „Drei Grundsätzen" in Kenntnis und teilte sie andererseits auch dem chinesischen Botschafter in Tokio mit, um eine Billigung der Nationalregierung zu erreichen.

194

Als der Bericht des chinesischen Botschafters in Japan, Chiang Tsopin, nach Nanking gelangte, fand dort gerade der „Fünfte Parteikongreß der Kuomintang" statt. An dieser Sitzung nahmen auch Yen Hsishan, Gouverneur von Shansi, und Feng Yuhsiang, sowie eine Reihe einflußreicher Politiker aus der sogenannten „Südwest-Gruppe", Chow Lu, Lin Yunhai, Hwang Yenchu usw. teil. Die Haltung Chiang Kaisheks war besonders fest. In Vertretung Wang Chingweis, des damaligen chinesischen Außenministers, sprach Chiang Kaishek über die Innen- und Außenpolitik der chinesischen Regierung. Folgende fünf Punkte wurden als Richtlinien für die chinesische Außenpolitik beschlossen:

a) die Nichtbeeinträchtigung der Souveränität Chinas gilt als Vorbedingung für die politische Zusammenarbeit mit befreundeten Nationen;

b) der beiderseitige Gewinn soll das Prinzip bei der wirtschaftlichen Zusammenarbeit mit einer befreundeten Nation sein;

c) mit der letzten entschlossenen Opferbereitschaft soll das Möglichste für den Frieden getan werden;

d) wir werden nie den Frieden aufgeben, bis keine Hoffnung mehr auf ihn ist —, wir wollen auch nicht eher opfern, als bis uns das Äußerste dazu zwingt;

e) von diesen vier Punkten ausgehend, soll die Regierung die Vollmacht über alle außenpolitischen Verhandlungen haben.

Mit anderen Worten sind diese außenpolitischen Richtlinien nichts anderes als: sich mit der ganzen Kraft für die letzte Regelung der chinesisch-japanischen Beziehungen einzusetzen.

Der „Fünfte Parteikongreß der Kuomintang" beriet über die von dem Botschafter Chiang Tsopin mitgeteilten „Drei Grundsätze" der Chinapolitik Japans mehrmals. Am 21. Oktober 1935 wurde an die japanische Regierung im Namen Wang Chingweis eine Antwort gerichtet:

„Die Anerkennung von ‚Mandschukuo' erweist sich als sehr schwierig. Über die anderen Punkte können Verhandlungen stattfinden."

Danach schlug China eine chinesisch-japanische Verhandlung in Nanking vor. Chiang Tsopin, der sich noch in Nanking aufhielt, wurde beauftragt, mit dem japanischen Botschafter in China, Ariyoshi, die Verhandlungen zu beginnen. Die Gegner dieser Verhandlungen, d. h. vor allem das japanische Militär, wollten nun wissen, ob China seine frühere japanfeindliche Ansicht geändert hätte, da die chinesische Regierung kurz vorher die projapanische Gruppe vertrieben hatte; die proeuropäische und -amerikanische Gruppe hatten immer mehr an Einfluß gewonnen. Die Zusammenarbeit mit England, die von dem englischen Finanzberater Leith Roß geleitet wurde, stellte einen Vorstoß gegen Japan dar. Die antijapanischen Studenten konnten nicht mehr gezügelt werden. Die Haltung der chinesischen Regierung war wirklich zweifelhaft. Deswegen hatte sich Japan entschlossen, die wirkliche Ansicht der Nationalregierung zu erforschen. Es fanden mehrere Besprechungen zwischen chinesischen und japanischen Staatsmännern statt.

Nach der Nordchina-Affäre erfuhr die Haltung der chinesischen Regierung gegenüber Japan eine weitgehende Veränderung. Besonders seitdem der chinesische Außenminister Wang Chingwei durch ein Attentat verletzt und mehrere Minister neu ernannt worden waren. Der neue chinesische Außenminister Chang Chun hielt es infolge dieser Lage für sehr schwierig, die Annäherungsarbeit zwischen China und Japan fortzusetzen. Und so nahm die Stimmung Chinas gegenüber Japan eine ganz radikale Wendung. Ein Jahr später, am 21. Januar 1936, veröffentlichte Hirota im Reichstag seine „Drei Grundsätze" zur Regelung der chinesisch-japanischen Beziehungen und betonte dabei, daß die chinesische Regierung bereit sei, dieselben anzuerkennen. Die chinesische Regierung veröffentlichte jedoch am nächsten Tage, dem 22. Januar, folgendes Dementi:

„Die Behauptung des japanischen Außenministers Hirota, die chinesische Regierung würde seine ‚Drei Grundsätze' annehmen, entspricht nicht der Tatsache."

So wurden die „Drei Grundsätze" zu einem großen Problem, das in der Öffentlichkeit große Erregung hervorrief.

Wie schon erwähnt wurde, äußerte Wang Chingwei, daß außer der Anerkennung von „Mandschukuo" über alle anderen Fragen verhandelt werden könnte. Der chinesische Botschaftsrat in Tokio hatte den Staatssekretär im japanischen Außenministerium, Shigemitsu, hiervon ebenfalls benachrichtigt. Sowohl die Mitglieder des „Fünften Parteikongresses" als auch die Nationalregierung waren wahrscheinlich mit den „Drei Grundsätzen" in gewisser Hinsicht einverstanden. Da es aber unmöglich war, dieses offen zu erklären, hatte die Regierung ihre offizielle Ablehnung ausgesprochen.

Am 25. Januar 1936 veröffentlichte die chinesische Regierung folgende Erklärung zu den „Drei Grundsätzen" Japans:

„Über die sogenannten ‚Drei Grundsätze' Japans herrschen nach dem Gedankenaustausch der beiden Regierungen noch viele Unstimmigkeiten. Die chinesische Regierung kennt noch nicht die

196

wirkliche Absicht der japanischen Regierung und fordert sie deshalb auf, eine umfassende Erläuterung hierüber zu geben.

Wenn der Inhalt der ‚Drei Grundsätze' klar dargestellt worden ist, wird die chinesische Regierung einen Bevollmächtigten für die Verhandlungen mit Japan beauftragen. Das ist unser Plan. Daraus ist ersichtlich, daß die chinesische Regierung die ‚Drei Grundsätze' Japans nicht angenommen hat."

Nicht nur in China, sondern auch in Japan entstand das Verlangen, wie es die chinesische Regierung forderte, eine umfassende Erklärung zu den „Drei Grundsätzen" zu erfahren. Dafür bedurfte es jedoch einer Vorbereitung und einer günstigen Gelegenheit. Aus diesem Grunde wurden die Verhandlungen wieder vorübergehend eingestellt. Später, im Juli 1936, hielt Chiang Kaishek auf einer Plenarsitzung der Kuomintang folgende Rede über die Politik der chinesischen Regierung:

„Die Mindestforderung der chinesischen Außenpolitik ist die Aufrechterhaltung des Hoheitsrechtes Chinas. Wir können keine Beeinträchtigung unseres Territoriums durch irgendeine Nation dulden. Wir werden auf keinen Fall unser Territorium verletzende Verträge abschließen und werden uns auch mit keinen Eroberungstaten abfinden. Noch deutlicher gesagt, wenn uns jemand zu der Anerkennung ‚Mandschukuos' zwingen will, dann wird die Grenze unserer Geduld erreicht sein; dann ist die Zeit unserer letzten Opfer gekommen.

Wenn wir seit der letzten Versammlung der Kuomintang, im November des vergangenen Jahres, jeden Eroberungsversuch in unserem Lande mit politischen und diplomatischen Maßnahmen zu verhindern versuchten und dieselben eines Tages keinen Erfolg mehr aufweisen sollten, so wird jeder Eroberungsversuch eine Gefahr für unsere Existenz sein, und darum können wir sie nicht länger dulden. Wir sind fest entschlossen, dafür das Letzte zu opfern. Die außenpolitische Lage während der letzten sechs Monate wurde allgemein als hoffnungslos bezeichnet. Es wäre jedoch richtiger zu sagen, daß gerade heute noch eine letzte Hoffnung besteht. Im Gegensatz zu früheren Zeiten ...

Heute besitzt unsere Partei die Macht über Gedeih und Verderb des chinesischen Reiches. Darum müssen die Mitglieder der beiden Zentralpolitischen Komitees, als höchste Instanz der Kuomintang, sich völlig klar sein, ob wir unser letztes Opfer bringen sollen, wenn der Weg des Friedens noch besteht, oder ob wir unser Reich dem Untergang entgegenführen sollen, wo doch kein Untergang notwendig ist, oder ob wir nur nach dem Gefühl und nach unserem Ehrgeiz

197

handeln sollen und dadurch die Zukunft der Nation und des Volkes unvorsichtigerweise in Gefahr bringen. Zu diesem Schritt werden sich unsere Parteigenossen sicherlich nicht entschließen, wenn sie die ganze Nation in Betracht ziehen."

In dieser Rede lehnte Chiang Kaishek die Anerkennung von „Mandschukuo" ab, betonte aber gleichzeitig, daß die Hoffnung auf den Frieden noch bestehe.

Was hat nun die Chiang Kaishek unterstehende chinesische Regierung zur Regelung der chinesisch-japanischen Beziehungen vorgeschlagen? Nach den verschiedenen Erklärungen bezeichnen dieses folgende „Drei Grundsätze":

1. Aufrechterhaltung des Hoheitsrechtes Chinas;
2. einheitliche politische Führung in China;
3. Prinzip des gegenseitigen Gewinns.

Die Aufrechterhaltung des Hoheitsrechts bedeutet, daß die chinesische Regierung in Nordchina als auch in Südwestchina die Autorität besitzt und dort keinen autonomen oder halbautonomen Zustand duldet. Die einheitliche politische Führung bedeutet, daß die Außenpolitik und die militärischen Angelegenheiten von der Nationalregierung geführt werden und keine Einzelaktion erlaubt ist. Das Prinzip des gegenseitigen Gewinns bedeutet, daß China bereit ist, nach diesem Prinzip mit allen Völkern für das gemeinsame Wohl zu arbeiten. China hat dieses aus der japanischen Forderung auf der Londoner Flottenkonferenz übernommen, um jeden Gedanken der Vormachtstellung anderer Nationen zu vertreiben. Auf der Basis dieser „Drei Grundsätze" kann die chinesische Regierung mit jeder anderen Regierung politisch und wirtschaftlich zusammenarbeiten; das war das Ziel der chinesischen Regierung. Theoretisch gesehen, sind sowohl die drei chinesischen als auch die drei japanischen Grundsätze sehr vollkommen; niemand kann etwas gegen sie einwenden. Es entstehen daraus jedoch viele Fragen, die sich gegenseitig reiben, wenn sie zur praktischen Durchführung gelangen sollten. Dieses war auch der Grund, warum die chinesisch-japanischen Verhandlungen nicht ohne Hindernisse verlaufen konnten.

5. Die chinesisch-japanischen Verhandlungen der letzten Zeit

Kurz nach seinem Eintreffen in Nanking nahm Arita, der Nachfolger des japanischen Botschafters Ariyoshi, die Verhandlungen zur Regelung der chinesisch-japanischen Beziehungen mit Chiang Kaishek und dem chinesischen Außenminister Chang Chun erneut auf. Als

Hirota das japanische Kabinett umbildete und Arita zum Außenminister Japans ernannt wurde, löste dies eine gewisse Hoffnung in Nanking aus.

Kawagoe, der Nachfolger Aritas, hob nach seiner Besichtigungsreise in Nordchina die unbedingte Notwendigkeit der Regelung der chinesisch-japanischen Beziehungen und die wirtschaftliche Zusammenarbeit der beiden Nationen hervor. Diese Einstellung fand in der chinesischen Regierung starken Widerhall. Sie veranlaßte den chinesischen Außenminister Chang Chun am 27. Juni 1936 zu seiner Äußerung in der japanischen Zeitung „Asahi Shimbun":

„Die Regelung der chinesisch-japanischen Beziehungen stößt noch auf viele Schwierigkeiten; jedoch fühle ich, daß die Verhältnisse zwischen China und Japan günstiger als früher geworden sind. Ich glaube, daß das japanische Volk für China nach wie vor Sympathie besitzt, wie auch das chinesische Volk dem japanischen Reich gegenüber. Nur die Handlungen eines gewissen Kreises in Japan erregen beim chinesischen Volk Antipathie. Die chinesische Regierung führt jedoch eine weitblickende Politik und hält angesichts des Daseins der beiden Nationen und des Friedens im Fernen Osten eine chinesisch-japanische Zusammenarbeit für eine unbedingte Notwendigkeit.

Seit zwanzig Jahren strebe ich nach einer chinesisch-japanischen wirtschaftlichen Zusammenarbeit und versuche weiterhin, in diesem Sinne einen Weg für diese Zusammenarbeit anzubahnen. Diese wirtschaftliche Zusammenarbeit muß auf der Basis des gegenseitigen Gewinns aufgebaut werden. Ich selbst bin ein einfacher Soldat, hege aber den starken Wunsch, in meiner heutigen Stellung als Außenminister das chinesisch-japanische Problem auf friedliche und gerechte Weise einer günstigen Lösung entgegenzuführen. Dazu bin ich fest entschlossen. Marschall Chiang Kaishek hegt ebenfalls solche Hoffnungen."

Das war die Ansicht Chang Chuns und zugleich auch die Chiang Kaisheks. Darin wurde zum Ausdruck gebracht, daß zuerst eine wirtschaftliche und dann eine politische Zusammenarbeit zur Verwirklichung gebracht werden sollte.

Chiang Kaishek hat Anfang August 1936 eine ähnliche Erklärung an die japanische Regierung gerichtet:

a) Das Ziel der chinesischen Regierung zur Erreichung einer japanischen Freundschaft und wirtschaftlichen Zusammenarbeit wird in keiner Weise geändert.

b) Bei den Verhandlungen über die wirtschaftliche Zusammenarbeit in Nordchina sollen nach Möglichkeit auch die bisherigen ungelösten Probleme in Erwägung gezogen werden.

Hierbei hoffte Chiang Kaishek auf das Verständnis Japans.

Warum wollte die von Chiang Kaishek geführte chinesische Regierung, die ins Stocken geratenen chinesisch-japanischen Verhandlungen wieder aufnehmen? Dafür gab es viele Gründe. Der wichtigste davon war sicherlich die Einigung mit den südwestlichen Provinzen Kwangtung und Kwangsi. Dann blieben nur noch das Nordchina- und das Problem der inneren Mongolei, die mit Japan im Zusammenhang standen. Chiang Kaishek wollte die Einigung Chinas möglichst rasch herbeiführen und versuchte deswegen, mit Japan erneut in Verhandlungen zu treten.

Dieses Bestreben Chiang Kaisheks stieß in Japan auf verschiedene Meinungen. Die ausschlaggebenden Ansichten der japanischen Regierung besagten, daß China nicht zur Einsicht komme und keine aufrichtige Freundschaft mit Japan schließen wolle. Dabei versuchte aber auch Japan nicht, China zu einer aufrichtigen Freundschaft mit Japan zu beeinflussen, und dieses war sein großer Fehler. Es wäre richtig gewesen, wenn Japan offen und ehrlich seinen Standpunkt erklärt und eine freundliche Haltung gezeigt hätte, um so eine bessere Grundlage für die chinesisch-japanischen Verhandlungen zu schaffen.

Die mit der Chengtu-Affäre am 24. August 1936 beginnenden chinesisch-japanischen Verhandlungen erreichten ihren Höhepunkt in der ersten inhaltsreichen Rücksprache zwischen Kawagoe, dem japanischen Botschafter in China, und Chang Chun, dem chinesischen Außenminister, am 15. September 1936. Die acht japanischen Forderungen waren folgende:

a) Anerkennung Nordchinas durch die Nationalregierung als „Sondergebiet".

b) Gemeinsame Abwehr des Kommunismus.

c) Unterdrückung der antijapanischen Bewegung in China.

d) Chinesisch-japanische Luftverkehrsverbindungen.

e) Senkung des chinesischen Einfuhrzolles.

f) Einstellung von japanischen Beratern.

g) Überführung von Koreanern nach Japan, die in China einer antijapanischen Bewegung angehörten.

h) Eröffnung eines japanischen Generalkonsulats in Chengtu und Zulassung von japanischen Unternehmungen zum wirtschaftlichen Aufbau der Provinz Szechwan.

Diese acht Punkte waren eine Erweiterung der „Drei Grundsätze" Hirotas für die japanische Chinapolitik. Zur Zeit des Außenministers

Arita war die japanisch-chinesische Politik ungefähr auf folgenden Bedingungen aufgebaut:

a) Alle Fragen zwischen China und Japan sollen auf diplomatischem Wege geregelt werden. Eine freundschaftliche wirtschaftliche Zusammenarbeit sollte auf dem Prinzip des gegenseitigen Gewinns geschaffen werden.

b) Die Unabhängigkeit von „Mandschukuo" und die Zusammengehörigkeit „Mandschukuos" und Japans sollten als bestehende Tatsache angesehen werden. Die Mindestforderung Japans ist, daß die chinesische Regierung die Sonderstellung Nordchinas anerkennt. Gleichzeitig soll eine gemeinsame Abwehr gegen die kommunistischen Einflüsse in Ostasien vorgenommen werden.

c) Sollte China die beiden obengenannten Bedingungen annehmen, so würde Japan bereit sein, alle die chinesische Regierung und das chinesische Volk störenden Bewegungen in Nordchina zu unterdrücken und sich an dem Kampf gegen das dort bestehende Schmuggelunwesen beteiligen. Die „autonome Regierung in Ost-Hopei" sollte dem „Politischen Rat in Hopei und Chahar" angegliedert werden.

d) Die anderen ungelösten Probleme, wie die Zollherabsetzung, die chinesisch-japanische Luftfahrtverbindung, die Berufung von japanischen Beratern, sollten ebenfalls in kürzester Zeit auf diplomatischem Wege gelöst werden, um dadurch die antijapanische Bewegung in China zu ersticken.

Dies beantwortete China mit den obenerwähnten „Drei Grundsätzen":

a) Aufrechterhaltung des Hoheitsrechtes.

b) Einheitliche politische Führung.

c) Prinzip des gegenseitigen Gewinns.

Die beiderseitigen Bedingungen stimmten jedoch außer in der Frage Nordchinas und der Abwehr des Kommunismus im allgemeinen überein. Diese beiden Fragen lehnte China völlig ab, und es war unmöglich, darin eine Einigung zu erreichen.

Warum lehnten Chiang Kaishek und die chinesische Regierung diese beiden Fragen energisch ab? Nach genauen Berichten war es auf folgende Gründe zurückzuführen:

Die Anerkennung Nordchinas in „Sonderstellung" widerspricht nicht nur dem Prinzip der einheitlichen politischen Führung, sondern steht in gewisser Hinsicht mit der Aufrechterhaltung des Hoheitsrechtes Chinas im Gegensatz. Die Anerkennung „Mandschukuos" würde das chinesische Volk zum energischen Protest veranlassen, wodurch die chinesische Regierung zum Rücktritt gezwungen würde. Ein Nachgeben im Nordchinaproblem würde sicher auch eine große Rückwirkung verursachen. Deswegen konnte die chinesische Regierung diese beiden Bedingungen unmöglich annehmen.

China war nicht dagegen, mit Japan eine gemeinsame Abwehr gegen den Kommunismus zu schaffen, da es den Kommunismus stets als Gefahr ansah. Japan beanspruchte dabei jedoch die Führung für sich; dadurch entstand die Möglichkeit, daß Japan sich in die Innen- und Außenpolitik Chinas einmischen könnte. Diese Erfahrung hatte China schon während des Mandschurei-Ereignisses gemacht und wollte es vermeiden, nochmals hineinzufallen. Deswegen hielt es China für sicherer, in dieser Angelegenheit kein Abkommen zu schließen.

Vom japanischen Standpunkt aus gesehen, galten die Bedingungen betreffs Nordchina und der kommunistischen Abwehr als die wichtigsten Voraussetzungen für die chinesisch-japanischen Verhandlungen. Wenn China diese beiden Bedingungen nicht anerkennen wollte, würden die ganzen Verhandlungen zwecklos sein.

Gerade als China hierüber hin und her verhandelte, brach der Kampf in Ost-Suiyuan zwischen den Truppen des mongolischen Fürsten Teh und denjenigen des Gouverneurs Fu Tsoyi aus. China war der Meinung, daß hinter dem Fürsten Teh Japaner stünden und sah darin das Bestehen von territorialen Absichten Japans in Nordchina. Chiang Kaishek und die chinesische Regierung machten darauf eine rasche Wendung in ihrer Haltung gegenüber Japan und nahmen eine abweisende Stellung ein. Die chinesisch-japanischen Verhandlungen zerbrachen so wiederum und damit auch die schon erzielte Teileinigung.

Die Bemühungen Hirotas um die chinesisch-japanische Annäherung waren schon durch die sogenannte Autonomiebewegung in Nordchina zum Scheitern gebracht worden. Durch den neuen Kampf brachen die chinesisch-japanischen Verhandlungen, die bis dahin doch einige erfolgreiche Arbeiten gefruchtet hatten, ganz zusammen. China wurde dadurch gezwungen, jede Hoffnung auf eine weitere Verhandlung mit Japan völlig aufzugeben.

XVII. KAPITEL

SIAN-AFFÄRE

1. Chiang Kaishek und Chang Hsueliang

Nachdem die Kwangtung-Gruppe ihre Macht verloren und die Kwangsi-Gruppe sich der Nationalregierung unterstellt hatte, wurde Chiang Kaishek von dem letzten unruhigen Wesen Chinas, Chang Hsueliang, mitten in seiner Einigungsarbeit, in der kalten Stadt Sian, der Hauptstadt der Provinz Shensi, festgesetzt.

Diese Nachricht brachte die ganze Welt in Entsetzen.

Warum hat Chang Hsueliang Chiang Kaishek festgehalten? — Diese Frage hörte man überall, weil zwischen beiden bis dahin ein gutes Einvernehmen bestanden hatte.

Im Winter 1929 hatte Chang Hsueliang in der Mandschurei trotz aller Widerstände die Nationalflagge — Blauer Himmel und Weiße Sonne — hissen lassen. Als er danach eine Einigung mit der Nationalregierung in Nanking herstellen wollte, versuchte Japan, ihm mit allen Mitteln davon abzuraten. Trotzdem setzte er seinen Plan durch.

Ein Jahr später, im Jahre 1930, als Feng Yuhsiang und Yen Hsishan sich gegen Chiang Kaishek in Marsch setzten und eine politische Versammlung, die sogenannte „Vergrößerte Konferenz" in Peking einberiefen, marschierte Chang Hsueliang, nachdem er die Lage überschaut hatte, schnellstens nach Peiping und Tientsin und bedrohte den Rücken Yen Hsishans und Feng Yuhsiangs. Diese Aktion kam Chiang Kaishek sehr zustatten.

Seit dieser Unterstützung betrachtete Chiang Kaishek Chang Hsueliang stets wie seinen eigenen Bruder; er ernannte ihn zum „Vizekommandierenden der Armee und Marine" und schien mit ihm zusammen die Einigungsarbeit des chinesischen Reiches vollenden zu wollen.

Im Jahre 1931 verlor Chang Hsueliang durch das Mandschurei-ereignis seinen Machtbereich. Er versuchte darauf, sein Schwer-gewicht von Mukden nach Tsinchow und weiter nach Peiping zu verlegen. Wang Chingwei, der derzeitige Präsident des Verwaltungs-Yuan der Nationalregierung, entrüstete sich über den Mandschurei-verlust sehr stark und forderte sogar unter Aufgabe seiner eigenen Stellung, strenge Bestrafung der dafür verantwortlichen Person. Chiang Kaishek wollte sich jedoch die Macht Chang Hsueliangs zu-nutze machen und beauftragte ihn mit der Säuberungsaktion gegen die Kommunisten, durch die er seine Fehler ausgleichen sollte. Chiang Kaishek war der einzige, der Chang Hsueliang in Schutz nahm.

Als Chang Hsueliang keine Erfolge erzielte und bald auch Nord-china aus seinen Händen glitt, wurde seine Lage, besonders nach dem Waffenstillstand in Nordchina im Mai 1933, noch ungünstiger. Er folgte dem Vorschlag Chiang Kaisheks und trat eine Reise ins Ausland an. In Deutschland wurde er von Hitler und in Italien von Mussolini empfangen und kam mit voller Begeisterung für den Faschismus nach China zurück. Er riet Chiang Kaishek, um ihn zu erfreuen, auch in China das Führerprinzip einzuführen. Chiang Kai-shek sandte ihn nach Hankow und ernannte ihn zum „Kommandie-renden der antikommunistischen Armee von drei Provinzen", wo-durch er die Aufgabe erhielt, Chiang Kaishek Hilfe im Kampf gegen die Kommunisten zu leisten.

In welchem Maße Chang Hsueliang zu jener Zeit Chiang Kaischek huldigte, kann man aus seiner Rede am 1. Juli 1935 in Hankow bei der Enthüllung einer Statue Chiang Kaisheks ersehen. Darin lobte er Chiang Kaishek unaufhörlich als größte Persönlichkeit Chinas:

„Partei- und Volksgenossen!

Es ist für uns alle eine große Ehre und eine außerordentliche Freude, der Enthüllungsfeier der Statue von Chiang Kaishek in Hankow beiwohnen zu dürfen. Unsere heilige Sendung und unsere unbedingte Pflicht sind, uns für den Aufbau und die Wiedergeburt des Vaterlandes einzusetzen und dadurch ein auf der Basis der ‚Drei Volksprinzipien' aufgebautes Reich zu verwirklichen und der uns von unseren Vorfahren überlieferten Kultur und Geschichte eine neue Entfaltung und neuen Glanz zu verleihen. Chiang Kaishek führt uns nach den hinterlassenen Lehren Dr. Sun Yatsens, damit wir dieses Ziel erreichen. Er setzt so die Arbeit Dr. Sun Yatsens für die Verwirklichung der ‚Drei Volksprinzipien' fort. — Von seiner Person hängen der Aufstieg oder der Untergang der Nation und das Gedeihen oder der Verderb unseres Volkes ab. Jeder von uns freut sich ehrlich, daß wir in ihm einen Führer besitzen, der für das Weiterbestehen unseres Volkes sorgt, und genau so empfinden alle unsere Volksgenossen. Aus diesem Grunde haben auch viele Städte als Zeichen ihrer Verehrung Chiang Kaishek durch die Aufstellung einer Statue gehuldigt, die erstens der Wertschätzung seiner großen Persönlichkeit und zweitens der Dankbarkeit für seine bisherigen, für die Nation geleisteten Arbeiten gilt."

Chang Hsueliang, der Chiang Kaishek als Nachfolger Dr. Sun Yatsens und als große revolutionäre und philosophische Persönlichkeit pries, kennzeichnete ihn am Schluß seiner Ansprache als:

"einen außergewöhnlichen Volkshelden".

Er führte in seiner Rede unter anderem noch folgendes aus:

"Soeben sprach ich über den großen Charakter, die Erfolge und die Befähigung Chiang Kaisheks, die ich selbst kennengelernt habe.

Heute erwarten wir von ihm, daß er die Lehre Dr. Sun Yatsens in die Tat umsetzen und die gewaltige Arbeit, das Reich aufzubauen, vollenden wird. Dr. Sun Yatsen und Chiang Kaishek sind beide außergewöhnlich große Helden. Dr. Sun Yatsen widmete sein ganzes Leben der nationalen Revolution. Chiang Kaishek folgte stets seinen Anweisungen. Wenn alle Volkgenossen zu seinen Lebzeiten Dr. Sun Yatsen ebenso wie Chiang Kaishek gehorcht hätten, so wäre die Vollendung des Aufbaues des Reiches sicherlich schon früher Tatsache geworden. Kurz, unsere Nation und unser Volk würden sich jedenfalls nicht mehr in dem gegenwärtigen, bemitleidenswerten Zustand befinden. Hierüber besteht wohl kein Zweifel.

Chiang Kaishek sagte in seiner Gedenkschrift über Dr. Sun Yatsen:

,Die Parteigenossen sind unfähig; das politische Personal ist untüchtig.'

Wie tief ergreifend und wie schmerzlich sind diese Worte! Unser Volk hat die glühende Hoffnung Dr. Sun Yatsens nicht erfüllen können. Wenn Dr. Sun Yatsen in Deutschland oder Italien geboren worden wäre, so hätte er dort sicherlich noch größere Leistungen als Otto von Bismarck und Camillo von Cavour vollbracht.

Unser Führer wird, wie ich sagte, noch Größeres vollbringen, wenn ihm das Volk unbedingten Gehorsam leistet und ihn aufrichtig liebt und ihm huldigt. Führer haben die Aufgabe, den Weg der Arbeit anzubahnen; die Erreichung des Zieles bedarf jedoch der Anstrengung und Energie der Geführten, d. h. des Volkes.

Die Zukunft unseres Vaterlandes birgt viele Schwierigkeiten. Es wird sowohl von den Führenden, als auch von den Geführten noch große Opfer fordern. Darum ist es unbedingt notwendig, daß wir, als geführtes Volk, noch mehr und noch strenger den Anordnungen unseres Führers Chiang Kaishek Folge leisten. Auf dieser Basis und aus innerer Überzeugung werden wir imstande sein, alle Schwierigkeiten, auch die gefahrvollsten Stunden, zu überwinden.

Außerdem müssen wir jede Oberflächlichkeit und jede Verschwendung unbedingt vermeiden und alle egoistischen Gedanken beseitigen. Jeder muß seiner Pflicht nachkommen und sich seiner Arbeit mit aller Energie widmen."

„Chang Hsueliang ist ein Mann, der sich vor keiner Lüge scheut", mit diesen Worten hat man Chang Hsueliang oft charakterisiert. Ich weiß nicht, ob seine Lobrede für Chiang Kaishek auch eine Lüge war.

Die engen Beziehungen zwischen Chiang Kaishek und Chang Hsueliang begannen sich nach dem Nordchina-Ereignis im Jahre 1935 zu lösen. Die Truppen Yu Hsuechungs, einer der restlichen Anhänger Chang Hsueliangs, zogen sich nach diesem Ereignis aus Nordchina zurück und wurden mit dem Kampf gegen die Kommunisten beauftragt. Dadurch wurde die Macht Chang Hsueliangs bedeutend verringert.

Als die kommunistischen Truppen im Frühjahr 1936 von Szechwan in die Provinzen Kansu und Shensi vordrangen, sandte Chiang Kaishek Chang Hsueliang als seinen Stellvertreter nach Sian, der Hauptstadt der Provinz Shensi. Die Truppen Chang Hsueliangs standen an der vordersten Front, als die kommunistischen Truppen nach ihrer Vereinigung mit den einheimischen Anführern nach dem nördlichen Teil der Provinz Kansu übersiedelten Und bald wurden die Soldaten Chang Hsueliangs, die mit den Kommunisten im Kampf standen, ein Opfer der kommunistischen Propaganda. Die Stimmen gegen Chiang Kaishek und gegen Japan vermehrten sich ständig. Nicht lange, so schlossen die Truppen Chang Hsueliangs heimlich mit ihrem Gegner einen Waffenstillstand und verweigerten Chang Hsueliang den Gehorsam. Schließlich geriet auch Chang Hsueliang in das prokommunistische Fahrwasser.

Aus Notwendigkeit für Innen und gegen Außen hatte Chiang Kaishek Chang Hsueliang zu einer raschen Vernichtung des Restes der Kommunisten aufgefordert, was jedoch infolge der obenerwähnten Entwicklung nicht zur Verwirklichung gelangte. Kurz vorher hatte Chiang Kaishek Chiang Tingwen, der sich große Verdienste im Kampf gegen die Kommunisten in der Provinz Fukien erworben hatte, zum „Oberkommandierenden für den Kampf gegen die Kommunisten im Nordwesten" ernannt. Dieser war sofort nach seiner Ernennung nach Sian geeilt und führte dort zusammen mit der Nationalarmee den Kampf gegen die Kommunisten weiter. Chang Hsueliang, der sich hierdurch zurückgestellt fühlte, geriet in ein Dilemma; er war über die Aktion Chiang Kaisheks sehr verstimmt.

Unter den ehemaligen Mandschurei-Truppen herrschte ebenfalls große Bestürzung über die Handlungsweise Chiang Kaisheks. Viele enge Anhänger Chang Hsueliangs hielten es für besser, gegen Chiang Kaishek aufzutreten, um so für sich einen Ausweg zu suchen, als wie in der wüsten Gegend zu verharren und dem Ende entgegenzusehen. Aus diesem Motiv schlugen einige junge Offiziere Chang Hsueliang heimlich vor, die antijapanische Stimmung der öffentlichen Meinung in China auszunützen und sich mit den kommunistischen Truppen zu verbinden, um sich dadurch neuen Ruhm zu verschaffen.

So wurde schon der Keim in die Truppen Chang Hsueliangs gelegt, auf einen passenden Moment zu warten, um auszubrechen.

2. Festnahme Chiang Kaisheks

Als im Jahre 1936 zwischen den chinesischen und projapanischen Truppen der Kampf in Suiyuan ausbrach, hielt Chiang Kaishek es für lebensnotwendig, die im Rücken lauernde kommunistische Gefahr in allerkürzester Zeit zu beseitigen und zwang Chang Hsueliang, seine Aufgabe, die Kommunisten zu vernichten, zur Vollendung zu bringen. Nach dem Zusammenbruch der chinesisch-japanischen Verhandlungen eilte Chiang Kaishek persönlich nach dem Norden, um den Kampf in Suiyuan zu leiten, und um vor allem Chang Hsueliang zu einem entschlossenen Kampf zu veranlassen. Chang Hsueliang glaubte, daß die Regierung wohl Maßnahmen gegen ihn treffen würde, wenn er sich dem Befehl Chiang Kaisheks widersetzen würde. Und so war seine Verlegenheit sicherlich die Ursache seiner Aktion in Sian. Obwohl er keine engere Zusammenarbeit mit anderen militärischen Machthabern erreicht hatte, rechnete er mit der Unterstützung der Kommunisten und mit der Sympathie der öffentlichen Meinung, und diese als Rückgrat benützend, führte er die militärische Revolte durch.

Chiang Kaishek flog am 8. Dezember 1936 von Loyang nach Sian, um Chang Hsueliang einen letzten Antrieb zu geben. An den darauffolgenden Tagen fanden mehrere Besprechungen zwischen beiden

statt. Mit folgenden Worten kritisierte Chiang Kaishek die unent-
schlossene und energielose Haltung Chang Hsueliangs:

„Die Kommunisten müssen auf jeden Fall bekämpft werden. Eine
Verweigerung dieser Anordnung würde die Enthebung von Ihrem
Amte zur Folge haben, und eine gebührende Strafe würde dann un-
vermeidlich sein."

Die Unterhaltung endete mit einer heftigen Auseinandersetzung.

Chang Hsueliang meinte, daß die Regierung zur Zeit des Kampfes
in Suiyuan nicht außerdem einen Feldzug gegen die antijapanischen
kommunistischen Truppen führen, sondern dem allgemeinen Wunsch
des Volkes folgend, die nationale Krise zu überwinden versuchen
solle. Er forderte eine enge Zusammenarbeit mit Sowjetrußland
und die Aufnahme der Kommunisten in die Nationalregierung. Chiang
Kaishek lehnte dieses Ansinnen jedoch energisch ab.

In diesen Tagen war die Atmosphäre in Sian äußerst gespannt.
Chiang Kaishek blieb aber trotzdem in Sian und versuchte weiter,
Chang Hsueliang zu beeinflussen. Am 11. Dezember fuhr er nach
einer Besprechung in der Wohnung Chang Hsueliangs nach dem
historischen Badeort „Hwachingchi". Er wollte, wie immer, wenn
er eine schwierige Situation zu meistern hatte, ganz allein sein.
Nach einigen Stunden begaben seine Umgebung und er selbst sich
zu Ruhe.

Am nächsten Morgen stand Chiang Kaishek, wie gewöhnlich, um
5 Uhr auf und las bei einem Glase heißen Wassers ein Buch. Plötzlich entstand vor dem Hause ein großer Lärm. Chen Cheng und
Chiang Tingwen eilten hinaus. Die Situation war sehr ernst. Chiang
Kaishek ging auch selbst hinaus. Der Badeort war von den meuternden Soldaten Chang Hsueliangs ganz eingeschlossen worden.
Ohne die Ursache dieser Revolte zu erklären, drangen die Meuterer
über die Wachtposten hinweg vor. Chiang Kaishek und alle anderen
wichtigen Personen wurden voneinander getrennt und unter strenger
Bewachung mit Automobilen nach der Stadt Sian gebracht.

Es war schon nach 9 Uhr morgens, als sie dort eintrafen. Die
Truppen Chang Hsueliangs hielten Sian unter strengster Bewachung.
Auf den Gebäuden der Behörden waren rote Fahnen gehißt. Die
Bevölkerung hielt in großer Furcht die meisten Türen geschlossen.

Chiang Kaishek wurde im Auto nach einem in der Mitte der Stadt
liegenden großen Gebäude gebracht, das stark bewacht wurde. Chen
Cheng, Chiang Tingwen, Chiang Tsopin und andere wurden auch
getrennt untergebracht.

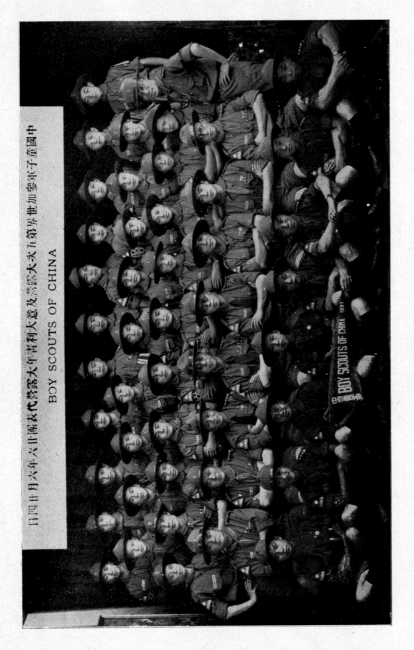

中國童子軍參加世界第五次大露營及義大利和平露營代表團衣代露營大會中華民國廿六年六月廿日

BOY SCOUTS OF CHINA

Chinesische Pfadfinder

Morgengymnastik der Schulkinder

Ehrenbezeigung der chinesischen Schüler

in militärischer Ausrüstung am Grabe eines chinesischen Helden des Altertums

Chang Hsueliang wandte sich hiernach, wie geplant, in einem Manifest an die Nation gegen Chiang Kaishek und erklärte darin sein Ziel. Gleichzeitig trug er Chiang Kaishek den Zweck des Aufruhrs vor:

„Die Nationalregierung achtet nicht den Willen des Volkes. Es kann auch nicht geduldet werden, daß Sie allein alles tun können, was Sie wollen. Der Untergang Chinas würde wohl nicht mehr fern sein, wenn die Nationalregierung nicht umorganisiert, die Gefahr der Kuomintang beseitigt, eine enge Zusammenarbeit mit Sowjet-Rußland erreicht und der Krieg an Japan erklärt würde."

Chiang Kaishek antwortete darauf:

„Über diese Fragen soll die Nationalregierung die Entscheidung treffen. Sie können mich durch eine gesetzwidrige Aktion unmöglich zu einer Annahme der Bedingungen zwingen. Ermöglichen Sie mir schnellstens die Rückkehr nach Loyang. Im anderen Falle können Sie mich töten. Ich bin jetzt in Ihrer Gewalt, und Sie können mit mir tun, was Sie wollen."

Aus dieser Ablehnung ergab sich zwischen ihnen wieder eine längere Auseinandersetzung. Gegen die entschlossene Haltung Chiang Kaisheks konnte Chang Hsueliang jedoch nichts ausrichten. Er begab sich darauf zum Lager, wo sich die übrigen Festgenommenen befanden, um sie ebenfalls über das Ziel seiner Revolte aufzuklären.

Am 13. Dezember zeigten sich die Flugzeuge der Nationalregierung über Sian. Chang Hsueliang, der dadurch in immer größere Bedrängnis geriet, stattete Chiang Kaishek abermals einen Besuch ab, um ihn zu der Annahme seiner Bedingungen zu bewegen. Chiang Kaishek lehnte sie wie bei dem ersten Male rundweg ab. Am gleichen Abend verkündete Chang Hsueliang die Gründe seiner militärischen Aktion durch den Rundfunk von Sian. Gleichzeitig teilte er die Sicherheit Chiang Kaisheks mit, um die Erregung der Öffentlichkeit abzudämpfen.

Am 14. Dezember wechselte Chiang Kaishek seine erste Wohnung zwangsweise nach dem an der Kiufu-Straße gelegenen Privatquartier Yang Huchengs, des Gouverneurs der Provinz Shensi. Dies ist das größte und modernste Gebäude von Sian. Während jener Tage flogen täglich zahlreiche Flieger der Nationalregierung über Sian. Als Chang Hsueliang die entschlossene Haltung der Nationalregierung erkannt hatte, zog er seine Truppen in der Gegend von Tungkwan zusammen, um nun der Nationalarmee gegenüber die Waffen sprechen zu lassen. Die Bewachung Chiang Kaisheks und der anderen, die weiter getrennt blieben, wurde verschärft. Da Chiang Kaishek daran festhielt, daß nur die Nationalregierung allein die Entscheidung treffen könnte, sandte Chang Hsueliang Chiang Tingwen nach Nanking und beauftragte ihn, mit der Nationalregierung in Verhandlungen einzutreten. Chiang Tingwen war sehr optimistisch, als er annahm, daß die Nationalregierung vielleicht um der Sicherheit Chiang Kaisheks willen die Bedingungen Chang Hsueliangs annehmen würde. Vor seiner Abreise wurde ihm nicht erlaubt, irgendwelche Worte mit Chiang Kaishek zu wechseln. Er konnte Chiang Kaishek lediglich einmal sehen, um sich von seinem Dasein zu überzeugen.

Chiang Tingwen, der so von Hsueliang freigelassen wurde, traf am 18. Dezember in Nanking ein. Er überreichte der Nationalregierung einen ihm ausgehändigten, von Chiang Kaishek selbstgeschriebenen Brief und die Bedingungen Chang Hsueliangs.

Wie berichtet wird, soll der Brief an den Kriegsminister Ho Yingchin gerichtet gewesen sein. Er hatte folgenden Inhalt:

„Gestern, am 17. Dezember, hörte ich von dem Bombardement auf Weinan. Veranlassen Sie bitte sofort die Einstellung desselben. Nach der jetzigen Lage zu urteilen, werde ich noch vor Sonnabend (19. Dezember) zurückkehren können. Deswegen soll vor Sonnabend jeder Zusammenstoß vermieden, vor allem aber die Einstellung des Bombardements veranlaßt werden."

Die Nationalregierung veröffentlichte diesen Brief. Die Bedingungen Chang Hsueliangs wurden der Öffentlichkeit jedoch nicht bekanntgegeben. Bis zum 19. Dezember war noch keine Einigung erzielt. So blieb Chiang Kaishek weiterhin unter der Bewachung Chang Hsueliangs.

Wie war die Stimmung innerhalb der Nationalregierung?

Als die Revolte in Sian ausgebrochen war, beschlossen die jungen Offiziere der Nationalarmee einen sofortigen Straffeldzug gegen Chang Hsueliang, der ohne Zögern in Angriff genommen und jedes Hindernis dafür mit Gewalt beseitigt werden sollte. Diese Stimmung ausnützend, richteten die Anhänger Chiang Kaisheks in der Nationalregierung das System des „Ständigen Vorsitzenden im Amt für militärische Angelegenheiten" ein, wodurch Ho Yingchin praktisch die militärische Macht in die Hand bekam. Alle Unternehmungen für Chang Hsueliang wurden unterdrückt. Sung Tsewen sorgte für Verbindung mit der Finanzwelt, um mit allen Mitteln die Situation zu beherrschen. Die Machtstellung der Nationalregierung wurde sehr gefestigt, überall im Lande wurden Kundgebungen für dieselbe veranstaltet. Als diese günstige Atmosphäre für die Nationalregierung entstand, erteilte sie den Befehl für den Straffeldzug gegen Chang Hsueliang.

Die Nationalarmee marschierte daraufhin mit großer Schnelligkeit in Richtung Sian, dem Hauptsitz Chang Hsueliangs. Sung Tsewen flog unterdessen nach Sian, um nach Möglichkeit mit Chang Hsueliang über die Freilassung Chiang Kaisheks zu verhandeln. Sogar Yen Hsishan, der Gouverneur von Shansi, beteiligte sich an den Bemühungen für die Freilassung. Am 25. Dezember 1936, als Chang Hsueliang seine Lage als sehr ungünstig erkannte, begleitete er Chiang Kaishek höflich nach Nanking.

ANHANG

Bericht Marschall Chiang Kaisheks über die Sian-Affäre für die Fünfte Plenarsitzung der Kuomintang

Angesichts der Möglichkeit, daß der Feldzug zur Unterdrückung der Kommunisten im Nordwesten in zwei oder vier Wochen programmgemäß abgeschlossen werden könnte, habe ich mich eigens im Dezember 1936 von Loyang nach Shensi begeben, um die Maßnahmen dafür persönlich zu leiten. Da brach unerwartet eine Revolte Chang Hsueliangs und seiner Genossen aus, die zu dem Handstreich vom 12. Dezember führte. Die Revolte wurde gleichzeitig in Lintung und Sian inszeniert. Unter dem Vorwande einer bewaffneten Kundgebung wurde ich dort festgenommen. Gleichzeitig wurden die verschiedenen hohen militärischen und zivilen Beamten der Regierung in Shensi gefangengesetzt. Die Disziplin wurde aufs gröbste verletzt und das Inland wie das Ausland in Bestürzung versetzt. In meiner Vertrauensseligkeit hatte ich keine Vorsichtsmaßnahmen getroffen. Ich hatte lediglich eine kleine Abteilung Leibwache bei mir, die ohne Ausnahme niedergemacht wurde, als sie den Rebellen Widerstand entgegensetzte.

Da die Revolte überraschend kam und ich keine Verbindung mit der Außenwelt hatte, faßte ich den Entschluß, mein Leben für die Gerechtigkeit zu opfern, um so meine revolutionäre Pflicht zu erfüllen. Außerdem war ich überzeugt, daß die Nationalregierung im Geiste Dr. Sun Yatsens wirksame Maßnahmen treffen würde, um diesen Aufruhr wieder zu unterdrücken und um die Basis des Reiches zu festigen. Durch die überlegten Handlungen der Nationalregierung und die Entschlossenheit der Armee und des Volkes wurde diese Revolte schließlich bezwungen und der Anführer zur Reue gebracht. Ich selbst kam am 26. Dezember 1936 nach Nanking zurück, und Chang Hsueliang stellte sich dem Gericht, um die gebührende Strafe entgegenzunehmen.

Es ist meine Pflicht, über die Vorgänge bei der Revolte ausführlich zu berichten. Jedoch befinde ich mich seit dem 12. Dezember in einer Lage, in der ich eine Strafe erwarte, trotzdem die Regierung mir in großzügiger Weise verziehen hat. Aus diesem Grunde wage ich es nicht, diese Vorgänge in meiner Eigenschaft als Regierungsbeamter zu schildern, sondern habe es vorgezogen, meine damaligen Erlebnisse in einer Broschüre*) zusammenzufassen und sie so meinen Genossen zu überreichen.

Die Beteiligten der Sian-Revolte veröffentlichten damals, zu Beginn ihrer Aktion, ein Telegramm, das die Ideen der nationalen Sache in ihrem Sinne darstellte, was Aufsehen erregt hat. Am Tage des Ausbruches der Revolte verurteilte ich Chang Hsueliang streng wegen seiner Untat und verbot ihm zu reden. Aus diesem Grunde konnte Chang Hsueliang nicht äußern, was er wollte. Erst am dritten Tage erfuhr ich von seinen sogenannten acht Forderungen:

1. Umbildung der Nationalregierung, sowie Heranziehung aller Parteien und Gruppen zur gemeinsamen Verantwortung für die Rettung der Nation;
2. Beendigung des Bürgerkrieges;
3. Freilassung der in Shanghai festgesetzten Führer vaterländischer Organisationen;
4. Freilassung aller politischen Übeltäter im ganzen Lande;
5. Gewährleistung der Freiheit des Volkes bei der Abhaltung von Versammlungen und Bildung von Vereinigungen;
6. Emanzipation der vaterländischen Massenbewegung;
7. ehrliche Erfüllung des politischen Testaments von Dr. Sun Yatsen;
8. sofortige Einberufung einer Konferenz zur Rettung der Nation.

Chang Hsueliang gab diese als seine und seiner Genossen Forderungen aus und bat mich, dieselben anzuerkennen. Ich befahl ihm nochmals Selbstbesinnung und Reue über sein Vergehen und mich nach Nanking zurückzuschicken. Außer diesem wollte ich keine seiner Erklärungen hören und kennzeichnete seine Forderungen als sinnlos. Ich erklärte ihm, daß er bei dem gegenwärtigen System der chinesischen Republik alle seine Vorschläge der Nationalregierung unterbreiten könne. Chang Hsueliang bat mich darauf, seine Vorschläge nach meiner Rückkehr der Regierung vorzulegen. Ich antwortete ihm, daß, wenn ich seine Sache auch vorbrächte, ich selbst seine Vorschläge aber ablehnen würde. Diese Unterhaltung zwischen

---

*) Chinesische Ausgabe: Chiang Kaishek, „Vierzehntägiges Tagebuch über Sian", Cheng Chung Verlag, Nanking 1937.
Englische Ausgabe: Chiang Kaishek, „A Fortnight in Sian: Extracts from a Diary", The China Publishing Company, Shanghai 1937.

uns steht ausführlich in meiner Broschüre. Der Wichtigkeit wegen schilderte ich sie an dieser Stelle nochmals, um die Aufmerksamkeit der hier versammelten Genossen auf sie zu lenken.

Bis zum Abschluß der Plenarsitzung sind sicherlich wirksame Maßnahmen für die Klärung der Lage im Nordwesten Chinas und für die nationale Sache beschlossen worden. Alles soll nach dem Beschluß der Versammlung gehandhabt werden. Hiermit trage ich die Vorgänge der Sian-Revolte und die acht Forderungen Chang Hsueliangs vor und überreiche den Parteigenossen der Fünften Plenarsitzung der Kuomintang gleichzeitig mein vierzehntägiges Tagebuch über Sian.

Am 18. Februar 1937.

Chiang Kaishek.

Chiang Kaishek
bei der Verkündung der „Neuen Lebensbewegung"
49 Jahre alt

Chang Hsueliang

XVIII. KAPITEL

EINIGUNG UND AUFBAU
DES CHINESISCHEN REICHES

1. Aufbau und Einigung Chinas

Zur Erinnerung an den 25. Gründungstag der chinesischen Republik veröffentlichte Chiang Kaishek, der Präsident des Verwaltungs-Yuan, am 10. Oktober 1936 eine Erklärung an die Welt in englischer Sprache unter der Überschrift: ‚Einigung und Aufbau des chinesischen Reiches." Der letzte Satz darin, „Ein starkes China wird die größte Kraft zur Erhaltung des Friedens in der Welt sein", war eine neue und inhaltsreiche Parole, die in allen Ländern große Aufmerksamkeit erregte.

— Einigung und Aufbau Chinas —

„Mit der Einführung von Dampfschiffen, Eisenbahnen, Radio und Flugzeugen haben sich in den internationalen Beziehungen nacheinander große Umwälzungen vollzogen, so daß zum Beispiel das, was sich in einem Lande ereignet, heute sofort durch den Rundfunk verbreitet werden kann und so in allen anderen Ländern bekannt wird. Auch China ist darum heute nicht mehr die ‚terra incognita' wie in der Vergangenheit. Man hat aber schon sehr oft, und mit Recht, darauf hingewiesen, daß, wenn die Leute jetzt mehr Nachrichten über China erhalten, sie auch mehr falsche Nachrichten haben; denn China ist jetzt besser bekannt, aber nicht besser erkannt worden.

China hat gleich vom Beginn seiner republikanischen Laufbahn an sich bemüht, im Innern seine nationale Einigung und nach außen seine internationale Gleichberechtigung sicherzustellen, ein berechtigtes Verlangen, das jeder erwachenden Nation eigen ist. Streitigkeiten, die mit diesem Übergang von einer alten zu einer neuen Ordnung verbunden sind, — welche auf einer neuen Auffassung vom nationalen und sozialen Leben beruhen, und die die eigene Regierung und die interessierten Mächte berühren, — haben eine so ungewöhnlich verwickelte Lage im Lande geschaffen, daß es nicht nur sehr schwer, sondern sogar unmöglich ist, daß ein Außenstehender sich ein unvoreingenommenes und objektives Urteil davon bildet.

So ist Chinas Kampf für seine wirklich nationale Existenz und für ein modernes Staatsleben öfter falsch als richtig ausgelegt worden, sei es absichtlich oder nicht. Selbst heute noch wird China in gewissen Kreisen als eine völlig ungeordnete Nation geschildert, die nicht imstande ist, ihre Verwaltungshoheit zu behaupten und unfähig, Frieden und Ordnung in ihrem eigenen Gebiet zu halten!

Dieses Mißverständnis seitens mancher Leute hat einige Nationen veranlaßt, mit ihrer Sympathie für Chinas Anstrengungen zurückzuhalten, wodurch viele seiner Bemühungen, hauptsächlich die Beseitigung der Schwierigkeiten, die vor langer Zeit die Herrschaft der Mandschu hinterließ, vereitelt wurden.

Da ich aufgefordert worden bin, dem englisch lesenden Publikum im In- und Auslande eine kurze Botschaft anläßlich der Feier des 25jährigen Geburtstages unserer Republik zu übermitteln, glaube ich, an diesem Tage der nationalen Festfreuden kein besseres Thema wählen zu können, als Chinas Einigung und Aufbau, das alle China betreffenden Mißverständnisse aus dem Wege räumen soll.

Der erste Punkt, auf den ich die Aufmerksamkeit aller ausländischen Freunde lenken möchte, ist der, daß China heute nicht mehr das uneinige Land der vergangenen Jahre ist.

Während des halben Jahrhunderts vor der Begründung der Republik im Jahre 1911 war die Zentralgewalt schwächer und schwächer geworden, und es zeigte sich allenthalben ein Bestreben der Provinzen nach einer Autonomie. Die damals bei den Provinzialregierungen vorherrschende Tendenz, sich der Aufsicht der Zentralregierung zu entziehen, war davon begleitet, daß militärische Befehlshaber zu Macht kamen, deren selbstsüchtiges Streben darauf gerichtet war, immer größere Gewalt zu bekommen, was des öfteren zu Konflikten mit Rivalen oder mit der Regierungsgewalt führte, deren Folgen für das Volk Elend und Verderb waren.

Im Jahre 1927, als die Nationalregierung in Nanking gegründet wurde, herrschten noch in den verschiedensten Teilen des Reiches gewaltige Unruhen.

Dann kam der Kommunismus und mit ihm eine noch größere Verwüstung und Elend, noch mehr Klagen und Schaden. Große und kleine Städte fielen in die Hände der kommunistischen Elemente, Menschenleben wurden geopfert, das Ackerland lag brach; Raub,

Brandstiftung und Mord waren fast die einzige Beschäftigung der Menschen. Hätte eine solche Schreckensherrschaft anderswo regiert, so wären die Regierungen wohl verzweifelt und hätten jede Hoffnung auf eine Genesung aufgegeben.

Die Nationalregierung von China erkannte, daß das Land in seinem Programm des nationalen Wiederaufbaues keinen wirklichen Fortschritt machen könnte, ehe nicht überall Friede herrschte; sie schreckte vor dieser herkulischen Arbeit nicht zurück und hat seit ihrer Begründung mit den Bemühungen nicht aufgehört, alle Hindernisse auf dem Wege zur Einheit und Ordnung zu beseitigen.

Mit mutiger Entschlossenheit und mit dem Gedanken, sich für die nationale Wiedergeburt zu opfern, ging die Regierung in ihrem gründlich und gut entworfenen Feldzugsplan gegen die Kommunisten und andere Elemente der Unordnung Schritt für Schritt vorwärts. Im Jahre 1933 wurde Kiangsi, die Hochburg der roten Armee, eingenommen, und nacheinander wurden auch Hunan, Hupeh, Szechwan und Kweichow von den kommunistischen Truppen gesäubert.

Die Reste der Kommunisten, die jetzt noch hier und da in einzelnen Gegenden eingeschlossen existieren, können ohne große Schwierigkeiten vernichtet werden. Jetzt ist der Kommunismus keine wirkliche Gefahr mehr für China.

Die Einheit und ordentliche Verwaltung des Landes, die einerseits durch die Unterdrückung der kommunistischen Räubereien und der Revolte von Fukien gefördert wurden, erfuhren andererseits dadurch eine weitgehende Verbesserung, daß die Provinzen Kwangtung und Kwangsi, die bis in die letzte Zeit hinein eine Art Halbselbständigkeit für sich beanspruchten, auch in unsere Reihen gebracht werden konnten.

Der zweite Punkt, den ich besonders betonen möchte, ist der, daß China, allen Schwierigkeiten trotzend, seinen Weg vorwärts erzwingt und seinen Plan des nationalen Wiederaufbaues durchführt.

Wenn schon die gewaltsame Unterdrückung des Kommunismus und des Militarismus eine schwere Aufgabe war, so ist die wirtschaftliche und politische Wiederherstellung eines so riesigen und zum Teil brachliegenden Gebietes eine Aufgabe, die noch mehr Mut und Kraft, Erfindungsgeist und Nachdenken erfordert. Da es unter der Bevölkerung der ehemals sowjetisierten Gegenden keine tauglichen Organisationen gab, entschloß sich die Regierung, für eine gegenseitige Überwachung das alte System des ‚Pao Chia‘ abzuändern und einzuführen, nach welchem die auf allen Nachbarn gemeinsam ruhende Verantwortung es unliebsamen Elementen erschwert, sich unter die Bevölkerung zu mischen, wodurch die Gefahr, daß jemand in seinen Handlungen oder Gedanken auf Abwege gebracht werden könnte, vermindert wird.

Um die Belastung der Bauern, die 80 Prozent der Bevölkerung Chinas ausmachen, zu vermindern, erließ die Regierung im Jahre 1934 Mandate, in denen sie sich erstens verpflichtete, niemals die Zuschlagsteuer für das Ackerland zu erhöhen und zweitens, die bereits bestehenden allzu schweren Steuern und schädlichen Abgaben abzuschaffen. Über 5000 solcher Steuern, die sich auf ungefähr 50 000 000 chinesische Dollar im Jahre beliefen, sind bereits abgeschafft worden.

In den letzten Jahren hat die Nationalregierung enorme Summen für die Wasserregulierung im allgemeinen und für das Ausbessern und Aufschütten von Deichen und Dämmen im besonderen verwandt. Im ganzen wurden allein im Jahre 1935 35 350 000 chinesische Dollar für Regulierungsarbeiten verwendet. Wenn mit diesem Werke fortgefahren wird, kann man erwarten, daß ein großer Teil der Verluste, die von der Dürre herrühren, und außerdem Hungersnöte vermieden werden.

Kooperative Unternehmungen sind gegründet worden; ihre Zahl beläuft sich auf 26 224, von denen allein 12 517 im Jahre 1935 gegründet wurden. Im Hinblick auf ihre immer größer werdende Bedeutung hat der Wirtschaftsminister seinen Abteilungen ein neues ‚Landwirtschaftliches Kreditbüro' hinzugefügt mit einem ihm zur Verfügung gestellten Kapital von 6 000 000 chinesischen Dollar, die zu gleichen Teilen von der Regierung und dem Volke gezeichnet werden. Sein Zweck ist, die vereinigten Kräfte des Volkes und der Regierung nutzbar zu machen, um den Bauern Kredite zu verschaffen und den Verkauf der landwirtschaftlichen Produkte zu fördern.

Auf dem Gebiet des Verkehrs kann der Fortschritt durch einige statistische Zahlen nachgewiesen werden. Das Eisenbahnnetz ist von unter 8000 Kilometern im Jahre 1925 auf ungefähr 13 000 Kilometer verlängert worden; Automobilstraßen, soweit sie bereits dem Verkehr übergeben sind, messen 96 345 Kilometer, während noch 16 040 Kilometer im Bau sind.

Wenn es in früheren Zeiten Monate dauerte, von Canton nach Nanking oder von Nanking nach Kweiyang mit dem Boot oder zu Pferde zu reisen, kann jetzt dieselbe Strecke in einem Auto bequem in wenigen Tagen zurückgelegt werden.

Luftfahrtlinien waren noch vor zehn Jahren in China völlig unbekannt; heute fliegen Flugzeuge regelmäßig von Shanghai nach

Hankow, Chengtu, Peiping, Canton und sogar nach Sinkiang. Die bewundernswerten Fortschritte, welche die Zivilluftfahrt gemacht hat, werden am besten durch die Angaben einer Gesellschaft, der ‚China National Aviation Corporation', beleuchtet, die im Jahre 1929 nur 354 Fahrgäste hatte, im Jahre 1935 aber 10 204 Passagiere beförderte.

Auch ist es nicht allein der wirtschaftliche Wiederaufbau, der in China vorwärtsgeht; es werden auch große Anstrengungen gemacht, um die Leistungsfähigkeit der öffentlichen Verwaltungen zu erhöhen, die Volksgesundheit zu fördern, eine obligatorische Erziehung einzuführen und finanzielle Reformen durchzusetzen. Ich nenne hier nur die allerwichtigsten Faktoren der Bemühungen Chinas um seinen Wiederaufbau. So kurz auch diese Aufzählung ist, so kann man aus derselben doch schließen und ohne Übertreibung sagen, daß China zu keiner Zeit seiner Geschichte gleich viel auf allen Gebieten geleistet hat wie in der Spanne der letzten acht Jahre.

Es ist nicht meine Absicht, anläßlich dieses glücklichen Ereignisses des Silbernen Jubiläums Chinas, die vergangenen Leistungen der Nationalregierung zu rühmen, da ja noch eine riesige Arbeit zu leisten ist. Was ich aus dieser kurzen Übersicht über vergangene Taten beweisen will, ist folgendes: China ist imstande, aus eigener Kraft Großes zu vollbringen, es ist fähig, die zerstörenden Kräfte des Militarismus und Kommunismus zu beseitigen, fähig, aufbauende Maßregeln für die Wohlfahrt seines Volkes zu treffen — kurz, es ist fähig, sein eigenes Haus selbst in Ordnung zu bringen —, vorausgesetzt, daß man ihm die Möglichkeit gibt, sein eigenes Schicksal ungestört und ungehindert zu schmieden.

Wir fordern diese Gelegenheit; wir müssen diese Gelegenheit haben. Wer China die Möglichkeit gibt, ungehindert seinen inneren Aufbau durchzuführen, leistet nicht nur ihm freundschaftliche Hilfe, sondern fördert auch die Sache des Weltfriedens: denn ein starkes China mit seinen friedensliebenden Millionen und seinen reichen Naturschätzen wird die größte Kraft zur Erhaltung des Friedens in der Familie der Völker sein."

2. Die Wiedergeburt Chinas in den Augen der Ausländer

Wie urteilen die Ausländer über die Fortschritte in China?

Am 4. Mai 1936 veröffentlichte die Nachrichtenagentur Reuter in London das Interview eines seiner Vertreter mit dem ehemaligen englischen Botschafter in China, Cadogan, der erst kürzlich mit Frau

und Tochter nach London zurückkehrte und das Amt eines Unter-
staatssekretärs im Foreign Office übernommen hat:

„Die Errungenschaften der chinesischen Nationalregierung mehren
sich täglich. Sie fallen in der letzten Zeit deutlich ins Auge. Chiang
Kaishek, der Präsident des Verwaltungs-Yuan, ist eine wirklich zu
achtende Persönlichkeit. Er besitzt eine große Leistungsfähigkeit
und wird nie müde zu arbeiten. Er ist ein großer Staatsmann und
ein wirklicher Patriot. Der zur Zeit von der Nationalregierung
durchgeführte wirtschaftliche Aufbau sieht zweifellos einer großen
Entfaltung entgegen. Die Zukunft der Finanzen Chinas kann ebenfalls als optimistisch bezeichnet werden.

Die neue Währungspolitik Chinas hat sich erfolgreich bewährt.
Die Banken in China besitzen den wichtigen Schlüssel für die
Stabilität der chinesischen Währung. Das Leben der Bauern erfuhr
nach und nach, hauptsächlich in Mittelchina, eine wesentliche Verbesserung. Obwohl die Preise für die Produktion noch nach wie vor
sehr tief sind, woraus sich die schwierige Lage der Bauern ergeben
hat, und es außerdem noch verschiedene übermäßig hohe Steuern
gibt, wurden das Eigentum und Vermögen der Bauern von der Ausbeutung und von den Gewalttaten der Militaristen völlig befreit.

Das chinesische Land ist sehr groß. Der Verkehr ist leider noch
nicht genug entwickelt. Eine wichtige Frage bleibt in einzelnen Gebieten das Unwesen verbrecherischer Elemente, obwohl dies schon
seit längerer Zeit im Verschwinden begriffen ist.

Oft wurden von Studenten antijapanische Bewegungen veranstaltet, die den Universitätsbehörden große Schwierigkeiten bereiteten. Solche Zustände sind allerdings keine Besonderheiten; sie
kommen wohl in allen Nationen vor. Vor kurzem fand eine herz-
liche Unterhaltung zwischen Vertretern der Studenten und Chiang
Kaishek statt, die bei den Studenten großes Verständnis weckte.

Die ,Neue Lebensbewegung' ist eine sehr interessante und nützliche Einrichtung. Viele Bestimmungen dieser Bewegung werden den
Ausländern als unwichtig erscheinen. Doch berühren dieselben gerade in ihrer Eigenart die Grundprobleme der chinesischen Kultur.
Deswegen ist die ,Neue Lebensbewegung' der Ausgangspunkt und
zugleich der Wegweiser der Aufbauarbeit des Reiches.

Wie die Zukunft Chinas sich gestalten wird, hängt natürlich sehr
von den Beziehungen zwischen ihm und Japan ab."

Zum Schluß erklärte Cadogan, daß seine beste Erinnerung an
die vergangenen zwei Jahre in China, das dortige angenehme Leben
sei, und ganz besonders könnte er mit großer Freude feststellen, daß

222

die chinesische Sympathie für England eine feststehende Tatsache sei.

Am 11. November 1936 brachten verschiedene Zeitungen in Shanghai und Nanking ein Interview von dem Hauptschriftleiter der United Press, Mr. Howard, der als erster den Pazifik überflogen hatte, das er am 9. November 1936 in Manila über das chinesische Problem abgegeben hatte.

Howard sagte:

„Die Welle japanischer Eroberungen in China erreichte gegenwärtig einen Höhepunkt. Ob diese Welle nun schon wirklich abzuflauen beginnt, werden vielleicht die nächsten Wochen zeigen können. Nach der heutigen Lage zu urteilen, würde vielleicht auch keine Basis für einen dauernden Frieden zwischen China und Japan geschaffen werden können, auch wenn kein Kampf zwischen ihnen ausbrechen würde. Der chinesische Standpunkt gegenüber dem japanischen ist klar gezeichnet. Die europäischen und amerikanischen Nationen werden über die Vollendung der Einigung und des Wiederaufstieges des chinesischen Reiches sehr erstaunt sein. Die Europäer und Amerikaner müssen ihre Urteile über China heute unbedingt korrigieren.

Vor drei Jahren sagte mir Chiang Kaishek, als er mich in Nanchang in der Provinz Kiangsi empfing:

‚Das Reich ist noch nicht geeinigt. Die Verteidigungsarbeit ist noch nicht vollendet.'

Als ich ihn aber im vergangenen Jahre in Nanking aufsuchte, sagte er:

‚Die Kommunisten in China sind vernichtet worden. Die Einigung zwischen dem Norden und Süden und der Wiederaufstieg des Volkes nähern sich der Vollendung.'

Jetzt sagte er:

‚Heute ist die Einigung vollzogen; sie steht unerschütterlich da.'

Heute werden wohl alle Chinesen, ob reich oder arm, ob aus Peiping im Norden oder aus Canton im Süden, geschlossen aufstehen und gemeinsamen Widerstand leisten, wenn jemand in der Zukunft die Souveränität und das Hoheitsrecht des chinesischen Reiches verletzen würde. Als vor etwa zwei bis drei Jahren Japan China mit Forderungen bedrohte, konnte das chinesische Volk seiner Armee nur ‚große Schwerter', aber wenig moderne Waffen überreichen. Heute aber, als Japan China zahllose Bedingungen zu diktieren versuchte, überreichte die Bevölkerung ganz Chinas Chiang

Kaishek zu seinem 50. Geburtstage eine ansehnliche Anzahl von Kampfflugzeugen.

Von Schwertern zu Flugzeugen

Wer diese Umwandlung in Betracht zieht, der wird eine rasche Wendung der chinesisch-japanischen Beziehungen voraussehen. Mit einem Wort, der ‚schlafende Löwe', China, ist erwacht!

China betrachtet die gespannte Lage und die kriegerischen Bedrohungen nicht als etwas Außergewöhnliches. Die europäischen und amerikanischen Länder müssen jetzt den ostasiatischen ‚Löwen' mit anderen Augen betrachten.

Die chinesische Bevölkerung und die chinesischen Studenten reden schon seit langem nicht mehr sinnlos nur von Krieg. Alle politischen und wirtschaftlichen Führer des Reiches hoffen auf den Frieden, vergessen jedoch dabei nicht, an die energische nationale Verteidigung zu denken. Die Forderungen, die Japan an China stellt und zu stellen wünscht, sind unzählig, jedoch befinden sich dieselben immer mehr im Absinken. Das ist sicher darauf zurückzuführen, daß Japan immer größeres Verständnis für den Fortschritt Chinas gewonnen hat.

Die japanischen Forderungen waren erstens die gemeinsame Abwehr gegen den Kommunismus und zweitens die Anerkennung Nordchinas als ‚Sondergebiet'.

Der erste Punkt fordert die Zusammenarbeit zwischen den japanischen und chinesischen Truppen, und zwar auf chinesischem Gebiet. Er stellt praktisch die Anerkennung des Rechtes zum Stationieren von japanischen Soldaten in China durch die chinesische Regierung dar.

Deswegen kann China diesen Punkt unmöglich bejahen. Der zweite Punkt würde einen Bruch der Einigung Chinas herbeiführen, der ebenfalls abgelehnt werden muß. Die Lage in Ost-Suiyuan ist so gespannt, daß es jederzeit zu einer Explosion kommen kann. Wenn die Japaner in Suiyuan eindringen würden, so würde Chiang Kaishek ihnen bestimmt mit den Waffen begegnen.

China und Rußland haben in gewisser Beziehung gemeinsame Interessen. Die chinesische Regierung lehnt jedoch eine gemeinsame Abwehr gegen Japan ab.

Die Antipathie Chiang Kaisheks gegen den Kommunismus steht vielleicht im Zusammenhang mit der Englands und Amerikas. Die Frage würde eine andere sein, wenn ein Krieg ausbräche. China hat

shek spricht

legrammen

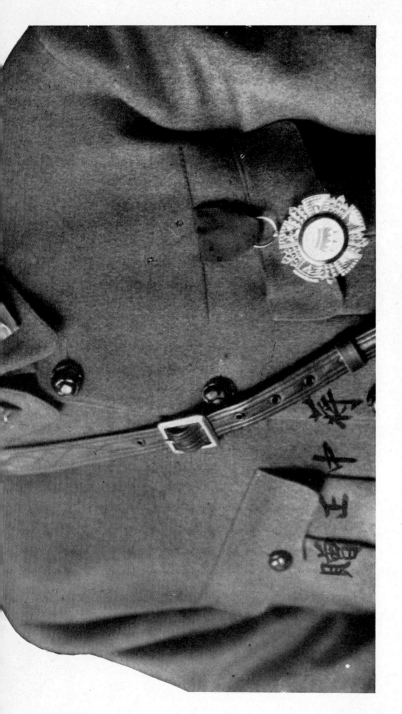

Chiang Kaishek

45 Jahre alt

Chiang Ka

Aus Bild

mehrere Forderungen an Japan in Erwägung gezogen. Das gibt den Anschein, als ob China gegenüber Japan eine aktive Außenpolitik führt. Ich persönlich glaube, daß China nicht mehr nachgeben wird, wenn Japan einen Krieg beginnen würde."

XIX. KAPITEL

CHIANG KAISHEK IST GROSS

1. Chiang Kaishek im Vergleich mit Hitler und Mussolini

Obwohl es in Japan nicht an Stimmen fehlt, die Chiang Kaishek fortdauernd Schwierigkeiten bereiten, die ihn angreifen und beschimpfen, ist doch das Urteil aller objektiv denkenden Japaner in dieser Richtung positiv:

„Chiang Kaishek ist groß!"

„Seine Aufgabe ist weit schwieriger als die Hitlers und Mussolinis."

„Er ist wirklich groß! Ist es nicht erfreulich, daß in Ostasien eine solche große Persönlichkeit geboren wurde?"

Und wiederum ist eine Ansicht vieler objektiver Japaner die:

„Japan besitzt keine große Persönlichkeit, jedoch besitzt sie China."

Vom japanischen Standpunkt aus gesehen, ist Chiang Kaishek zweifellos der Führer Chinas in der Verteidigung gegen Japan und der Vertreter derjenigen, die die Mandschurei zurückerobern wollen. Damit ist er das größte Hindernis der japanischen Expansion. Vom chinesischen Standpunkt sind aber die Verteidigungsmaßnahmen gegen Japan und die Zurückeroberung der Mandschurei nicht zu umgehende Staatsnotwendigkeiten. Chiang Kaishek würde sein Ansehen als Führer des chinesischen Reiches verlieren, wenn er eine von diesen Bestrebungen aufgeben würde. Deswegen dürfte es klug sein, wenn man ein richtiges Urteil über Chiang Kaishek fällen will, ihn nicht vom japanischen oder chinesischen Standpunkt aus, sondern ganz objektiv, frei von aller Voreingenommenheit und allen temperamentvollen Stimmungen zu betrachten, um ganz gerecht urteilen zu können.

227

Wer hat die schwierigste Aufgabe unter Chiang Kaishek, Hitler und Mussolini?

Vor Behandlung dieser Frage muß man zuerst die Lage der von diesen drei Staatsmännern geführten Reiche betrachten.

Schauen wir zuerst nach Deutschland. Das deutsche Volk, das durch den ungerechten Versailler Vertrag gefesselt und mit unmöglich rückzahlbaren Reparationen belastet wurde, stand, Adolf Hitler folgend, auf. Deutschland durchbrach sogar die allseitigen Bindungen. Heute scheint es so, als ob das Deutsche Reich schon zu aktiven Handlungen gegen die anderen schreiten könnte. Adolf Hitler hat das zielbewußt und erfolgreich durchgeführt, was der bekannte deutsche Außenminister Stresemann zu unternehmen nicht gewagt hatte. Deswegen ist es selbstverständlich, daß das deutsche Volk ihm allergrößte Dankbarkeit zollt.

Das heutige Deutschland ist jedoch ein anderes als das des Deutsch-Französischen Krieges (1870-71). Deutschland ist heute ein geeintes Reich mit einem starken, das Vaterland mit aller Kraft unterstützenden Volk. Es besteht ein großer Unterschied zwischen dem heutigen Deutschland und dem zersplitterten Deutschland zur Zeit Bismarcks.

Wohl jeder wird es leicht erkennen können, daß Hitler ein Land führt, das solch einen günstigen Vorzug besitzt.

Wie steht es mit Italien?

„Das Leben der Nation ist dauerhaft, während das Leben des einzelnen nur kurz ist. Deswegen muß der einzelne sich dem Willen und dem Ziel der Nation unterordnen."

Das ist die Staatsidee Mussolinis. Aus dieser Weltanschauung heraus hat er die Richtlinien seiner Innenpolitik aufgebaut.

Es ist Tatsache, daß die Politik und Wirtschaft Italiens sich nach dem Weltkriege in großen Schwierigkeiten befanden und sich überall im Lande bolschewistische Verwirrungen ausbreiteten. Mussolini hielt darum eine Erneuerung des Landes für unbedingt notwendig. In diesem Sinne versammelte er die patriotische Jugend um sich und gründete die faschistische Bewegung, die gegen die Sozialdemokraten und Kommunisten energisch vorging. Sein Patriotismus, seine Klugheit und seine große Beredsamkeit beeinflußten bald die ganze italienische Jugend. Die faschistische Bewegung erntete schließlich sehr große Erfolge und Mussolini wurde der „Duce Italiens". Auf den Gebieten der Gesetzgebung, Verwaltung und Justiz führte er gründliche Reformen durch; in wenigen Jahren wurde das National-bewußtsein des Volkes gefestigt und ein wirtschaftlicher Aufstieg

228

erzielt. Italien hat ein neues Gesicht bekommen. Es zeigt jetzt ebenfalls ein neues Leben wie das Volk des von Hitler regierten Deutschland.

Man hat die Außenpolitik Mussolinis als „faschistische Außenpolitik" bezeichnet. Dies ist wohl auf sein rücksichtsloses Vorwärtsstreben und auf seinen unermüdlichen Kampfgeist zurückzuführen. Seine Außenpolitik beruht jedoch auf kluger Überlegung. Äußerlich macht er einen übermäßig selbstbewußten Eindruck. In Wirklichkeit ist er aber eine alles sehr genau berechnende Persönlichkeit, die reiche politische Fähigkeiten besitzt. Sicherlich hätte er nicht soviel erreichen können, wenn er nicht alles genau berechnet hätte. Er wußte genau, daß Italien durch einen Krieg mehr verlieren als gewinnen konnte. Seine Haltung England gegenüber während des Italienisch-Abessinischen Krieges 1935-36, bereit zu sein, auch gegen England den Kampf zu führen, beruhte sicher auf irgendeiner seiner inneren Voraussetzungen.

Italien ist gleichfalls ein einheitliches Reich wie Deutschland, in dem der Kommunismus, auch wenn er vielleicht einen gewissen Einfluß ausüben, doch keine so große Gefahr werden könnte, die das Reich zerspalten würde. In dieser Beziehung befinden sich Mussolini und Hitler auf gleicher Linie. Es ist wichtig, dieses nicht außer acht zu lassen, wenn man Chiang Kaishek, Mussolini und Hitler miteinander vergleichen will.

Wie ist nun die Lage in China?

Die Lage Chinas war eine ganz andere als die Italiens und Deutschlands. Dort gab es lange Zeit keine Einigkeit. In mehrere Teile zersplittert, beherrschten die Militaristen verschiedene Gebiete und gehorchten nicht dem Befehl der Nationalregierung. Es war sogar fraglich, ob überhaupt eine Regierung für die ganze Nation existierte. Deswegen konnte ein französischer Abgeordneter auf der Washingtoner Konferenz im Jahre 1922 die völlig sinnlose Frage aufwerfen:

„Was ist China?"

Außerdem besitzen viele Nationen Interessen und Vorrechte in China. Sollte China einen falschen Schritt unternehmen, so würde es dadurch die Gefahr heraufbeschwören, in eine Kolonie des Auslandes verwandelt zu werden. Die gewinnsüchtigen ausländischen Mächte würden wohl die Gelegenheit nicht vorübergehen lassen bei einem China mit reichen Erzlagern und großen Absatzmärkten. Das war die Lage Chinas, als Chiang Kaishek auf die politische Bühne trat. Mit einem Wort, Chiang Kaishek übernahm sowohl die inneren, als auch die äußeren Sorgen Chinas und befand sich ob dieser Sorgen in einer schwer zu meisternden Lage.

Was hat Chiang Kaishek in dieser schwierigen Situation getan?

Vor und nach seiner Machtergreifung bekämpfte Chiang Kaishek die radikale Linksgruppe der Kuomintang, unterdrückte er die Einflüsse der sogenannten „Sowjet-Regierung" in der Provinz Kiangsi, und zwang mit blitzartiger Schnelligkeit die militärischen Machthaber im Norden, Feng Yuhsiang, Yen Hsishan, Chang Hsueliang und andere mehr, einen nach dem anderen, unter seine Gewalt, brachte danach die Kwangtung- und Kwangsigruppe, die aus geschichtlichen und geographischen Gründen stets seine größten Gegner waren, zur Kapitulation und vertrieb während des Verfalls seiner Gegnerschaft den Rest der hartnäckigen kommunistischen Truppen nach dem räumlich engbegrenzten Nordwestteil des Reiches, dessen völlige Unterwerfung nun voraussichtlich nicht mehr fern liegt.

Sind dies alles nicht große Errungenschaften Chiang Kaisheks? Jeder, der die Taten dieses Helden mit seinem Anmarsch aus Canton klar und überlegt betrachtet, wird seinem unerschütterlichen und, wo es nötig war, auch unnachgiebigen Geist, seinen außerordentlichen militärischen und politischen Fähigkeiten wohl die größte Hochachtung und Wertschätzung zollen müssen. Solche gewaltigen Taten konnte wohl nur Chiang Kaishek vollbringen. Man kann heute überall in China Umschau halten, man wird keinen Menschen mit ihm auf die gleiche Stufe stellen können. Meines Erachtens steht China heute in der Tat unter der Macht Chiang Kaisheks.

Ist China nicht von Chiang Kaishek geeinigt worden? Zweifellos hält seine Macht alle der Regierung entgegenstrebenden Bewegungen im Zügel. Wenn in China irgend jemand sich heute eigensüchtig Chiang Kaishek widersetzen würde, so wäre es der Nationalarmee leicht möglich, diesen und seine Macht restlos zu vernichten. Die Beendigung des kürzlichen Aufstandes in Kwangtung und Kwangsi lieferte den deutlichen Beweis dafür. Keiner, sowohl in China als auch im Ausland, wird diese Tatsache ableugnen können, mag er auch noch so stark gegen Chiang Kaishek gesinnt sein.

Natürlich möchte ich nicht sagen, daß keine Schwierigkeiten mehr in dem heutigen, von Chiang Kaishek geeinigten Reich bestehen. Es wäre durchaus möglich, daß die bereits besiegte Gruppe von Kwangtung und Kwangsi bei irgendeiner Gelegenheit sich wieder auflehnt. Ferner existieren in der Nationalregierung zwei politische Richtungen, von denen die eine die Zusammenarbeit mit Europa und Amerika, die andere eine solche mit Japan anstrebt. Sie behindern oft sehr die Durchführung der Politik Chiang Kaisheks. Chiang Kaishek zeigt es jedoch niemals, ob er eine Haltung für diese oder jene einnimmt, sondern steht ihnen möglichst fern. Wenn die Vertreter der einen oder anderen Richtung sich plötzlich erheben und gegen Chiang Kaishek arbeiten würden, so würde die Einigung Chinas vielleicht eine neue Erschütterung erfahren. Diese Tatsachen können nicht abgeleugnet werden. Wenn aber die Arbeit Chiang Kaisheks weiter so erfolgreich fortschreiten würde wie bisher, so wird der Gedanke Chiang Kaisheks, die völlige Einigkeit des chinesischen Reiches, kein Traum sein. Diese Ansicht wird wohl jeder, gleich, wer es ist, teilen müssen.

China wurde von Chiang Kaishek zu einer großen Einheit geformt. Das ist eine seiner größten Taten. Hitler und Mussolini sind sehr bedeutende politische Führer. Daß diese Eigenschaft eines Staatsmannes zugleich mit der eines hervorragenden militärischen Führers verbunden sich repräsentiert, ist ein ganz besonderer Vorzug, der dem Staatsmann und Helden Chiang Kaishek eigen ist. Er besitzt eine große strategische Begabung und versteht es meisterhaft, seinen Gegner zu schlagen. Außerdem beherrscht er die seltene Methode, den Gegner ohne Kampf zum Nachgeben zu zwingen. Militärische Personen sind meist offen und geradeaus und wenig gewandt in der Diplomatie. Aus diesem Grunde hatten z. B. der japanische Kaiser Meiji die Fürsten Ito und Yamakada, der deutsche Kaiser Wilhelm I. den Fürsten Bismarck und den großen Strategen Moltke als Paladine. Chiang Kaishek bedarf solcher Mithilfe nicht, weil er eben, wie gesagt, Heerführer und Politiker zugleich ist. Er ist imstande, jeden Gegner zu besiegen, oft durch seine bloße diplomatische Kunst, ohne kriegerische Handlungen.

Seine von ihm bevorzugte Art ist es, jeden seiner Feinde möglichst einzeln zu vernichten. Seine Taktik ist, nach dem Prinzip von Sun Tse, einem bekannten Strategen des chinesischen Altertums, die Gegner ohne Kampfhandlungen niederzuzwingen, eine ganz außergewöhnliche Fähigkeit.

Das Prinzip von Sun Tse: „Hundert Schlachten oder hundert Siege erringen, ist noch nicht das beste; Soldaten, die ohne Kämpfe die Feinde bezwingen, sind die besten", wurde von den Japanern tendenziös in der Weise kommentiert, daß dieser Spruch nur in China Geltung haben könne. Die Arten der Kampfhandlungen der neuen Zeit seien anders als die der früheren. Die Theorie, „die Feinde ohne Kampf zu bezwingen", würde keinen Erfolg mehr haben können. Ein anderer Spruch von Sun Tse: „Soldaten sind die wichtigsten Elemente des Reiches. Von ihnen hängt Tod und Leben, Dasein und Untergang ab. Der Einsatz derselben erfordert daher strengste Prüfung", wird von den Japanern dahin umgedeutet, daß der Krieg ein unvermeidliches Ereignis sei. Das bedeutet gleichsam die Herbeiführung des Krieges, ohne zuvor die Kunst der Diplomatie zu erschöpfen. Solche Herbeiführung von Krieg würde Japan in die Lage eines zweiten Deutschlands versetzen, das während des Weltkrieges von allen vier Seiten bekämpft wurde.

Betrachten wir einmal die Diplomatie Englands. Die Engländer beherrschen die diplomatische Kunst, ihre Feinde möglichst ohne militärische Kämpfe zu erledigen, zweifellos in hohem Grade. Als England einen unvermeidlichen Zusammenstoß mit Rußland im Fernen Osten voraussah, verbündete es sich sofort mit Japan, damit Japan sich mit Rußland in einen Krieg verwickelte, um selbst dabei nur Beobachter zu sein. Und schließlich war der, der sein gewünschtes Ziel erreichte, nicht England? Im Gegensatz hierzu mag es wohl ein gewisses soldatisches Hochgefühl sein, gegen den Gegner mit der blanken Waffe vorzustürmen. Solche kämpferische Diplomatie würde nach Sun Tse aber wohl die allerschlechteste Methode sein.

Wir Japaner haben verschiedenes von Chiang Kaishek lernen müssen!

Seine Außenpolitik gegenüber Japan verdient vom japanischen Standpunkt aus wohl verschiedene Kritik, aber vom Standpunkt eines Neutralen gesehen, beweist sein scheinbares, jedoch nicht zu erzwingendes Nachgeben gerade seine außergewöhnliche außenpolitische Gewandtheit. Könnte Hitler noch einen Schritt weitergehen als Chiang Kaishek, wenn er sich in seiner Lage befinden würde? Es ist auch sehr fraglich, ob die temperamentvollen Reden und kämpferischen Parolen Mussolinis der Erhaltung des Vaterlandes dienlich sein könnten, wenn er an der Stelle Chiang Kaisheks wäre.

2. Charakterliche Eigenschaften und Weltanschauung Chiang Kaisheks

Es gibt Leute, die Chiang Kaishek als Diktator bezeichnen. Auch sagen sie, daß die Nationalregierung schon zu einem von Chiang Kaishek und seiner Verwandtschaft beherrschten ideenlosen Machtfaktor geworden sei, der ununterbrochen zu dem mit einer Person als Mittelpunkt gedachten monarchistischen System fortschreitet. Ist diese Behauptung richtig? Meiner Ansicht nach ist das sehr zweifelhaft.

Hitler, Mussolini und Stalin sind in gewisser Hinsicht wohl mehr oder weniger diktatorische Persönlichkeiten. Es scheint, daß dieselben diese ihre Stellung als solche auch selbst anerkennen. Nach der geschichtlichen Erfahrung Chinas wird Chiang Kaishek sicher niemals den Gedanken hegen, Diktator zu sein. Ihm wäre es sicherlich lieber, eine andere Person als Reichspräsidenten zu sehen, wenn er dabei selbst als weniger sichtbare Kraft wirksam schaffen könnte. Er hat wahrscheinlich überdacht, daß in der chinesischen Republik kein despotischer Herrscher, wie es einmal der Kaiser Tsin Shih-hwangti war, existieren kann. So ist es für ihn ehrenvoller, dem Vaterland selbstlos zu dienen und, den Ideen der Kuomintang folgend, zu arbeiten.

Er wurde einmal von einem Japaner gefragt:

„Sie kennen das China von heute und das China von früher. Wen bezeichnen sie darin als den größten Mann, und wen verehren Sie?"

Er antwortete: „Ich denke, daß Dr. Sun Yatsen der größte von allen ist."

Chiang Kaishek folgt dem hinterlassenen Willen Dr. Sun Yatsens und gibt seine ganze Kraft für die Wiedergeburt des Volkes hin. Das ist seine Aufgabe. Diktator zu sein, widerspricht dem Willen Dr. Sun Yatsens; deswegen können wir der Behauptung, Chiang Kaishek strebt die Diktatur an, keinen Glauben schenken. Die ausgesprochen diktatorische Politik gleicht einem „Hof zur Selbstbesinnung", wo es natürlich auch ein friedliches Leben gibt. Jedoch werden darin die Handlungen der einzelnen Person streng bewacht. Die Freiheit des Redens und der Versammlung des Volkes wird darin stark eingeschränkt. Nur die Machtbesitzenden können darin nach Belieben handeln. Wieviel Glück und Segen solche Politik einem Volke schenkt, kann man sich ohne Frage denken.

Chiang Kaishek hört auch gerne Reden und Meinungen von anderen; er äußert sich dazu zunächst weder bejahend noch verneinend. Nachdem er alles vernommen hat, überprüft er das Gehörte ganz gründlich und faßt dann seinen Entschluß, der unmittelbar durchgeführt wird.

Die auffallendsten Eigenarten seines Charakters sind: schnelle Auffassung und rasches Handeln.

Seine Strategie besteht auch in der Schnelligkeit. Oft stand er an der vordersten Front, um die Schwäche des Gegners zu erspähen und ohne Zögern auszunutzen. In solchen Fällen bewährte sich seine schnelle Auffassung und sein rasches Handeln besonders. Er drang oft in die Zentralstellung des Gegners ein, um ihn dadurch zu überraschen und zum Ergeben zu veranlassen, oder er bemühte sich so lange, den Gegner zu zermürben, bis er sich ihm notgedrungen ergab.

Mit diesen Methoden zerschlug Chiang Kaishek oft die Front seiner Gegner und auch die der Kommunisten. Durch sein schnelles Auffassen und sein rasches Handeln war die gegnerische Seite meistens zur Machtlosigkeit verurteilt.

Im Herbst 1926, als die Nationalarmee die Stadt Wuchang angriff, stand ihr Hauptquartier in einem Eisenbahnwagen in Chaolichiao, das Kommando in Nanhu.

Chiang Kaishek, Oberkommandierender der Nationalarmee, sprach damals:

„Ich werde nach der Front und an der Stadtmauer entlang gehen, um den angreifenden Soldaten durch meinen Zuspruch neuen Mut zu geben."

Seine Umgebung wollte ihm von diesem Risiko abraten und bat ihn, von dem Wagen aus seine Befehle zu geben. Er ließ sich jedoch nicht von seinem Vorsatz abbringen, ging an die Front und sagte zu seinen Mannschaften:

„Ihr müßt morgen früh die Stadt Wuchang besetzen. Im anderen Falle bitte ich Euch, mich nicht wiederzusehen. Und ich möchte Euch dann auch nicht wiedersehen. Heute Nacht bleibe ich hier und warte."

Das war zugleich ein Beweis für sein schnelles Erfassen der Situation und seinen Opfermut.

Es gibt noch eine andere Anekdote.

Als die kommunistischen Truppen nach ihren Niederlagen nach der Provinz Szechwan flüchteten, schlug ein ausländischer Berater, Mao Tsetung, dem Führer der kommunistischen Truppen, folgendes vor: In Szechwan können wir ein neues Sowjetgebiet aufbauen, meiner Ansicht nach wird Chiang Kaishek nicht nach Szechwan kommen.

Chiang Kaishek wollte jedoch nicht dulden, daß die Bevölkerung Szechwans von den Kommunisten unterdrückt und mißhandelt würde. Rasch entschlossen begab er sich dorthin und führte den Kampf gegen die Kommunisten weiter. Dadurch konnte der kommunistische Plan, in Szechwan ein Sowjetgebiet zu gründen, nicht zur Durchführung kommen. Der ausländische Berater wurde darauf von dem kommunistischen Führer, Mao Tsetung, fortgejagt.

Das war ebenfalls ein Beweis für die rasche Auffassung und die schnelle Handlungsweise Chiang Kaisheks.

Chiang Kaishek ist ein Mann, der eine große Idee vertritt und zugleich auch Charakter besitzt, sie durchzuführen. Seine Idee ist die hinterlassene Lehre Dr. Sun Yatsens, die Wiedergeburt des chinesischen Volkes. Sie findet ihren Ausdruck in den folgenden Sätzen:

„Obgleich ich über die Hälfte meines Lebens der Sache der nationalen Revolution gewidmet habe, habe ich noch nicht den hundertsten Teil der Arbeit vollendet, die ich für mein Vaterland leisten wollte." (Gedanken an seinem 50. Geburtstage.)

„Die vor kurzem vollzogene Vollendung der Einigung des chinesischen Reiches ist ein Zeichen dafür, daß unsere Nation sich Schritt für Schritt weiterentwickelt hat. Von jetzt ab sind die Wege für die Selbsterrettung vorgezeichnet, und das Volk sieht einer glanzvollen Zukunft entgegen. Bürger und Soldaten unseres Reiches sollen mit Selbstvertrauen auf eine optimistische Entwicklung hoffen und mit aller Energie und Kraft für ihr Vaterland arbeiten.

Aufstieg und Untergang, Gedeih und Verderb der Nation und des Volkes hängen ganz und gar davon ab, ob wir selbst erstarken und uns erheben.

Wenn unsere Partei- und Volksgenossen unermüdlich und unaufhörlich nach der Erstarkung streben, muß unser Vaterland einen unbedingten und baldigen Aufstieg erleben. (Aus der Rede in der Militärakademie in Loyang, am 1. 11. 36.)"

Groß ist sein Selbstvertrauen, was aus diesen Worten spricht. Mit diesem Selbstvertrauen arbeitet er zielbewußt und unbeirrt für die Verwirklichung seiner Idee.

Er selbst führt nicht nur ein streng geordnetes, selbstbewußtes und beherrschtes Leben, sondern hält es auch für seine Pflicht, in der ersten Front der „Neuen Lebensbewegung" stehend, ein gutes Vorbild für das oft so gleichgültige chinesische Volk zu sein. Hitler und Mussolini verhalten sich gleichfalls so. Nur ist dieses bei Chiang Kaishek bedeutend ausgeprägter. Er raucht nicht und trinkt keinen Alkohol. Auf seinen Veranstaltungen gibt es außer bei ganz offiziellen Feierlichkeiten, niemals Wein.

Der ehemalige japanische Botschafter Ariyoshi sagte einmal:

„Es ist wirklich eine Plage, bei Chiang Kaishek eingeladen zu sein, denn es gibt dort niemals Wein. Das erfüllt mich mit großem Unbehagen. Ich fragte einmal den Außenminister Chang Chun, ob man vorschlagen könnte, etwas Wein kommen zu lassen. Minister

Chang antwortete mir darauf, daß dies zwecklos sei, weil man auf keinen Fall Wein bekommen könnte. Ferner sagte er, der ein rötliches Gesicht hatte, daß er schon vorher getrunken hätte. So hatte nur ich allein an diesem Abend zu leiden."

Wer gern Wein trinkt, trinkt ihn vorher zu Hause, wenn er einer Einladung Chiang Kaisheks Folge leistet, oder er geht nachher in ein Weinlokal.

Chiang Kaishek vertritt den Standpunkt, fleißig und unaufhörlich zu arbeiten. — Niemals hört man ihn sagen, daß er vom Arbeiten müde geworden wäre.

Mit den folgenden Worten mahnte er einmal seine Leute:

„Man muß stets Arbeit suchen und nicht auf Arbeit warten."

Chiang Kaishek vergeudet keine Minute und keine Sekunde. Er hält es für wichtiger, auch die Zeit zur Arbeit zu benutzen, die man sonst für Vergnügen opfert.

Hier seien drei Gedanken Chiang Kaisheks angeführt: „Wissen ist etwas für das Leben der Menschen. Das letzte Ziel der Philosophie, der Wissenschaften und der Kunst ist die Verbesserung des Lebens der Menschen in der Welt. Jedes Wissen, das von diesem Grundsatz abgeht, ist kein wirklich wertvolles Wissen, das brauchen wir selbstverständlich auch nicht zu studieren. Unsere alten Weisen sagten: ‚Studieren ist zum Nutzen'."

Chiang Kaishek betont auch, daß das Geistige und Materielle gleichwertig sind.

„Die erste Notwendigkeit ist, daß sich unser Geist und unsere Fähigkeiten fortentwickeln; um damit die verschiedenen praktischen Probleme in der Welt zu lösen, ist es unerläßlich, das praktische Leben unseres Volkes zu reformieren."

Seine Ansicht ist: „Ohne Geist taugt man zu nichts."

Deswegen sucht er mit seinem Geist die materiellen Bedingungen des Lebens zum Fortschritt zu bringen.

Seine revolutionäre Lebensphilosophie lautet:

„Das Ziel des Lebens ist, den Lebensstandard der gesamten Menschheit zu heben. Der Sinn der Existenz ist, neue Existenz in der Welt fortzupflanzen."

Hierzu folgende Bemerkung:

Chiang Kaishek als Militär war zuerst auch ein Anhänger der Idee: „Die Schwachen unterliegen den Starken, die Untüchtigen werden von den Tüchtigen besiegt." Daran glaubte er.

Einmal wollte er von Dr. Sun Yatsen das Urteil über diesen Glauben hören und bat ihn deshalb, einen Spruch für ihn zu schreiben. Dr. Sun Yatsen nickte ihm zu, sagte dabei jedoch kein Wort. Nach zwei Wochen hatte Chiang Kaishek noch keine Antwort erhalten. Während er noch ungeduldig weiter wartete, wurde er plötzlich von Dr. Sun Yatsen zu sich gerufen. Er erhielt die folgenden, von Dr. Sun Yatsen geschriebenen, acht Schriftzeichen.

„Die Verwirklichung des ‚Großen Weges' beruht darauf, daß die Welt für alle da ist!"

Dr. Sun Yatsen übergab Chiang Kaishek diesen Spruch und sagte dabei kein Wort, damit Chiang Kaishek die Bedeutung dieser Worte allein erfassen sollte. Danach beschäftigte sich Chiang Kaishek ganz intensiv mit dieser Weltanschauung. Mehrere Monate später gab Dr. Sun Yatsen Chiang Kaishek eine ausführliche Erklärung über den von ihm geschriebenen Spruch.

Die Weltanschauung: „Die Welt ist für alle da", kennzeichnet, so erläuterte Dr. Sun Yatsen, „den Unterschied zwischen dem Wang-Tao (auf loyale und moralische Weise zum Ziele zu gelangen) und dem Pa-Tao (in willkürlicher Weise unter Anwendung brutaler Gewalt zum Ziele zu kommen) und die Verschiedenheiten zwischen dem ‚Nationalen Prinzip' (Nationalismus) und dem Imperialismus."

Um sich selbst zu erziehen, liest Chiang Kaishek mit Vorliebe die hinterlassenen Werke Dr. Sun Yatsens, die Werke von Wang Yangming (Staatsmann und Philosoph aus der Zeit der Ming-Dynastie) und von Tseng Kuofan (Staatsmann und Feldherr aus der Zeit der Tsing-Dynastie).

Er hat die gesamten Werke dieser drei großen Männer vollständig durchgelesen. Wie Dr. Sun Yatsen, waren auch Wang Yangming und Tseng Kuofan Männer, die aus äußerst schwierigen Verhältnissen kamen und große Erfolge erarbeitet hatten. Oft liest Chiang Kaishek ihre Werke, wenn er auf besondere Schwierigkeiten stößt.

Chiang Kaishek ist schon aus Sian friedlich nach Nanking zurückgekehrt.

Die Sian-Affäre hat seinem Ruhm zweifellos zu einer Steigerung verholfen. Das Vertrauen des chinesischen Volkes zu ihm ist noch stärker geworden. In der kommenden Zeit wird er sicher ein wichtiges Amt übernehmen, um mit der ganzen Kraft für sein Vaterland weiter zu arbeiten und das chinesische Volk zu führen.

Chiang Kaishek ist groß! Er ist nicht nur die große Persönlichkeit des Fernen Ostens, sondern eine große Persönlichkeit der ganzen Welt.

CHRONOLOGISCHE TAFEL

1887   Am 31. Oktober wird Chiang Kaishek in Hsikow im Kreise
        Fenghwa, in der Provinz Chekiang, geboren.

1894-95 Chinesisch-Japanischer Krieg.

1895   Tod des Vaters von Chiang Kaishek.

1900   Boxerbewegung.

1905   Gründung der „Chinesischen Genossen-Vereinigung" in Tokio
        durch Dr. Sun Yatsen.

1906   Gründung der Paoting-Militärakademie und Aufnahme Chiang
        Kaisheks in dieselbe.

1907   Studienzeit Chiang Kaisheks in der japanischen Militäraka-
        demie, Shikan Gokyo, in Tokio; Eintritt in die „Chinesische
        Genossen-Vereinigung; Bekanntschaft mit Dr. Sun Yatsen.

1909   Absolvierung der Shikan Gokyo; als Probeoffizier im 3. Feld-
        artillerie-Regiment in Takada.

1911   Ausbruch der chinesischen Revolution in Wuchang; Chiang
        Kaisheks Rückkehr nach Shanghai; als Kommandant des
        5. Regiments in Shanghai unter dem Befehl Chen Chimeis.

1912   Abdankung Pu Yis, des letzten Kaisers der Tsing-Dynastie;
        Dr. Sun Yatsen wird provisorischer Präsident der chinesischen
        Republik; Erweiterung der „Chinesischen Genossen-Ver-
        einigung", gleichzeitig Umbenennung in Kuomintang (die
        nationale Partei); nach dem Rücktritt Dr. Sun Yatsens wird
        Yuan Shihkai erster Präsident der chinesischen Republik.
        Chiang Kaishek besucht Japan.

1913   Yuan Shihkai löst die Kuomintang auf; vereinigter Feldzug
        der Nationalisten gegen Yuan Shihkai.

1914   Beteiligung Chiang Kaisheks an einer Erhebung in Shanghai;
        Chiang Kaishek begibt sich erneut nach Japan; Besuch der
        Mandschurei.

1915   Aktiver Anteil Chiangs an der Eroberung des Arsenals von
        Shanghai.

1916 Chiang leitet die Eroberung des Kiangyin-Forts am Yangtse; Chen Chimei wird ermordet; Tod Yuan Shihkais.

1917 Dr. Sun Yatsen wird Feldmarschall in Canton; Chiang begibt sich nach Canton.

1918 Chiang Kaishek wird in Canton Generalstabschef im Hauptquartier des Feldmarschalls.

1919 Chiang wird zum Kommandierenden des 2. Armeekorps von Kwangtung ernannt.

1920 Zurückwerfung der Kwangsi-Truppen; Chiang in der Zurückgezogenheit in Hsikow.

1921 Erneut bei Dr. Sun Yatsen, als dieser Präsident der Cantonregierung geworden ist; Chiangs Mutter stirbt; Gründung der Wuling-Schule in Fenghwa.

1922 Chiang warnt Dr. Sun Yatsen von Chen Chiungming; Revolte Chen Chiungmings; Chiang mit Dr. Sun Yatsen nach Shanghai.

1923 Im Auftrage Dr. Sun Yatsens besucht Chiang Kaishek Moskau; Rückkehr aus Rußland; Borodin wird Berater der Kuomintang.

1924 Erster Parteikongreß der Kuomintang; Chiang wird Rektor der Hwangpu-Militärakademie; Mitglied der Militärkommission; Dr. Sun Yatsen begibt sich nach Peking.

1925 Dr. Sun Yatsen stirbt in Peking; Errichtung der Nationalregierung in Canton; Chiangs Feldzug gegen Chen Chiungming.

1926 Zweiter Parteikongreß der Kuomintang; Chiang wird Mitglied des Zentral-Exekutiv-Komitees der Kuomintang; Vorsitzender der Militärkommission und Oberkommandierender der Nationalarmee im Nordfeldzug; strenge Maßnahmen Chiangs gegen die Kommunisten in Canton; Vertreibung Wu Peifus und Sun Chuanfangs und Eroberung der Provinzen Hunan, Hupeh, Kiangsi und Fukien.

1927 Besetzung von Hangchow, Shanghai und Nanking durch die Nationalarmee; „Nanking-Affäre"; Wuchang vorübergehend Hauptstadt Chinas; Chiangs Bruch mit der Wuhan-Gruppe; Rücktritt Chiang Kaisheks und Besuch in Japan; Eheschließung mit Fräulein Sung Meiling in Shanghai; Rückkehr nach Nanking; Abbruch der diplomatischen Beziehungen Chinas mit Sowjet-Rußland; Gründung der Nationalregierung in Nanking.

1928 Chiang erneut Oberkommandierender der Nationalarmee im Nordfeldzug; Bündnis mit Feng Yuhsiang; „Tsinan-Affäre"; Besetzung Pekings durch die Nationalarmee; Vollendung des Nordfeldzuges; Chiang Kaishek Leiter der Nationalregierung;

Proklamation Nankings als Hauptstadt; Peking in Peiping umbenannt; Besuch am Sarge Dr. Sun Yatsens in Peiping; Chang
Hsueliang bekennt sich zu der Nationalregierung.

1929   Eröffnung der Konferenz der Umorganisation der Armee; Re-
volten Chang Fakweis, Shih Yushans und Tang Shengchis und
die Unterdrückung derselben.

1930   Aufstand Feng Yuhsiangs und Yen Hsishans gegen Chiang
Kaishek; Chang Hsueliangs Armee auf der Seite Chiang
Kaisheks; Chiangs Sieg über Feng und Yen.

1931   Chiangs Auseinandersetzung mit Hu Hanmin; Bewegung gegen
Chiang in Kwangtung; Feldzug gegen die Kwangtung-Truppen;
Besetzung der Mandschurei durch Japan; Kongreß der Kuo-
mintang in Nanking und Canton; Chiang Kaisheks Rücktritt;
Einigung zwischen Nanking und Canton.

1932   Chiang Kaishek wieder nach Nanking berufen; Einfall der
Japaner in Shanghai; Chiang Kaishek leitet persönlich den
Feldzug gegen die Kommunisten in Kiangsi; Gründung des
Puppenstaates „Mandschukuo" von Japans Gnaden.

1933   Japan besetzt die Provinz Jehol; Unterzeichnung des Tangku-
Abkommens; weiterer Kampf gegen die Kommunisten; Feng
Yuhsiang zieht sich nach einem neuen Aufstand aus dem
öffentlichen Leben zurück; Wiederaufnahme der diploma-
tischen Beziehungen zwischen China und Rußland; Revolte in
Fukien.

1934   Unterdrückung der Revolte in Fukien; Gründung der „Neuen
Lebensbewegung"; Chiangs Rundflug im Nordwesten Chinas;
Festlegung der Gewalten der Nationalregierung und der Pro-
vinzialregierungen; Vertreibung der Kommunisten aus Kiangsi;
Kampf gegen Opium.

1935   Vertreibung der Kommunisten aus Kweichow; Chiangs Inspektionsflug im Südwesten Chinas. Aufbau in Kweichow und
Szechwan; Erziehungskurse für höhere Offiziere im Omei-Ge-
birge; Attentat auf Wang Chingwei in Nanking; Chiang
Kaishek Präsident des Verwaltungs-Yuan; Währungsreform;
Japan zettelt die Autonomiebewegung in Nordchina an; Un-
abhängigkeitserklärung Yen Yukengs in der entmilitarisierten
Zone; Gründung der sogenannten „Osthopei-Regierung" mit
japanischer Unterstützung.

1936   Revolte Chen Chitangs in Canton; Chen wird aller Ämter ent-
hoben; Canton unter der Gewalt der Nationalregierung;
Chiangs Besuch in Canton; Kwangsi unterstellt sich der Natio-

nalregierung; Chiangs Inspektionsflug in Nordchina; Ausbruch des Kampfes in Suiyuan; Gründung der „Volkswirtschaftlichen Aufbaubewegung"; weitere Verfolgung des Restes der Kommunisten; Chiangs 50. Geburtstag; Übergabe von 70 Flugzeugen als Geburtstagsgeschenk; Chiangs Besuch in Taiyuan; Sian-Revolte; Chiangs Rückkehr nach Nanking; Chang Hsueliang vor dem Militärgericht.

1937   Dr. H. H. Kungs Besuch in Europa und Amerika; Ausbruch der chinesisch-japanischen Feindseligkeiten.

NAMENVERZEICHNIS

Adams
Amerikanischer Staatssekretär für die Marine im Kabinett Stimson.

Amo
Leiter der Presseabteilung des japanischen Außenministeriums.

Arita
Japanischer Botschafter in China im Jahre 1936; später japanischer Außenminister im Kabinett Hirota (1936).

Ariyoshi
Japanischer Gesandter in China; der erste japanische Botschafter in China (1935-36).

Bismarck, Otto von
Deutscher Reichskanzler (1871-90).

Borodin, Michael
Russischer Berater in China (1924 bis 1927).

Cadogan
Englischer Gesandter in China; der erste englische Botschafter in China (1925-36).

Cavour, Camillo von
Italienischer Staatsmann; erreichte 1861 die Einigung Italiens.

Chang Chi
Politiker der Kuomintang.

Chang Chingkiang
Politiker der Kuomintang.

Chang Chitan
Anhänger Wu Peifus; Vertreter der Chili-Gruppe.

Chang Chun
Außenminister Chinas (1936-37).

Chang Chungchang
Gouverneur von Shantung während des Nordfeldzuges.

Chang Hsueliang
Machthaber der Mandschurei (1928 bis 1931); Sohn Chang Tsolins.

Chang Hsun
Führer der monarchistischen Bewegung; Anhänger Yuan Shihkais.

Shang Hweichang
Chef der Luftwaffe der Provinz Kwangtung.

Chang Kuosho
Chinesischer Kommunist; Vizepräsident der sog. chinessichen Sowjet-Regierung (1931).

Chang Piao
Kommandant der Stadt Wuchang beim Ausbruch der chinesischen Revolution im Jahre 1911.

Chang Tsolin
Beherrscher der Mandschurei bis 1928.

Chao Hengti
Militarist; Gouverneur von Hunan (1923).

Chen Che
Flottenchef der Provinz Kwangtung.

Chen Cheng
Vizekriegsminister der Nationalregierung.

Chen Chimei
Vorgesetzter Chiang Kaisheks.

Chen Chingyun
Kommandeur der Festung Humen in Kwangtung.

Chen Chitang
Gouverneur der Provinz Kwangtung (1921-36).

Chen Chiungming
Unterführer und Gegner Dr. Sun Yatsens.

Chen Eugen
Außenminister der Wuhan-Regierung; Vertreter der Linksgruppe der Kuomintang.

Chen Kuofu
Politiker der Kuomintang.

Chen Lifu
Politiker der Kuomintang.

Chen Mingshu
Gouverneur von Kwangtung bis 1921.

Chen Shaokwan
Marineminister der Nationalregierung.

Chen Tiaoyuan
Armeeführer der Kuomintang.

Chen Tuhsio
Chinesischer Kommunist; Professor an der Peking-Universität.

Cheng Chian
Armeeführer der Kuomintang.

Sheng Shihchi
Anhänger Tuan Chijuis, Vertreter der Anfu-Gruppe.

Chiang Chowtai
Kindername Chiang Kaisheks.

Chiang Chungcheng
Der eigentliche Name Chiang Kaisheks.

Chiang, Frau, geb. Wang
Die Mutter Chiang Kaisheks.

Chiang Juiyuan
Kindername Chiang Kaisheks.

Chiang Kaishek

Chiang Shuan
Vater Chiang Kaisheks.

Chiang Tingwen
Armeeführer der Kuomintang; Gouverneur der Provinz Fukien (1936).

Chiang Tsopin
Armeeführer der Kuomintang; Gesandter in Berlin (1928-31); Gesandter und erster Botschafter in Tokio; Innenminister der Nationalregierung bis 1937.

Chiang Yupiao
Großvater Chiang Kaisheks.

Chien Tachun
Armeeführer der Kuomintang.

Chin Chunhsuan
Der Kuomintang nahestehender Politiker.

Chow Lu
Politiker der Kuomintang; Vertreter der Kwangtung-Gruppe; Rektor der Dr. Sun Yatsen-Universität in Canton.

Chow Yenjen
Unterführer Sun Chuanfangs in Fukien.

Chu Peite
Armeeführer der Kuomintang.

Chu Te
Kommunistischer Führer.

Claude
Französischer Botschafter in Washington im Jahre 1932.

Dobimatsi
Oberst der japanischen Armee; Vorgesetzter Chiang Kaisheks.

Fang Chengwu
Armeeführer der Kuomintang.

Fang Penyen
Anhänger Sun Chuanfangs; Vertreter Chiang Kaisheks in der Mandschurei (1929).

Feng Chanhai
Unterführer Chang Hsueliangs.

Feng Kuochang
Präsident der chinesischen Republik (1917).

Feng Yuhsiang
Führer der Volksarmee; seit 1934 Vizepräsident des Militärrates der Nationalregierung.

Fu Tsoyi
Gouverneur der Provinz Charhar.

Fukuda
Japanischer General; Kommandeur der japanischen Besatzungstruppen in Tsinan während der „Tsinan-Affäre" (1928).

Galen
Russischer militärischer Berater in China; Oberkommandierender der russischen Armee im Fernen Osten.

Haas
Führer einer Völkerbundskommission in China (1935).

Han Fuchu
Unterführer Feng Yuhsiangs; Gouverneur von Shangtung.

Haoreh
Rektor der Havard-Universität in Amerika.

Hata
Leiter der Presse-Abteilung im japanischen Kriegsministerium.

Harvard
Direktor der amerikanischen Nachrichtenagentur, United Press.

Hirota
Außenminister und Ministerpräsident Japans.

Hitler, Adolf
Deutscher Reichskanzler; Schöpfer des Nationalsozialismus.

Ho Chukuo
Unterführer Chang Hsueliangs.

Ho Hsiangning
Frau Liao Chungkais.

Ho Lung
Kommunistischer Führer.

Ho Yaochu
Armeeführer der Kuomintang.

Ho Yingchin
Armeeführer der Kuomintang;
Kriegsminister der Nationalregierung.

Hoover, Herbert
Staatspräsident der USA. (1929-33).

Hsiang Hanping
Militärischer Führer in Kwangtung.

Hsiang Ying
Chinesischer Kommunist; Vize-Prä-
sident der „Chinesischen Sowjet-
Regierung" in Kiangsi (1931).

Hsiao Ko
Kommunistischer Führer.

Hsu Haitung
Kommunistischer Führer.

Hsu Hsiangchien
Kommunistischer Führer.

Hsu Kehsiang
Kommandant der Stadt Changsha
(1927).

Hsu Shihchang
Präsident der chinesischen Republik
in Peking.

Hsu Taolin
Sekretär Chiang Kaisheks; Doktor
der Staatswissenschaften (Universität Berlin).

Hu Hanmin
Politiker der Kuomintang.

Hung Chaolin
Unterführer Chen Chiungmings.

Hurley
Staatssekretär für die Landarmee in
USA. im Kabinett Stimsons.

Hwang Fu
Politiker; leitete Aufstand gegen
Yuan Shihkai (1916); Außenminister;
Kultusminister; Innenminister; Kom-
missar für Nordchina (1933).

Hwang Hsing
Armeeführer der Kuomintang.

Hwang Yinchu
Gouverneur von Kwangsi.

Inukai
Japanischer Staatsmann; Freund
Dr. Sun Yatsens; wurde im Jahre
1932, als er Ministerpräsident war,
ermordet.

Ishimaru
Offizier der japanischen Marine;
Verfasser mehrerer politischer
Werke, wie „Japan must fight
Britain".

Ishimoto
Leiter der Militär-Abteilung im japanischen Kriegsministerium.

Ito
Fürst, japanischer Staatsmann zur
Zeit des Kaisers Meiji.

Joffe
Russischer Botschafter in China
(1934-35).

Kamida
Leiter des „Frühlings- und Herbst-
Verlages" in Tokio.

Karakhan
Russischer Botschafter in China.

Katoyama
Bekannter Japaner; Freund Dr. Sun
Yatsens.

Kawagoe
Japanischer Botschafter in China
(1936-37).

Kawano
Großgrundbesitzer in Tokio.

Ku Yingfen
Politiker der Kuomintang.

Kung Hsianghsi, Dr. H. H. Kung
Finanzminister der Nationalregierung; Sonderbotschafter Chinas bei
der Krönungsfeier in London (1937);
besuchte 1937 Deutschland.

Kuwashima
Leiter der Ostasien-Departement im
japanischen Außenministerium.

Laigufu
Redakteur der „Tokioter Asahsi
Shimbun".

Landes
Schriftsteller.

Leith-Ross
Finanzberater der englischen Regierung.

Li Chishen
Armeeführer der Kuomintang; Führer der Kwangtung-Gruppe.

Li Chungyen
Armeeführer der Kuomintang; Führer der Kwangsi-Gruppe.

Li Fulin
Armeeführer der Kuomintang.

Li Hungchang
Staatsmann der Tsing-Dynastie.

Li Liechun
Armeeführer der Kuomintang.

Li Mingchung
Unterführer Feng Yuhsiangs.

Li Pinhsian
Kommandant der Stadt Hankow (1927).

Li Shihcheng
Politiker der Kuomintang.

Li Tatao
Professor der „Peking-Universität"; Chinesischer Kommunist.

Li Yuanhung
Armeeführer; Führer der chinesischen Revolution (1911), Präsident der chinesischen Republik.

Li Yangching
Militärischer Führer in Kwangtung.

Liao Chungkai
Politiker der Kuomintang.

Lin Paisheng
Hauptschriftleiter der „China Daily News".

Lin Piao
Chinesischer Kommunist.

Lin Sen
Politiker der Kuomintang; Leiter der Nationalregierung.

Lin Yunhai
Politiker der Kuomintang; Zivilbeamter in Canton.

Litton
Amerikanischer Professor.

Liu Chenghwan
Militarist in Kwangsi; Verbündeter Chen Chiungmings.

Liu Chi
Unterführer Feng Yuhsiangs.

Liu Chi
Armeeführer der Kuomintang.

Liu Tsetan
Bandenführer; verbündete sich mit den Kommunisten.

Liu Yuchun
Unterführer Wu Peifus.

Lu Chunglin
Unterführer Feng Yuhsiangs.

Lu Tiping
Armeeführer der Kuomintang.

Lu Yunghsiang
Unterführer Tuan Chijuis.

Lung Yun
Gouverneur von Yunnan.

Lytton
Führer der vom Völkerbund nach Ostasien entsandten Kommission zur Untersuchung des Mandschurei-Ereignisses; Lytton-Bericht.

Ma Lienchia
Verbündeter Sun Chuanfangs.

Mao Kwanghsiang
Armeeführer in Kweichow

Mao Tsetung
Kommunistischer Führer; Präsident der „Chinesischen Sowjet-Republik" (1931).

Marx, Karl
Begründer der Lehre des Marxismus.

Matsudaira
Japanischer Diplomat; Botschafter in London (1932).

Matsuoka
Japanischer Diplomat; Vertreter im Völkerbund (1931/32).

Miyazaki
Japanischer Politiker; Freund Dr. Sun Yatsens; Mitkämpfer der Kuomintang.

Moltke
Preußischer Heeresführer.

Monroe, James (1758—1831)
Präsident der USA 1817-25; Monroe-Doktrin, 2. 12. 1823, Erklärung gegen die Einmischung Europas in amerikanische und Amerikas in europäische Angelegenheiten.

Mussolini
Italienischer Staatsmann; Begründer des Faschismus.

Nayano
Japanischer Admiral; Marineminister.

Nagaoka
Japanischer General; Vorgesetzter Chiang Kaisheks.

Naito
Japanischer Offizier; Vorgesetzter Chiang Kaisheks.

Okamoto
Gehilfe des Leiters der Militär-Abteilung im japanischen Kriegsministerium.

Pei Chunghsi
Armeeführer der Kuomintang; Führer der Kwangsi-Gruppe.

Peng Tehwai
Kommunist; Unterführer Mao Tsetungs.

Platt
Flottenchef der amerikanischen Marine zur Zeit Stimsons.

Pu Yi
Letzter Kaiser der Tsing-Dynastie; seit 1932 Puppen-Regent in der Mandschurei.

Rajchmann
Vom Völkerbund nach China entsandter Kommissar.

Roosevelt
Seit 1933 Staatspräsident in USA.

Saito
Japanischer General; Kommandierender der japanischen Truppen in Tsinan (1928).

Saito
Japanischer Diplomat; Vertreter im Völkerbund.

Shang Chen
Gouverneur von Hopei (1935).

Shao Litse
Politiker der Kuomintang.

Shao Yuanchung
Politiker der Kuomintang.

Shigemitsu
Staatssekretär im japanischen Außenministerium.

Shimoda
Japanischer Offizier; Vorgesetzter Chiang Kaiseks.

Shishiki
Japanischer Militärattaché in Nanking.

Simon, John
Englischer Außenminister (1931/32).

Shu Chaolin
Chinesischer Kommunist.

Stalin
Generalsekretär der Kommunistischen Partei in Rußland seit 1920.

Stimson
Staatssekretär von USA. unter der Präsidentschaft Hoovers.

Stresemann
Deutscher Außenminister.

Suma
Japanischer Generalkonsul in Nanking.

Sun Chuanfang
Militarist; Führer der „vereinigten Armee von fünf Provinzen" (Kiangsu, Chekiang, Fukien, Auhwei, Kiangsi).

Sun Fo
Politiker der Kuomintang; Sohn Dr. Sun Yatsens; Präsident des Gesetzgebungs-Yuan.

Sun Tse
Großer Stratege des chinesischen Altertums.

Sun Yatsen
Dr., Führer der Kuomintang; Gründer der chinesischen Republik (1868-1925).

Sun Yungchin
Bandenführer.

Sung Cheyuan
Vorsitzender des „Politischen Rates für Hopei und Charhar".

Sung Chiaoyen
Politiker der Kuomintang.

Sung Chingling
Frau Dr. Sun Yatsens.

Sung Meiling
Frau Chiang Kaiseks.

Sung Tsewen
Chinesischer Finanzpolitiker.

Sze Chaochi
Chinesischer Botschafter in USA.

Tai Chitao
Politiker der Kuomintang; Präsident des Prüfungs-Yuan.

Tan Pingshan
Chinesischer Kommunist.

Tan Yenkai
Armeeführer und Politiker der Kuomintang.

Tanaka
Japanischer Staatsmann (1863 bis 1929); Tanaka-Plan (1927).

Tang Fushan
Unterführer Sun Chuanfangs.

Tang Shengchi
Armeeführer der Kuomintang.

Tang Yojen
Vizeaußenminister der Nationalregierung im Kabinett Wang Chingweis.

Teh
Mongolischer Fürst; Puppe des japanischen Militärs in der Mongolei.

Teng Yenta
Chinesischer Sozialist.

Terao
Dr., japanischer Politiker, Freund Dr. Sun Yatsens.

Tsai Tingkai
Armeeführer der Kuomintang; Kommandierender der 19. Armee im Kampf gegen Japan in Shanghai (1932).

Tsai Yuanpei
Politiker der Kuomintang.

Tsao Kun
Militarist; Führer der Chili-Gruppe.

Tseng Kuofan
Staatsmann und Armeeführer der Tsing-Dynastie.

Tsin Shihwangti
Erster Kaiser der Tsin-Dynastie.

Tsin Tehchun
Bürgermeister von Peiping.

Tuan Chijui
Führer der Anfu-Gruppe.

Tuan Chihkwei
Unterführer Yuan Chihkais.

Wan Fulin
Unterführer Chang Hsuchiangs.

Wang Chengting
Politiker der Kuomintang; Außenminister der Nationalregierung.

Wang Chingwei
Politiker der Kuomintang; Präsident des Verwaltungs-Yuan und Außenminister.

Wang Chunghwei
Politiker der Kuomintang; Richter des „Internationalen Gerichtshofs" im Haag; Außenminister der Nationalregierung.

Wang Yangming
Staatsmann der Ming-Dynastie.

Wang Yiche
Unterführer Chang Hsueliangs.

Wang Yitang
Vertreter der Anfu-Gruppe.

Wilhelm I.
Kaiser des Deutschen Reiches.

Wu Chaoshu
Politiker der Kuomintang.

Wu Chingheng
Politiker der Kuomintang.

Wu Chinglian
Vertreter der Chili-Gruppe.

Wu Chunsheng
Gouverneur von Heilungkiang; Unterführer Chang Tsolins.

Wu Kwanghsin
Unterführer Chang Tsolins.

Wu Peifu
Führer der Chili-Gruppe.

Wu Tiecheng
Politiker der Kuomintang; Oberbürgermeister von Shanghai.

Yamakata
Japanischer Staatsmann zur Zeit Meijis.

Yang Chie
Wehrwissenschaftler der Kuomintang; stellvertretender Rektor der Zentralmilitärakademie.

Yang Hsimin
Militarist in Yunnan; Verbündeter Chen Chiungmings.

Yang Hucheng
Gouverneur von Shensi, Mittäter der Sian-Revolte.

Yang Yite
Vertreter der Anfu-Gruppe.

Yang Yuting
Unterführer Chang Tsolins.

Ye Chu
Unterführer Chen Chiungmings.

Ye Ting
Armeeführer der Kuomintang.

Yen Hsishan
Gouverneur von Shansi.

Yen Yukeng
Chinesischer Separatist.

Yoshizawa
Japanischer Gesandter in Peking (1928).

Yu Faipeng
Verkehrsminister der Nationalregierung.

Yu Hanmo
Armeeführer in Kwangtung; seit 1936 Gouverneur von Kwangtung.

Yu Hsuechung
Unterführer Chang Hsueliangs; Gouverneur von Hopei.

Yuan Shihkai
Kanzler der Tsing-Dynastie; Präsident der chinesischen Republik.

Yu Yichang
Vorsitzender des Instituts für Pazifik-Probleme in China.

Yu Yujen
Politiker der Kuomintang; Präsident des Kontroll-Yuan.

Für die Genehmigung zur Veröffentlichung der Abbildungen sei der Chinesischen Zentralfilmstelle, Hankow, der Chinesischen Botschaft, Berlin, der Sektion der Kuomintang in Deutschland, dem Verein Chinesischer Studenten e. V. in Deutschland, der Bibliothèque Fino-Internationale, Genève, dem Bilderdienst des Scherl-Verlages, der Associated Preß, dem Presse-Photo und den Herren Wullweber, W. Y. Feng und S. L. Liu an dieser Stelle herzlichst gedankt.

Herausgeber

CHENG CHUNG-VERLAG

Hankow-Shanghai

Printed in Germany

Druck: G. Schliephake, Berlin-Lichterfelde
Klischees: Hugo Wels, Berlin-Steglitz